# 古典文獻研究輯刊

## 二八編

潘美月・杜潔祥 主編

# 第 2 冊

## 晚清民初石版印刷藝術研究

陳 霆 著

國家圖書館出版品預行編目資料

晚清民初石版印刷藝術研究／陳霆 著 — 初版 — 新北市：花
木蘭文化事業有限公司，2019〔民 108〕
目 4+262 面；19×26 公分
（古典文獻研究輯刊 二八編；第 2 冊）
ISBN 978-986-485-679-4（精裝）
1. 印刷術 2. 中國
011.08                                              108001127

ISBN-978-986-485-679-4

古典文獻研究輯刊
二八編　第 二 冊                    ISBN：978-986-485-679-4

## 晚清民初石版印刷藝術研究

作　　者　陳霆
主　　編　潘美月　杜潔祥
總 編 輯　杜潔祥
副總編輯　楊嘉樂
編　　輯　許郁翎、王筑　美術編輯　陳逸婷
出　　版　花木蘭文化事業有限公司
發 行 人　高小娟
聯絡地址　235 新北市中和區中安街七二號十三樓
　　　　　電話：02-2923-1455 ／傳眞：02-2923-1452
網　　址　http://www.huamulan.tw 信箱 hml 810518@gmail.com
印　　刷　普羅文化出版廣告事業
初　　版　2019 年 3 月
全書字數　165337 字
定　　價　二八編 12 冊（精裝）新台幣 30,000 元

# 晚清民初石版印刷藝術研究

陳霆 著

## 作者簡介

陳霆，女，1977 年生，江蘇揚州人
上海交通大學設計學院講師
蘇州大學藝術學院，設計藝術學博士
加州大學聖迭戈分校，訪問學者
主要論文／會議報告和著作包括：《簡析晚清石印畫報的圖文關係變化》（《美術與設計》2014）；
《清末民初石版畫與傳統木版畫的圖像差異》（《美術》2014）；《民國早期商業美術圖像的產生和
流行與石印技術的關係》（《創意設計源》2015）；"Difference of the Imagery Style between Chinese
traditional Wood Block Art and Late Qing Lithography Art"（2015 AAS in ASIA Conference）；《陳盛
鐸畫集》（上海人民美術出版社 2017）；《中國美術史圖說》（中國建築工業出版社 2006）等。

## 提　　要

　　本書將對石版印刷藝術在晚清民初這一中國近代設計文化啓蒙階段所產生的文化影響和社會意義做一系統研究。

　　石版印刷術傳入中國並帶來印刷技術革新，由此興起了中國近代印刷工業。隨著以手工作坊爲基礎的傳統雕版印刷業爲新興的印刷工業所替代，印刷藝術的圖像形式，加工製作和傳播模式，文化功能等也發生了質的變化。石版印刷藝術在晚清民初的發展最終促進了中國近代設計文化的形成和設計思維由傳統到現代的轉型，並且在新聞傳播領域、商業領域和教育領域發揮積極作用。具體分以下幾個層面：

　　傳統圖像模式和圖像功能在石版印刷技術的衝擊下發生深刻變化。

　　新興出版物和多樣化的圖像內容成爲各種觀念的載體和信息傳播渠道，對近代中國民眾的審美趣味、社會風尙和文化思潮的觸發和更迭產生深刻影響。

　　規模化生產和市場化供求結合加速了信息和文化的傳播，擴大了知識的普及。

　　印刷工業的興起對近代中國城市化和商業化進程產生巨大推動力。

　　本書分析基於石印藝術的中國早期工業化階段的流行圖像，分析石印技術的發展、傳播及其對大眾視覺藝術領域的影響和文化意義，編織起一幅晚清民初的文化景象。將技術、視覺圖像和大眾流行文化作爲一股影響力量來分析晚清民初中國社會的現代化進程。

# 目

# 次

# 引　言

## 一、研究目的

　　提到中國的印刷藝術，無法繞開雕版印刷。中國的雕版印刷早在晚唐即已成熟，其淵源可上溯到更早的印章文化和碑石拓印傳統，活字印刷的發明也比西方早了四百年，所以中國印刷文明起步遠早於西方。經過千餘年的發展，雕版印刷成為中國最具代表性的印刷技術，為中華文明的記載、保存和傳播立下汗馬功勞。

　　然而，雕版印刷的生產系統是基於農耕文明的，家庭手工作坊式的小批量的、局部的、緩慢的生產和流通方式不利於文化的民眾普及和廣泛傳播，更是不適應近代中國社會的整體現代化演進。因此，雕版印刷雖然積澱深厚卻並沒能幫助近代中國邁入印刷工業化時代，相反，其完備但日益封閉的製作工藝成了阻礙技術轉型的壁壘。

　　中國雕版印刷經過千餘年的發展形成了一套完備的技術系統和環環相扣的生產組織工序，造就了特定的作品面貌和功能，並產生與之相應的印刷文化。19 世紀初，新近發明的石印和鉛印等新技術逐漸傳入中國，但由於其技術本身也只是剛剛起步，其品質和成本自然無法與強大的雕版印刷相抗衡。因而在當時的中國，雕版印刷仍占統治地位。然而，正是雕版印刷的這一牢不可破的、具排他性的自在系統使新的技術無法滲透進來，中國錯過了印刷工業現代化轉型的歷史機遇，被世界印刷工業初建格局排除在外。

　　而此時的西方則呈現另一番景象。如火如荼的工業革命正裹挾著一切領域的技術向工業化邁進。這股潮流釋放出巨大的能量，激勵著各個行業日新月異地發生變化，並由技術帶動產生了新的工業格局和新的文化事業。在印刷領域，當初粗陋、拙劣的新生技術在短短數年完成了飛躍。高效、優質且價廉的鉛印技術被廣泛應用於報刊印刷，極大促進了即時信息的傳播和互

通。石印技術也很快參與進來，圖像複製從小作坊製作階段進入到工廠批量生產階段，圖像變得更易獲取，並且能夠像文字一樣即時、快捷地反映正在發生的事件，與文字互相補充，完善了訊息的記錄和傳播。自此，鉛印文字和石印圖像攜手開啓了現代印刷工業的局面，催生了一系列依託其發展的行業，現代新聞業的崛起就直接得益於現代印刷工業。

西方的印刷技術接受工業革命洗禮的這半個世紀，中國境內的傳統雕版印刷卻仍處於固步自封的狀態，並漸顯頹勢。19 世紀中葉，西方的報紙刊物大量湧入，使用現代印刷技術的西式印刷所也紛紛落戶中國。來勢兇猛的西方技術很快擊敗了傳統雕版印刷，佔據了印刷市場的主要份額。原先基本由雕版印刷全權包攬的文字和圖像製作逐漸分流，並開始分別採用外來的鉛印和石印技術。這兩種技術以各自在文字和圖像製作上的優勢對晚清民初中國印刷行業局面進行了重構。

對速度和質量的追求是傳統技術受到挑戰的根本原因，但文字印刷技術和圖像印刷技術因其各自的性質不同，其現代化轉型的方式和過程，以及影響也不同。

中國的雕版印刷在印製中國文字方面有其特殊優勢：（1）中國文字由帶有書法性的筆劃組成，雕版能夠更好地還原書法韻味；（2）中國文字非字母組成，所以製作中文字模耗時耗力，排字難度大；（3）雕版印刷已在中國流行千餘年，早已發展出行之有效的印刷工藝和生產流程，印刷體：「宋體字」正是經年累月提煉出的最適合雕版工藝的模式化的印刷字體，只要是經過訓練的刻工都可以掌握，而不需要對文字本身的認識，文字的偏旁、部首可以拆分開來，由不同的人員（包括不識字的婦女和兒童）刻製，從而提高了效率。也就是說，中國的雕版印刷已經發展出一種適合該工藝的特定的字體形式，使得印刷文字的生產擺脫文化教育的限制，成為一種純粹高效的工業生產，早在西方的印刷工藝傳入之前，便已經發展得相當成熟了。19 世紀初在馬六甲工作的倫敦會傳教士米憐（William Milne）就此做過專門研究，並最終得出結論：「我們確實完全相信中國的印刷方式對於他們的語言來說是最為適宜的」〔註1〕。只是在中文鉛活字製作技術和鉛印技術改良後，雕版印刷才徹底失去印製文字的優勢。

---

〔註 1〕〔美〕周紹明（Joseph P. McDermott）著，何朝暉譯：《書籍的社會史》，北京大學出版社，2009-11，P20。

從另一方面來講，早在宋代，畢昇就嘗試了泥活字印刷，其後又出現木活字和銅活字的應用。所以活字印刷對於中國人來講並不陌生，清代著名的活字印本包括雍正年間的《古今圖書集成》（銅活字）和乾隆年間的程甲本《紅樓夢》（木活字）；而在西方約翰·谷滕堡（Johannes Gensfleisch zur Laden zum Gutenberg）發明鉛活字印刷後的幾個世紀裏就有人嘗試製作中文鉛活字；在中國境內製作中文鉛活字的歷史也早於石印（早在 1807 年，比米憐更早來華的另一位倫敦會傳教士馬禮遜（Robert Morrison）就在廣州雇人刻製中文字模）。所以，鉛活字印刷替代雕版印刷的技術過渡相對平穩，至少在成品面貌上沒有太大差異。

然而，石印技術影響下的圖像印刷領域的變化則是另一番光景。從技術到成品面貌都呈現質的變化，並通過視覺領域的革新導致民眾讀圖習慣和文化觀念的改變。

西方印刷史中，石印的出現也開創了一種全新的圖像印刷模式。但在作品形式上，石印畫承接的仍是西方寫實主義造像傳統。中國的雕版印刷技術則有別於西方而自成體系，在此技術上產生的作品具有特定的形式和面貌，飽含中國傳統藝術的精神內涵和美學特質。所以中國雕版畫從技術到形式都與西方石印畫相去甚遠。因而，雖然後者最終替代前者是大勢所趨，但傳統雕版技術創造的完備的形式體系在面對外來衝擊的時候並不會徹底消亡，而是與之融匯並加以轉化，其過程必然會有一番掙扎，並且產生有趣的課題。

晚清民初，傳入中國的石印技術在各個方面對當時的中國社會發生著綜合性的影響：在複製和傳播領域，石印技術的強大功能使其被迅速採納並廣泛應用，很快擠佔了雕版印刷的大部分市場份額；石印畫獨特的製作技藝產生了特有的新式圖像，為人們帶來觀感上的變化以及視角的更新；新的印刷出版工藝催生了新的印刷品和圖像載體，傳統的圖像傳播和接受方式因此發生了改變⋯⋯這些因素和變化以各自的方式滲透到晚清社會的各個角落，微妙地影響著人們的生活習慣和思想觀念，作用於晚清這一重大歷史轉型期社會面貌的塑造和社會結構的重組。

因而，石版印刷術在中國印刷發展史上具有舉足輕重的地位，從 19 世紀末到 20 世紀初在中國流行的三十多年，也正是中國印刷業走向現代化，傳統手工作坊被現代工廠所取代的關鍵轉型期。石印以特有的技術對中國現代印刷事業做出了重大貢獻；以特定工藝下產生的有別於傳統的新圖像形態作用

於民眾的讀圖習慣和觀看模式，促進文化和觀念的轉變；從工藝技術到產品，石印結合了晚清民初中國社會的諸多變革要素，產生重要的社會影響。石印在傳統圖像向新式圖像的轉變；新聞報刊媒體的推廣和流行；商業美術和時尚概念的建立等一系列現代都市文化的建構過程中充當了重要角色。對於晚清視覺藝術領域的流行文化——石印藝術的研究有助於我們瞭解在那樣一個新舊文化、觀念、意識轉型時期，作為文化組成部分的視覺藝術所承擔的任務和所扮演的重要角色。

## 二、研究現狀

對於中國石版印刷藝術的研究無論是國內還是國外都起步較晚，近年則隨著上海研究的升溫而被日益關注。目前國內外尚沒有有關晚清民初石版印刷藝術的系統研究成果，相關文章多零星分佈在有關印刷史、印刷技術研究、雕版畫史、新聞報刊史、社會學等理論著述中，或在上述論著中被簡單提到。

### （一）印刷史研究領域

該領域對石印的介紹多為史料性的，包括石印的發明、基本工序和傳入中國的大致過程，以及早年從事石印技術推廣的中西方從業人員，相關印刷出版機構和代表性出版物。

如張秀民所著《中國印刷史》在「西洋印刷術的傳入」一節分四頁介紹了石印的發明者，基本原理，簡略介紹了對石印術傳入中國做出貢獻的幾位西方傳教士和他們的實踐過程，並分析了石印術傳入中國的幾個有爭議的時間點，提出了一些有關中國石印研究史料的空白點和可能的研究方向。

韓琦與米蓋拉所編《中國和歐洲·印刷術與書籍史》中有一篇韓琦的文章：《晚清西方印刷術在中國的早期傳播——以石印術的傳入為例》則是對張秀民所介紹內容的進一步擴充。分別從石印術的傳入，石印書局的興起，技術興盛的文化背景，石印書種類演變與社會思潮的關係，衰落因素幾個方面做了更為詳細的介紹，是目前我所見國內介紹晚清石印較全面的一篇文章。不過文章仍側重史料敘述，重點談及石印在書籍印刷方面的貢獻，而對於石印術與視覺藝術的關係僅簡單提了一下「清末民初的畫報多為石印」〔註2〕，而並沒有展開

〔註 2〕韓琦著：《晚清西方印刷術在中國的早期傳播——以石印術的傳入為例》，韓琦、〔意〕米蓋拉編：《中國和歐洲·印刷書與書籍史》，商務印書館，2008-12-1，P126。

討論。韓琦的另一篇文章：《石印術的傳入與興衰》也屬於同類補充。

　　海外代表性著作如：Christopher A. Reed 的《Gutenberg in Shanghai：Chinese Print Capitalism，1876～1937（谷滕堡在上海：中國印刷資本業的發展一八七六～一九三七）》則綜合介紹了以上海爲代表的晚清民初中國印刷工業的建立。其中專門有一個章節介紹了這一時期的石印：Janus-Faced Pioneers：The Golden Age of Shanghai's Lithographic Printer-Publishers，1876～1905.基本論述結構和視角仍然類似於張秀民和韓琦的著作，只是從海外研究者的角度補充了更多史料，另一特色就是著重以點石齋書局爲例，並輔以同文書局和飛影閣書局等，介紹了這些石印書局的市場策略和對晚清上海印刷業的影響。所以全文是從印刷工業建構角度切入對石印技術的研究，並未涉及石印的藝術性。

## （二）版畫史研究領域

　　該領域的著作多重點介紹中國的雕版印刷發展史，石印畫往往被忽略，或僅在晚清雕版畫衰落部分簡單提一下，作爲引起雕版畫衰落的原因之一以及其後的替代形式之一加以介紹。

　　如王伯敏的《中國版畫通史》中，石版畫僅是「附帶略述一下」〔註3〕，並且認爲「用石版達到了印刷的目的，講求印刷的清晰，印製的便利，不求藝術製作上的特點，所以這些石印畫，從它的性質而言，還不能目之爲藝術性的『石版畫』」〔註4〕，這樣，雖然此類著作是從藝術角度研究版畫藝術，但晚清石印畫被排除在外。

　　至於一些從圖像角度分析版畫藝術的著作，則又沒有較全面地論及不同印刷技術在藝術面貌變化方面所起的作用。比如阿英所著的《中國連環圖畫史話》，文章涉及中國圖像發展史上所有具代表性的連續性圖畫，而不僅限於雕版，自然也介紹了晚清民初的石印連環畫。但這部著作僅就圖像形態做了分析，並沒就圖像背後有關石印技術對傳統雕版畫造型和雕版印刷品形式在晚清轉型所起的作用做深入挖掘。

## （三）工藝技術研究領域

　　從技術角度介紹石印術的文章則往往從印刷事業角度論述石印技術的演變及其與現代平版印刷工藝的淵源；或是從圖書館學角度研究石印版書籍的

〔註3〕王伯敏著：《中國版畫通史》，河北美術出版社，2002-6，P160。
〔註4〕王伯敏著：《中國版畫通史》，河北美術出版社，2002-6，P160。

文字編排、版式和版本鑒定；或是介紹石印技術在現代版畫藝術創作中的應用和相關技巧。這類文章從各自專業角度為石印研究提供了珍貴的研究資料，並提示了不同的視角，但不可避免地相對過於專業化，因之缺乏一個就該特殊時期該特殊印刷工藝從技術到形式到社會意義的綜合性探討。

## （四）新聞報刊史領域

這一部分的著作提供了大量國內外的新聞傳播和報刊發展史料，其中不乏對石版印刷術的介紹。如張靜廬輯注的鴻篇巨製《中國近代出版史料》，就詳實羅列了晚清的石印報刊和書籍，以及石印書局。方漢奇的《中國新聞事業通史》也提到了石印術在晚清新聞報刊事業形成階段所起的作用。此領域對石版印刷的興趣點在於石印新聞畫，即石印畫報。不過此類文章中針對石印畫報的研究更側重其新聞價值，是以新聞角度論述圖像內容，而不是從藝術學角度分析圖像形式，涉及石印畫報的新聞特性，卻往往忽略了其藝術特性。國外研究機構如海德堡大學也有針對晚清小報的專門研究，但同樣側重報刊的新聞價值和社會學意義，而沒有拓展晚清石印小報在印刷手段和圖像表達等方面所產生的特殊作用。

也有一部分文章針對性地研究各種石印畫報，並且不局限於畫報的新聞價值，而是顧及到這種特殊報刊形式的綜合特點。這類文章包括阿英的《晚清畫報志》，《中國畫報發展之經過》等，依據其本人在此領域的長期關注和資料積累，提供了很多關於石印畫報的獨特見解和珍貴資料，並由此提示了諸多晚清石印研究課題。但可惜的是其本人並沒有系統寫出就石印藝術的專項理論研究著作。

## （五）社會學領域

這是目前國內外有關晚清石印，特別是石印畫報研究的主要方向，並且已取得了較為豐富的學術成果。

此類研究多從綜合角度分析晚清民初石印技術，通過石印圖像的故事內容，畫報形式的民間流通方式，石印書局的經營管理模式和市場營銷策略，民眾的反應等切入社會學研究。不過與其說這是研究石印藝術，不如說是借助石印藝術研究晚清民初中國社會，前者是手段，後者才是目的。因而，嚴格意義上講，並不屬於藝術學研究，而是通過這一特殊藝術形式對晚清和民國社會以及民俗文化進行研究，雖然社會意義也屬於藝術學研究的一個重要方面，但並不是唯一方面。

比如陳平原的《左圖右史與西學東漸——晚清畫報研究》，以石印圖像印製技術在晚清中國的推廣，點石齋書局的經營，《點石齋畫報》的圖像特點等，較全面地分析了晚清的石印畫報。這部著作還從圖像學角度就石印畫的藝術特點提出極其有價值的觀點，提出了石印術對於脫離文本的圖像獨立敘事功能形成所起到的作用。這一點在此類研究著作中顯得獨具特色，使得文章更接近藝術學研究範疇。但遺憾的是作者沒有就這一觀點做更深入的挖掘和更全面的闡釋，沒有結合石印技術的特殊性，具體分析技術和形式的彼此影響，通過藝術和設計角度對於圖像面貌的變化和隨之而來的功能轉變的分析尚嫌簡單化。

在此就要提到一些針對石印畫報圖像的研究，多數著作對石印圖像的研究仍然是停留在社會學角度，即從社會學角度分析圖像體現的文學內容，並通過對於該內容的文學化解讀來實現對於晚清社會的觀察和認識，即通過故事反映生活這樣一個思路。如陳平原的《圖像晚清》，吳庠鑄的《點石齋畫報的時事風俗畫》，徐沛，周丹的《早期中國畫報的表徵及其意義》等。注意到也有個別短篇論文是從藝術和設計角度出發的，如董惠寧的《〈飛影閣畫報〉研究》，該文章就《飛影閣畫報》的構圖、造型等做了精彩的分析，但由於文章篇幅所限，有關論述尚有具體化的餘地，並且文中並沒有提到石印技術對圖像形式的決定作用及對晚清圖像風格變化的影響。

上述各類有關石印的研究從不同角度為石版印刷藝術研究提供了珍貴的資料和理論線索，為我在其基礎上進一步研究提供了堅實的基礎。而通過這些研究現狀的分析，也讓我意識到目前有關晚清民初石印藝術的研究和分析多集中在新聞報刊發展史、印刷技術或社會學等領域，缺乏整合；並且缺少從設計藝術學角度所做的全面系統研究。本書將對此做一嘗試，以視覺藝術規律為本，從對石印圖像的具體分析著手，進入圖像背後隱藏的廣大世界，綜合分析晚清民初石版印刷藝術在印刷、新聞、文化、商業、社會風俗方面的作用，對這一重要的，涉及多領域的中國近代設計藝術形式做一深入探索。

## 三、研究重點

本書將重點關注以下幾個方面：

石印技術和石印圖像二者的關係，特別是技術和材料對石印圖像形式生成及晚清印刷圖像模式轉變所起到的至關重要的作用。

　　石印工藝和石印圖像在晚清民初的傳播途徑、傳播方法、傳播過程及其本土化適應。

　　以工藝與藝術的關係，視覺藝術的發展規律爲出發點，探討在以手工作坊爲基礎的傳統印刷工藝到新興大規模印刷工業轉變的時代背景下，石印帶來的印刷技術革新和產品面貌革新對中國近代設計文化形成所產生的作用，以及由此引發的設計面貌和設計思維的一系列變化。

　　石版印刷藝術對於晚清民初這一特殊歷史時期新興工商業城市的都市文化事業建構所產生的影響和社會意義，包括在商業和教育領域的作用。

# 第一章　石版印刷術的產生——
# 揭開印刷工業化的序幕

　　印刷術的發明是爲了便捷地複製文字和圖像，以便傳播信息和普及文化，這樣的實用功能，決定了這門技術的發展和革新是以降低成本、增加產量和提高質量這些務實目的爲導向的。從印刷術中獨立出來的創作性版畫（無論是出於商業目的還是藝術目的）的藝術面貌也將隨著技術的變化而變化。不同於其他繪畫形式，其技術的發展多是圍繞創作展開的，版畫藝術依託的印刷技術的變革則更多的是與實用性和功能性需求相關聯的。因而，要討論石版印刷的藝術性，離不開對技術以及與該技術息息相關的時代背景的考察。

　　石版印刷術是印刷工藝發展的一個階段，從發明到技術成熟不過百年，清末民初之際，在中國短暫繁榮了三十來年，但無論在世界範圍還是在中國，這一技術的出現對社會的影響是深遠和多元的。

## 一、西方石版印刷術的產生和發展

　　石印術來自西方，其技術，以及依託技術產生的圖像、觀念帶有鮮明的西方傳統，所以我們要先從石印術的源頭開始考察，由此也可見識晚清石印與之相比的獨特之處。

### （一）石版印刷術的發明

　　石印術是西方印刷史上繼谷滕堡的鉛字印刷術後的又一重大發明，1798年，一位德國劇作家森納菲爾德（Alois Senefelder）在自己的印刷工作室意外收穫了這項技術。隨後他做了大量試驗對其加以改良，並於 1818 年，發表了研究成果——《石版印刷術》。

隨後，一位富有的德國出版商約翰·安德爾（Johan Anton Andre）對森納菲爾德的新發明產生了濃厚興趣，他最早在奧芬巴赫採用了森納菲爾德石版技術，並安排畫家在印刷所作畫。隨後，其弟菲利普·安德爾（Philipp Andre）在倫敦也開了一家印刷所，並於 1800 年邀請森納菲爾德來倫敦工作了一年，開始了英國的石版印刷。約翰的另一個弟弟弗萊德里克·安德爾（Friedrich Andre）則於 1802 年從法國政府那裡取得了石版印刷的專利，開始在法國開展石版印刷業，從事商業印刷。〔註1〕這樣，在約翰·安德爾和他的兩個兄弟的努力下，這一新的印刷術開始從德國迅速推廣到了歐洲各地。

### （二）石版印刷術的製作原理

石印術利用水油不相融的特性進行圖文複製，這也是其後所有平版印刷技術的基本原理。

其基本製作程序是：

1. 磨光石版。

2. 用一種油性物質在石頭上書寫或作畫，被石頭表面附著；或先畫在轉寫紙上再印於石面。

3. 將石頭用水弄濕，石頭上沒有油性顏料保護的部分就會吸附水分，形成印版。

4. 用滾動器為石頭塗上油墨，石頭上含油的部分能吸附油墨，含水部分排斥油墨。

5. 將一張紙壓在石頭上，油墨形成的圖案就從石頭轉印到紙上。

若是照相石印，則是將底本用照相方法攝製成陰文濕片，落樣於塗布感光膠的膠紙上，或直接落樣於石版上，經過處理形成印版，即可再現原書。〔註2〕

### （三）黑白石印——彩色石印——照相石印

石印技術一經發明，其材料和工藝就開始了不斷的革新和發展。單就印刷板材來說就經歷了最初的石板，到鋅板，鋁板，乃至以後的膠板的變化。最初的石印技術照例是黑白的，但由於有成熟的銅版套色技法在先，石版畫從黑白印刷過渡到彩色印刷的進程很短暫。它的發明者森納菲爾德就曾在畫家幫助下，參考銅版套色技法於 1818 年成功地完成了 9 色印刷。〔註3〕後經

〔註1〕張奠宇著：《西方版畫史》，中國美術學院出版社，2000-9-1，P69。
〔註2〕李培文著：《石印與石印本》，《圖書館論壇》，1998年第2期，P78。
〔註3〕李培文著：《石印與石印本》，《圖書館論壇》，1998年第2期，P78。

過不同藝術家不斷的試驗和改良，法國人恩格爾曼（Godefroy　Engelman）於1837 年終於成功地用紅、黃、藍、黑四色版重疊套印出許多顏色，這就是一直沿用到現代的 4 色印刷。〔註4〕

　　照相術與石印術相結合，令石印技術又向前邁進一大步，這就是照相製版技術。「早期從事照相術研究的多半是石版印刷的愛好者或者石版畫家，（其最初的設想）就是使用感光材料將圖形呈現出來，然後通過轉印的方式轉到石版上，並通過石版印出來。」〔註5〕這一技術到 1860 年代成熟，並在這一基礎上產生了「珂羅版」印刷技術。照相石印很早就運用於中國的石印出版界，19 世紀下半葉的很多經典類書的複製就採用了照相石印術。

　　從最初的文字印刷，到書籍插圖，到獨立的版畫創作，到照相複製等，技術的進步令石版印刷的應用日益廣泛，到了 19 世紀 30 年代，石印術已經非常流行，廣泛運用於書籍封面、插圖、包裝紙、卡片、標籤、廣告招貼畫製作等各個領域。（圖 1）

## 二、西方石版印刷術的特點

### （一）西方印刷工業的有機組成

　　從上文描述可知石版印刷從誕生起就在經歷一個動態的完善過程，其本身也是整個西方印刷技術發展長河中的一個片段，當然也是一個至關重要的片段。

　　西方印刷工業的發展並不是單純的某種新技術替代老技術的單向性發展，而是各種技術交錯並存，各自完善。間或某一技術成為主流，其他技術與之配合，共同成就某一時期的印刷業整體面貌；或者待各技術充分發展起來後，因其特色應用於各自專門領域，並且不可互相替代。石印術與西方印刷傳統一脈相承，石印術的發明看似一次偶然事件，〔註6〕但是，偶然事件產

---

〔註4〕蘇新平主編：《版畫技法（下）》，北京大學出版社，2008-8，P291。
〔註5〕蘇新平主編：《版畫技法（下）》，北京大學出版社，2008-8，P294。
〔註6〕蘇新平主編：《版畫技法（下）》，北京大學出版社，2008-8，P285：森納菲爾德在為印刷術改良實驗磨平一塊石頭的時候，他的母親來了，著急叫他幫助寫一份洗衣清單。由於當時身邊沒有紙，也沒有墨水，森納菲爾德只好蘸著他使用蠟和肥皂自配的墨水就近在他磨平的石版上抄寫下洗衣清單，想等到有紙之後再抄過去。後來在準備清洗掉寫在石版上的字的時候，森納菲爾德忽然異想天開，他試想如果使用硝酸液體腐蝕，之前寫下的字是否會凸出來。於是，森納菲爾德根據他的經驗配了適合腐蝕石版的硝酸溶液，並將石版放進配好的硝酸溶液中。5 分鐘後，令他大為驚喜的是，寫有字的地方竟然如他所願地凸出來了，於是他將石版從硝酸溶液中取出，清洗乾淨後，滾上油墨，做了初步的印刷試驗，效果還不錯，獲得了較為清楚的印張……終於發明了自己期望的製版法。

生於那樣一個技術大發展的時代也有其必然性，是西方近代印刷工業化進程中的有機組成，其產生原因、呈現面貌和應用方向都是技術發展的合理結果。

### 1、西方近代印刷業的整體面貌

15 世紀，西歐國家工商業興起，市民文化逐漸形成，人們追求信息，瞭解時事的欲望不斷增強。自德國人約翰·谷騰堡 1438 年發明金屬活字印刷術後，隱藏在文字中的信息便從少數人手中解放出來。批量的印刷書籍替代了原有的只在貴族和僧侶手中傳閱的少量手抄本。

一個半世紀之後，印刷術促成了另一項至關重要的現代傳播媒體——報刊的誕生，並逐步替代原有的手抄新聞，成爲新聞傳播的主流媒介，（在印刷術流行期間，手抄新聞也與之共同存續了很長時間。）是爲現代新聞傳播業的發端。人們開始利用報刊媒體報導重大事件，描述各種日常社會新聞，表達輿論。除報紙期刊外，各種活頁印刷品的種類和數量也迅速增加，包括：「小報、歌謠、版畫，年鑒、宗教小冊子，以及大批各種流派的秘術刊物」〔註7〕和廣告。（森納菲爾德最初就是在印刷劇本和樂譜的試驗中發明的石印術。）

隨著印刷術的發展而產生的這些不同形式的印刷產品又反作用於技術，主導技術的發展方向，如何有利於新聞傳播的速度和品質成爲印刷技術的發展方向。經過三百年的發展，鉛活字印刷和歷史更悠久的木版、銅版、蝕版等技法相互配合、通力合作，已經取得了初步成效。印刷工藝流程相對成熟，印刷品種類和形式相對齊全，印刷工業已初步建構了起來。

### 2、印刷工業化促進了石印技術的發展

從 19 世紀開始，西方印刷界出現一系列重要的技術革新，包括油墨和紙張的改良，排版的機械化，輥筒式印刷機的發明等等。這些技術綜合在一起，加速了印刷業的現代工業化進程：印報速度從最初的每小時 300 張發展到每小時 12,000 至 18,000 份〔註8〕，以法國爲例，從 1803 年到 1870 年，巴黎的日報發行量從 36,000 份激增到 1,000,000 份，〔註9〕而 1870 年到 1914 年，巴黎報業的發行量又從 1,000,000 份增到 5,000,000 份，外省報業從 300,000 份增

〔註7〕〔法〕皮埃爾·阿爾貝（P·Albert）、〔法〕費爾南·泰魯（F·Terrou）著：《世界新聞簡史》，中國新聞出版社，1985-5，P7。

〔註8〕〔法〕皮埃爾·阿爾貝（P·Albert）、〔法〕費爾南·泰魯（F·Terrou）著：《世界新聞簡史》，中國新聞出版社，1985-5，P38。

〔註9〕〔法〕皮埃爾·阿爾貝（P·Albert）、〔法〕費爾南·泰魯（F·Terrou）著：《世界新聞簡史》，中國新聞出版社，1985-5，P35。

到 4,000,000 份。到 1914 年，法國日報業市場已接近飽和。〔註10〕報刊已由原來的被視爲一種稀少、珍貴的，只有極少數富貴的、有教養的上層人物才能享用的特殊產品轉變爲小資產者和普通市民等新興社會階層的日常讀物。

要配合這樣的大眾化普及性印刷品，原有的又慢又貴的各類型的凹凸版版畫插圖顯然不足以勝任，此時，石印術的出現正好彌補了這一缺陷，使圖像的製作和複製也達到了快速、價廉、質優的工業化要求。到 20 世紀初，最早的大型畫刊已普遍採用石印法印製插圖。

石印術加盟印刷業起到的是一種促進和補充作用。石印術在最初發明時其優勢並不顯著，直到森納菲爾德將滾壓式印刷機改良成刮壓式，才大大提高了印刷質量和工作效率，達到單機印刷每天 300 張，超過歐洲此前的印刷術。石印術爲印刷工藝降低成本、增加產量、提高質量（尤其是在豐富印刷圖像的效果方面）做出巨大貢獻，增加了圖像在新聞傳播業中的分量。並擴展了印刷工藝在商業領域的應用，也爲更新技術的產生做了可貴的嘗試。

### 3、石印術主要應用於圖像製作

石印術一經出現，便積極加盟以報刊爲主的新興新聞傳播媒體業。但石印術的主要成就體現在圖像製作領域，文字編排仍以鉛活字印刷爲主。（這一點也體現在後來的中國印刷工業中）。西方的石印畫和原有的木版畫、銅版畫在製作工藝上確實有所不同，藝術特點也不一樣，但其所使用的基本圖像語言和所遵循的圖像規律和造型法則是相似的（圖 2，圖 3）。因而，石印術並沒有改變既有出版物中的圖像面貌，而是在原有模式內的一種改良和補充。在圖文並茂的出版物中，圖像與文字的排布關係也沒有因爲該新技術的加盟而發生明顯變化。與之形成對比的是，石印術在中國的引進令傳統圖像表達系統和圖文呈現結構發生了徹底改觀，對於中國近代印刷工業系統和印刷出版物的圖文呈現系統的建構起到了至關重要的作用。這也是我們在這本書中要重點討論的內容。

### 4、石印術是平版印刷的鼻祖

事實上，石印術對於西方印刷工業的眞正巨大影響在於基於石印技術的另一項重要發明——膠印，從 20 世紀初開始，被一直沿用到現在，成爲主要

---

〔註10〕　〔法〕皮埃爾・阿爾貝（P・Albert）、〔法〕費爾南・泰魯（F・Terrou）著：
　　　　《世界新聞簡史》，中國新聞出版社，1985-5，P72。

印刷技術。從廣義上講，所有的平版印刷都源於石印，所以膠印也屬於石印。但如果將我們這篇論文研究的範圍擴展到所有的平版印刷，內容將過於浩瀚，討論將流於泛泛。所以，我們所要討論的石印藝術將集中於以石板爲承載物的早期階段。

## （二）藝術家的參與

西方石印的另一個特點是：藝術家在一開始就積極參與其中，在早期的石版工作室中商業和藝術就是不分離的，石印畫並很早就成爲創作性版畫獨立於商業印刷。

### 1、19 世紀是歐洲石版畫的繁榮時期

最早接受森納菲爾德石版技術的約翰・安德爾一開始就在他的印刷所接納畫家作畫。這些畫家的作品於 1804 年被編印成一本名爲《傑出的柏林畫家的石版素描集》的石版畫集。菲利普・安德爾也在倫敦的印刷所邀請倫敦所有著名的畫家作畫，並且早於德國，在 1803 年編印了一本最早的石版畫冊《石版畫樣本》，裏面集中了包括擔任皇家美術學院院長的歷史畫和宗教畫家本傑明・威斯特（Benjamin West）在內的 30 餘位畫家的石版畫。而在法國，拉斯泰勒（Charles Lasteyrie）和恩格爾曼（Godefroy Engelmann）也於 1816 年在巴黎開了一家石版印刷店，吸引了許多青年畫家在這裡作畫。

到了 19 世紀 20 年代，石版畫更爲繁榮，許多報章雜誌競相刊載，並定期出版畫刊。如 1829 年創辦的綜合性雜誌《剪影》，1830 年創刊的《漫畫》週刊，1832 年創辦的日刊《喧噪》等〔註 11〕。多爲文字說明配上獨立完整的石印畫，內容主要是對法國社會生活中各種事件的報導、評論、諷刺和教育。這類畫刊當時在巴黎很受歡迎，吸引了一大批畫家爲之工作，從而產生了許多著名的石版畫家，著名畫家杜米埃（Honoré Daumier）就活躍於該領域。另外，出版家巴隆・泰洛（Baron Taylor）搜集並編輯出版了著名的《法國旅遊勝地和古蹟風景》的石版畫輯，從 1822 年開始到 1878 年陸續出版了 21 卷，共輯錄了石版畫 3035 幅，是一部反映法國十九世紀生活的形象的『百科全書』〔註 12〕……還有許多例子都說明了 19 世紀石版畫在歐洲美術界已相當流行。

〔註 11〕張奠宇著：《西方版畫史》，中國美術學院出版社，2000-9-1，P80。
〔註 12〕張奠宇著：《西方版畫史》，中國美術學院出版社，2000-9-1，P69。

### 2、石版畫承襲歐洲版畫傳統

在石印術出現之前，歐洲就有強大的版畫創作傳統。自 15 世紀脫離印刷生產而成為獨立的創作性造型藝術，西方的版畫遵循著文藝復興開始的一貫的寫實主義原則，力求真實再現，講究造型的準確和空間的真實，並且利用黑、白、灰的色層變化作為版畫的基礎表現語言，構成特有的畫面效果。隨著印刷術在幾個世紀的發展、變革，版畫也經歷了木刻、銅版、蝕刻到石版的技術變化，但這一寫實主義傳統始終未變。

與以往的凹凸版畫製作方式不同，石印術是第一種可以讓畫家按照他們習慣的繪畫方式，在一個平整的平面上「作畫」的版畫複製法，其過程更類似於直接的繪畫創作。所以當石版畫一經出現，藝術家便熱情地參與到創作中，用新的技術豐富畫面，探索其不同的表現力。前有利用黑白石版的自由犀利表現力來針砭時弊的杜米埃，後有利用彩色石版畫的特殊塊面效果探索視覺現代感的吐魯茲－勞特累克（Henri de Toulouse-Lautrec）。

### 3、中西方早期石版畫製作人員的不同

西方石版畫家的身份與晚清民初的中國石版畫家不同，關注點不同，他們更帶有知識分子和自由藝術家氣質，作品以批判性為主，從業者多為藝術家，如英國皇家美術學院院長本傑明·威斯特，西班牙浪漫主義藝術家戈雅（Francisco Goya），法國批判現實主義畫家杜米埃，後印象主義畫家吐魯茲－勞特累克等。另外，還有許多藝術家也積極嘗試石印畫的創作，他們的名字在藝術界耳熟能詳，如：雷東（Odilon Redon），蒙克（Edvard Munch），克利（Paul Klee），珂勒惠支（Käthe Kollwitz）等。

19 世紀末，20 世紀初的中國社會性質不同，階層格局不同，從事石印畫創作的多為工匠階層的民間畫師，而不屬於士人階層的文人畫家，這也決定了石版藝術的面貌和內容以及發展方向不同於同時期的西歐。這點將在後文中具體討論。

## （三）官方的支持

歐洲的石版技術也受到官方的關注和支持。在英國，受到皇家美術學院院長的重視；在法國，則引起了拿破崙本人的濃厚興趣，並且由政府自上而下予以支持，還組織了一個專門以石版畫頌揚拿破崙武功的繪畫機構。政府支持相當程度上為石印術的推廣和技術的精進提供了保障，使其能夠在政策

優惠和商業利益的雙重呵護下迅速壯大。這樣，19 世紀初，石印技術在英、法兩國迅速發展起來，兩國也很快成爲現代印刷工業和新聞媒體強國。

　　與此不同的是，在中國，早期的石印技術是由傳教士和外國商人推介的，隨後民族企業家也參與創建印刷機構，但政府部門始終不曾特別扶持過。這樣就使得中國的石版印刷業在發展軌跡上始終帶有自發性和民間性，內容和形式的變化主要受到市場和經濟的影響，在趣味追求上也受到一定局限，無法脫離世俗性。

圖 1　20 世紀初土山灣印書館的石印機（資料來源於《土山灣記憶》，學林出版社，2010-08）

圖 2　倫勃朗〔Rembrandt Harmenszoon van Rijn〕的蝕刻銅版畫（17世紀）（荷蘭）

圖 3　戈雅〔Francisco Goya〕的石版畫（19世紀）（西班牙）
圖 2、圖 3 兩者都是塑造的，畫面是以體塊和明暗等造型語言表現

# 第二章 革故鼎新之際石版印刷術傳入中國

## 一、新舊交替的時代背景

晚清民初是個新舊交替的重大歷史轉型期，在外來影響和內在革新需求的催促下，社會變革風起雲湧，各生產領域的技術和社會各階層的思想觀念都發生著深刻而急速的改變，為類似於石版印刷這樣的西方新技術的傳入創造了歷史條件。

### （一）中國人的主動學習

從 16 世紀開始，西方傳教士來華傳教的同時也把一些西方近代科學技術帶到了中國。其中作為皇家贈禮的各種精巧機械裝置更是引起了幾朝皇帝的濃厚興趣，但它們仍只是被當作稀奇有趣的能工巧技而淪為擺設和玩物，至於蘊含在這些「機括裝置」背後的科學技術的更深層次的意義，即對行將到來的工業文明的預示，並未被注意到或並未受到足夠重視，西方技術的價值和發展潛力並沒有受到當時統治階層認真嚴肅的對待。

這一態度直到幾個世紀之後才被迫轉變，源自 19 世紀中葉開始的列強的屢屢武力進犯以及清廷的接連軍事失利。西方以「船堅炮利」為表現的軍事力量讓晚清士人看到了「夷人長技」的厲害，意識到向西方學習新技術的必要性和緊迫性。「中學為體，西學為用」的觀念被提了出來並為中國士林階層普遍接受，認為在文化「體、用」體系可分的前提下，除華夏文化的核心不變外，在工藝技術上盡可以向西方學習。無論是甲午之前溫和的洋務派還是之後更為激進的維新派，雖然對「中體西用」的理解有所不同，但在「師夷

長技以制夷」的觀念上是一致的。

學習西方技術成為時代風氣。朝廷自上而下推行洋務，以官方出面發展近代工業，引進西方工業革命的科技成果，興建了一大批工廠企業，並摹習西方的籌建和運作方式，發展起了中國早期民族工商業。進而，西學更被納入到教育體系，西學內容甚至還出現在了最後幾年的科舉考試中。「國家取士以通洋務，……凡有通洋務、曉西學之人，即破格擢用」〔註1〕。鑒於科舉制度與中國讀書人的密切關係，科舉考試中接納西學這一導向性的教育舉措促使更廣泛的文化階層轉變了對西學的態度，從排斥或輕視到迎合和重視。這樣，西學一旦為屬於文化中堅力量的士人階層所接受，其在華傳播即變得更快更順利了。科舉廢除後，全國興辦新式學堂，其初衷便是「引進『西學』和『西藝』，以培養能夠適應改革需要、挽救統治危機的人才。」〔註2〕西方科學知識被正式納入教育大綱，編入教材，進入課堂，成為教學內容的主體。「據統計，在清末普通學校裏，傳統的經典知識只占27.1%，而數理化等新知識占72.9%。」〔註3〕

這樣，19世紀中葉，西方技術以「船堅炮利」的強勢姿態打開中國國門，摧垮了中國人的文化優越感，顛覆了中國人對中西強弱的固有概念，並改變了對技術的輕視態度。人們不得不開始認真地看待西方技術。從開始關注「夷人長技」，到有保留地推行洋務，到積極主動地學習引進西學。各種西洋科學技術開始以前所未有的速度和規模輸入中國。這些技術裏挾著其背後的西方意識形態以及文化價值體系，開始深遠而持久地影響中國社會的方方面面。「中學為體，西學為用」最終有意無意地偏移倒向了對後者的強調。

## （二）列強對技術的有效輸入渠道

### 1、通過條約制度採取的強制輸入

外來技術的順利傳播與口岸條約制度直接相關，通商口岸的開通為技術的輸入提供了便利。1760年到1834年，廣州是清廷允許與外商開展進出口貿易

〔註1〕楊齊福著：《科舉制度的革廢與近代中國文化之演進》，鄭師渠、史革新、劉勇主編：《文化視野下的近代中國》，中國傳媒大學出版社，2009-5-1，P378。

〔註2〕白文剛著：《清末學堂教育中的意識形態控制》，鄭師渠、史革新、劉勇主編：《文化視野下的近代中國》，中國傳媒大學出版社，2009-5-1，P395。

〔註3〕白文剛著：《清末學堂教育中的意識形態控制》，鄭師渠、史革新、劉勇主編：《文化視野下的近代中國》，中國傳媒大學出版社，2009-5-1，P379。

的唯一窗口。南京條約簽署之後，則擴大到五個通商口岸。之後，更多條約簽訂，更多口岸開放。「19世紀40年代和50年代這20年構成了中國對外關係新秩序的第一階段。……在19世紀60年代到90年代的下一個30年中，通商口岸成了中外共管、文化混雜的中心城市：它們對整個中國有著日益擴大的影響。」〔註4〕這些口岸准許締約國派駐領事，准許外商及其家屬自由居住；另訂更利於通商的關稅則例；廢除公行制度，准許外商與華商自由貿易等。口岸條約中的一系列政策都有利於貿易和技術輸入。這樣，西人在口岸興辦工廠，建立企業，培養城市工人，將通商口岸納入其殖民地工業鏈，改造成在沿海地區的一個個現代城市和商業中心，從而成功地把技術轉化成直接經濟利益。

### 2、依託傳教行為的和平輸入

除了上述通過條約制度強制性輸入技術外，另有一種相對溫和的渠道似乎更為行之有效，那就是傳教士的作用。特別是19世紀初，歐洲新教徒開始在中國傳教，其保有的文化優越感使他們更自認有責任「教化」「落後的」中國。19世紀西方列強對中國的侵略並非純粹的領土掠奪，而更多的是一種以條約強制打通帝國通商渠道而獲得經濟利益的一種間接但更有效的經濟掠奪，這就需要通過文化滲透來消除交流屏障，為將來的貿易協作疏通渠道。這樣，為了取得觀念上的共識，西人會帶著一系列工業革命帶來的新技術，以說服中國士人接受其文化，甚至承認其文化的優越性。傳教士就在其中起到重要作用，通過傳播西方科學作為手段來證明西方文化的優越性。而最行之有效的方法就是「集中於利用出版物來影響中國讀書人」〔註5〕這樣，西式印刷出版一方面作為記載和傳播西方技術和知識的有效手段，另一方面作為一項先進技術本身，成為傳教士對近代西方技術東輸的活動中成就最突出的一項貢獻，它最初主要是隨著與傳教事業相關的宗教出版印刷事務在東亞殖民地的建立而輸入中國的，並在隨後影響了整個中國近代印刷工業的面貌。

### （三）中國歷來對印刷出版的重視

中國的雕版印刷技術發展到明中後期已經相當純熟，其時，以書坊為中心的民間出版系統十分活躍；各大藏書家對書籍的搜羅、整理以及他們自己

---

〔註4〕　〔美〕費正清、劉廣京編：《劍橋中國晚清史》（上卷），中國社會科學出版社，1985-2，P206。
〔註5〕　羅志田著：《西潮與近代中國思想演變再思》，《變動時代的文化履跡》，復旦大學出版社，2010-8，P9。

出於保護目的而發起的對所藏典籍的搶救性翻印活動也爲書籍市場的繁榮做出貢獻；明清兩朝當權者也大力支持出版業，內府就屢屢發起修書盛典。凡此，在中華帝國的晚期形成了以書籍爲中心的文化網絡。這股圖書收藏熱潮一直延續到 17、18 世紀，在文化市場上出現了大批類書、小說戲劇、實用工具書等，用以滿足耕讀士子應付科舉考試的需要和普通百姓獲取常規知識以及消遣娛樂的需求。當然，由於獲取的難度以及價格的昂貴，更具學術價值的經典古籍善本以及珍本在市場上仍然數量有限，多屬於士大夫階層的私人收藏或被限量珍藏於內府書院，甚少流通坊間。

清代延續了明代圖書業的發展勢頭，爲以近代印刷出版業爲核心的學術發展以及文化普及打下了基礎。民眾對書籍的廣泛需求造就了出版市場的巨大潛力，原有出版領域的技術革新餘地也爲其時新印刷技術的順利引進創造了契機。這樣，到了 19 世紀，以石印爲代表的來自西方的一系列新印刷術以其在品質、效率、成本上的優勢迅速佔領了圖書生產市場，其恰逢其時地出現爲書籍的進一步規模化生產創造了技術上的條件，促進了市場的繁榮，並推進了印刷業的現代工業化進程。此前相對難得的孤本、珍本、古籍等也終於得以在民眾中普及。此時，兼具新舊技術優勢的江南地區成爲圖書出版重鎮。

### （四）現代城市和商業中心的初步形成

清末民初也是中國社會結構轉型的重要時期。在傳統農業時代，鄉村是社會經濟和文化的基石。以個人和家庭爲單位的獨立分散的生產活動是整個社會物質持續供應和經濟穩定發展的基礎；在執行了千年的科舉制度下形成的「耕讀」傳統又使得鄉村成爲教育和人才選拔的基地，是整個社會文化銜接和人才循環供應的保障。城鄉一體的社會結構以及自給自足的生產方式也決定了人們的社會活動相對有限，多爲以個人、家庭、鄰里、村社爲範圍的獨立分散活動。在這種穩定少變的慣性化自在循環的生活狀態下，人們對於外來信息的需求並不強烈。另一方面，人們獲取信息的渠道也並不暢通，基於新聞傳媒系統的公眾文化網絡在這樣的社會結構中是無法形成的。

但到了近代，隨著條約口岸的開放，社會結構開始發生變化。陸續開放的口岸形成了一批全新的近代工商業城市，這些城市的建立和發展完全脫離了傳統農耕經濟，而是基於近代工業和口岸商貿活動。繼而，隨著人口的激增以及人口結構的變化，形成由產業工人和不同職業群體組成的城市市民階層，並且與之相應產生了有別於鄉村文化的都市文化。「它（條約口岸城市）

在經濟基礎上是商業超過農業；在行政和社會管理方面是現代性多於傳統性；其思想傾向是西方的（基督教）壓倒中國的（儒學）；它在全球傾向和事務方面更是外向而非內向。」〔註6〕

由職業加以標籤的市民階層是城市這一龐大的綜合機器的有機組成，個體被消解，融入到了更具共性的職業群體。相比較鄉村居民，在城市中生活的市民的生活訴求和意識形態更具社會性。他們經歷更多共同的活動，對於信息、語言、思想、文化、情趣、風尚等的交流互動有共同的需求。相比較鄉村生活，城市生活帶有更多集體色彩，「娛樂場所，文化事業，大眾傳媒，公共語言等組合成綜合性的公共文化空間。」〔註7〕這樣，依託新印刷技術的近代新聞傳播事業以及與平面視覺傳達緊密結合的廣告娛樂業迅速地在城市形成氣候，並很快成為都市文化事業的載體和表徵，成為城市經濟和市民文化生活的重要組成部分。

## 二、清代晚期傳統印刷工藝與石印的關係

西方的石印術在晚清以強勢姿態輸入中國，但如前所述，中國有積澱深厚的傳統雕版印刷術，以及完備的印刷生產系統。這一新一舊的衝撞必然產生火花，並改變彼此的面貌，最終形成某種程度和某種形式的融合。

### （一）清代雕版印刷對晚清石版印刷具有直接影響

#### 1、木版畫與石印畫關係密切

按照著名美術史論家王伯敏的說法，清代是中國木版畫發展的「續盛」階段〔註8〕。但確切地說這一續盛只持續到嘉慶年間。進入18世紀後半葉，雕版印刷的頹勢日益顯著，傳統版畫的幾個主要門類都出現衰退跡象，這也為新技術的引進和推廣提供了空間。但即便如此，木刻版畫仍然保持著其強大的傳統，作用於中國人的讀圖習慣和對圖像的既有概念。因而，晚清傳統雕版印刷工藝的發展狀況及藝術面貌，對後來晚清石版畫的特殊面貌的形成及其發展方向都有重大影響。我們通過對以下三類傳統木版畫的分析來瞭解

〔註6〕〔美〕柯文著：《在傳統與現代性之間——王韜與晚清改革》，江蘇人民出版社，1994年版，P217。

〔註7〕李長莉著：《清末民初城市的「公共休閒」與「公共空間」》，鄭師渠、史革新、劉勇主編：《文化視野下的近代中國》，中國傳媒大學出版社，2009-5-1，P423。

〔註8〕王伯敏著：《中國版畫通史》，河北美術出版社，2002-6，P128。

傳統雕版與晚清石印的關係。

## （1）木版年畫與石印畫的關係

在明代充分發展起來的戲曲小說插圖在整個清代都處於低谷，這和清廷政策有關。清朝統治者爲鞏固集權統治，在文化領域加強管制，提倡所謂「正人心，厚風俗」，常以「誨盜誨淫」爲由，禁燬民間流行的小說和戲曲。這樣，戲曲小說插圖隨之衰落，特別是後期的坊刻本，愈發粗俗簡陋，與前朝不可同日而語。

小說繡像的衰落卻意外促就了木版年畫的繁榮。木版年畫的名稱是晚近才有的，早期稱爲「畫張兒」，屬於民間裝飾畫，其源頭可追溯到宋代，最早的年畫鋪出現在明末，而年畫最興盛的時期是在清乾隆年間。同民間坊刻的繡像小說一樣，年畫也是具有廣大群眾基礎的民間藝術，當民眾無法從小說繡像中獲得視覺娛樂和審美享受，自然便會尋找另一種形式來彌補。比如蘇州桃花塢年畫的興盛就與之前此地多出版經營繡像本戲曲小說不無關係。清代的民間藝人通過年畫來反映普通民眾的生活，表達他們的思想和願望。相比小說插圖，年畫的題材更廣泛，形式更多樣，也更具民俗色彩，因而比繡像擁有更大讀者群，成爲一種流行於各地的群眾喜聞樂見的版畫形式。

木版年畫在很多方面都與後來的石印畫報有共同點，後者可謂前者在新時期的新表現。

在內容上，年畫「『巧畫士農工商，妙繪財神菩薩』，『盡收天下大事，兼圖里巷所聞』，而且『不分南北風情，也畫古今逸事』。」〔註9〕鴉片戰爭之後出現在開埠口岸的各種新奇事物以及當下的重大事件也經常被搬上年畫。後來的石印畫報在選題原則上與之相似，只是對時事新聞更關注，並且主要面向城市居民。因而兩者在內容上都是面向廣大民眾的，屬於俗文化。

在形式上，年畫以圖像爲主，不同於文學插圖，這點與石印畫報一致。繡像小說中的繡像屬於文學插圖，往往依附於文章，並且和文字相互補充來表達文學作品複雜的思想內涵，而年畫需要以圖敘事。使用中國傳統造型語言的雕版畫在再現性和敘事性方面並不見長，所以，木版年畫無法表達複雜的內容，大多通過一些約定俗成的圖像模式表達祈福納祥的美好願望，造型語言直白明確，內容通俗淺顯，感情單純充沛，也因此受到普通民眾歡迎。

---

〔註9〕王伯敏著：《中國版畫通史》，河北美術出版社，2002-6，P183。

石印畫某種程度上繼承了木版年畫的功能，以及以圖敘事的形式，但是其所採用的技術及包含於技術的西洋造型體系使其在圖像敘事能力上遠超木版年畫，使運用圖像描繪和記錄現實真正成為可能。

　　在經營上，木版年畫的行業競爭激烈，從業者必須在內容和形式上積極求新、求變，以維持對大眾的吸引力。上海小校場年畫在選材上就往往挑選那些新鮮事物和最新事件，無論是內容還是表現手法往往吸收當下的流行元素，可說與時俱進，這一點與石印畫報相似。比如，年畫和畫報上都有關於開通鐵路的描繪（圖4）〔註10〕，又都有關於西洋節慶的內容。此外，各個年畫鋪都非常重視畫師的作用，廣納各地賢能前來創作，這一點也極似石印畫報社的經營策略。〔註11〕所以，木版年畫同石印畫報一樣是深受供求關係影響的市場化的藝術創作。

　　這樣，我們可以看到清代民間版畫這樣一個發展線索：文學版畫插圖→木版年畫→石印畫報。石印在技術上不同於雕版，且是舶來品，但進入中國後必須適應中國的文化環境和市場，於是必須或多或少融入到傳統脈絡中，在形式和觀念上與此前的民間版畫相靠攏，木版年畫的風行也為後起的石印畫打下了厚實的群眾基礎。

### （2）官刻版畫與石印畫的關係

　　只要不威脅到統治，清政府還是很樂意投注精力於文化事業的，特別是能體現大清帝國之盛世繁榮的大型文化舉措，所以清朝出自武英殿的一系列斥以鉅資的官刻版畫確實也具有不同凡響的華麗效果和精緻面貌。很多作品由當時的在華傳教士參與製作，在作品構圖、表現方法和風格方面帶有西洋繪畫特點，是陰陽、透視法在中國版畫中的早期嘗試。而銅版畫《平定西域戰圖》，則是完全請在華外國畫家繪製並運至法國銅版鐫刻的，完成的作品純為西方銅版畫風。這些殿版版畫的成功和影響力為今後中西結合的畫法在民間的流傳和接受奠定了基礎。

　　官刻版畫在內容上多為帝國勝景的描繪，如《避暑山莊詩圖》、《圓明園

---

〔註10〕此畫為翻刻自上海舊校場年畫，見：《千萬不可搞錯——蘇州桃花塢木刻年畫中的改頭換面弄虛作假事例》，凌虛口述，金凱帆整理，而舊校場年畫中很多圖像來自於上海流行的石印畫報，並且有石印畫家參與製作。

〔註11〕《請各處名手專畫新聞啟》，《申報》（1884年6月7日）：……本齋特告海內畫家，如遇本處有可驚可喜之事，以潔白紙鮮濃墨繪成畫幅，另紙書明事之原委。如惟妙惟肖，足以列入畫報者，每幅酬筆資兩元……。

詩圖》，場面宏大，細節豐富，這類題材極適宜採用西洋手法繪製。當初很多參與刻版的刻工都來自蘇州，他們將這種新的圖式和構圖技巧帶進了自己的行業圈，並將之結合到民間版畫的創作中，影響了整個地區的民間版畫面貌。蘇州是清末木版畫的主要生產地，作品的大量複製和傳播使帶有新氣息的圖像廣爲流傳，從而培養了民眾對這種圖式的欣賞習慣。江浙一帶的畫家刻工耳濡目染這種圖式，其構圖技巧和造型特點也就會自然流露在自己的創作中。這也是爲什麼在後來的石印畫中，畫家對透視法、明暗法等的運用已然嫻熟而不生澀，正因爲此，技巧到圖式由傳統到現代的進一步轉換過程也變得順利，此地區的民眾對「新式」的石印畫圖像的接納和認可也並無特別障礙。

### （3）畫譜和名家作品對石印畫家的影響

清代的各類圖譜相對比較豐富，尤其是一些人物畫譜，著名的如《芥子園畫傳四集》，對中國人物畫畫理以及畫法做了較仔細的介紹。此外，《凌煙閣功臣圖》、《晚笑堂畫傳》、《皇清職供圖》，以及任熊的《列仙酒牌》、《於越先賢傳》、《劍俠傳》、《高士傳》，改琦的《紅樓夢圖詠》等，這些人物畫集及畫譜是中國人物畫的集大成，提供了豐富的圖像資料，名家風格通過作品的複製品得以保存和推廣，而像《皇清職供圖》這類對各色人物的寫實主義記錄也爲後來的畫家提供了一份實用的資料。相比較清代文人畫，這些民間流傳的畫譜對中國畫，尤其是人物畫傳統的保存、總結、繼承和推廣作用更大，當時的許多民間藝人就是從描摹畫譜開始掌握繪畫技能的〔註12〕。石印畫家多是來自民間的繪畫能手，這也與畫譜的流行不無關係，我們從吳友如的石印畫中就可以看到從陳洪綬到任熊的中國正統人物畫的繼承脈絡。

### 2、木版畫以複製爲主要目的

清代的雕版印刷主要作爲生產書籍或複製圖像的手段，雖然在有些畫面上也會多少顯露出「木刻味」，但無論是畫師還是刻工都沒有充分去發掘這種由材料和工藝所決定的特殊形式美。畫師在作品中考慮的是諸如線條、筆墨、韻味、逸氣等正統文人畫家所追求的畫理和精神，而沒有特別關照木版畫由工具、材料和技術造就的特殊性和表現力。在康乾年間的確湧現出像朱圭、梅裕鳳這樣一批優秀的刻工，著名的殿版版畫很多出自他們之手，但是這些

---

〔註12〕齊璜口述，張次溪筆錄：《白石老人自傳》，人民美術出版社，1962-10，P24：
　　　　光緒八年……無意間見到一本乾隆年間翻刻的《芥子園畫譜》。……我仔細看了一遍，才覺得我以前畫的東西實在要不得。……有了這部畫譜，就像是撿到了一件寶貝，就想從頭學起，臨它個幾十遍。……

刻工仍只是被當作能工巧匠，而非藝術家，他們的爲人稱道之處在於其雕工卓越，刀法細膩，能惟妙惟肖模擬原紙本繪畫之神韻的技術能力。當然，在版畫製作的具體過程中往往需要刻工與畫師通力合作，畫師會因爲版刻的技術特點而對畫面有所調整，刻工則會根據自己的理解和雕版技術規律去表達畫家的意圖，但這些仍然是雙方爲了使複製能夠更順利地進行而做的微小調和。所以這些版畫歸根結底還只是紙本畫的拷貝和複製。在此，版畫圖像的創作規律和美學追求並沒有獨立，而是追慕紙本繪畫的。

這一點與西方不同，西方的創作性版畫早在 15 世紀就從印刷複製的生產領域獨立出來而成爲一個藝術門類。許多著名的藝術家積極參與版畫創作，充分發掘材料和工具的獨立性能，以此創造出不同於其他藝術形式的版畫所特有的視覺效果。比如 16 世紀丟勒（Albrecht Dürer）的銅版畫，17 世紀倫勃朗（Rembrandt Harmenszoon van Rijn）對於蝕刻版畫的研究，19 世紀杜米埃、勞德累克的系列石版畫創作等。藝術家在繪製版畫的時候考慮的是版畫工具材料所可能呈現的效果的獨特性和唯一性，而非僅把它當成一個簡單的複製過程。畫家的任務貫穿整個製作過程，並監督作品的每一道工序以確保最終效果符合最初預想。而對於中國畫家，有時候提供一個畫稿就行了，接下來的製版鐫刻則屬於另一種性質的單純的複製與生產階段，而不是藝術創作的有機構成，藝術家可以不參與其中。

總之，清代的版畫雖然有其時代面貌，但總體來說所延續的仍然是舊有的傳統，版畫是種純粹的複製工藝，而非獨立的藝術創作。這一點也將影響到後來人們對待石印書的態度。

## （二）晚清多種印刷工藝的出現爲石印術的傳入和運用做了鋪墊

### 1、雕版工藝占統治地位不利於新技術的推廣

中國人使用最廣，發展最充分的印刷技術是雕版印刷。雖然也偶或使用活字或其他手法複製圖文資料，但畢竟占少數。所以說中國歷史悠久的印刷工藝發展史可以說基本上是一部木雕版印刷的發展史。這一方面說明經過技術的嘗試、變革、淘汰，雕版印刷最終成爲了最適合複製保存線性中文字和線性中國圖畫的手段。另一方面，當技術充分發展起來後，技術與凝結於技術的思想觀念融爲一體，製作工藝、流程、和藝術追求形成了一套自成體系的雕版印刷文化，並早已有機地融入到了中國文化的大系統中。因而，在這個由雕版印刷占統治地位的嚴密系統中，其他印刷工藝就很難立足，勿論依

據自身特點成長發揮，往往情況是新進的印刷術因其製作工藝、藝術特點等與木雕版相牴觸而被排擠。

當然，雕版印刷也有其缺陷，比如：製作週期較長；對刻工的依賴性強；鐫刻的版子經不起多次使用，反覆使用後印刷清晰度降低，印版容易損壞；且使用後還需考慮存儲或銷毀印版等後續問題；印刷格式固定成套路，在形式上難以突破等。但按照傳統民間書坊的生產規模以及出版物品種來說，這些缺陷並不會造成太大問題，雕版印刷與這樣的生產需求是完全相適應的，也是最理想的技術方案。

### 2、多種印刷工藝並存逐漸打破傳統格局

#### （1）新的社會需求改變印刷技術格局

但到了帝國的晚期，隨著城市化和商品經濟的進一步發展，人們生活方式和文化訴求也發生相應改變，文化領域逐漸出現了一些新的印刷產品以滿足新的社會需求，特別是一些傳遞即時信息的早期報刊以及臨時性的圖文宣傳品。這類新興事物在數量、質量、生產週期和發行方式上都有別於傳統印刷品，原先形式單一的印刷生產系統一時無法滿足這類新市場需求。這樣，穩定少變的中國傳統印刷業開始發生結構性變化，逐漸形成以雕版為主，多種印刷手段並存的局面。比如：19 世紀初，蠟印技術開始普遍使用於早期的官方報紙，如省報性質的轅門鈔以及各地複印的京報。蠟版印刷的質量較差，但便於更快地發佈新聞和消息，適合用來印刷時效性非常強的新聞類印刷品或臨時的告示、招貼等。〔註13〕另外，官方承辦的不惜重金精印的大型出版物則開始使用金屬活字印刷和西洋銅版技術，前者如《古今圖書集成》（雍正四年本為銅活字，光緒十年本為鉛活字），後者如銅版地圖，三十六幅熱河圖（1713 年康熙授命鐫刻）。此時在民間，水印木版年畫也開始風行，成為傳統木版印刷工藝中一枝獨秀。

#### （2）外來影響加速印刷技術的多樣化

除了中國印刷技術自身的內在發展外，19 世紀各類外來印刷術的輸入更是加速了中國印刷行業結構的改變，直接影響了中國近代印刷工業的格局。

隨著近代西方傳教士的在華傳教活動，各類新的印刷技術隨同其他西方

〔註13〕張秀民著，韓琦增訂：《中國印刷史》，浙江古籍出版社，2006-10-1，P407：
清代蠟印術僅見於西方文獻，最早出現在法國耶穌會士杜赫德（Jean-Bap-tiste du Halde，1674〜1743）編著的《中華帝國地理歷史全志》中。

工業革命成果一起傳入中國。技術的輸入依託具體的產品，傳教士選擇和推廣哪些技術是從實用主義角度考慮的。之所以注重印刷技術，是爲了在中國本土建立教會組織自己的印書館以便於印刷宗教宣傳品，提高效率的同時降低宣教成本。至於是採納中國的傳統木雕版技術還是新式石印或鉛活字技術，那是需要經過認眞細緻的成本核算的。19 世紀初倫敦傳道會的米憐在馬六甲經營教會出版事務時就對各種印刷術的性價比做過詳細比較；後美部會傳教士裨治文（Elijah Coleman Bridgman）創辦的《中國文庫》（Chinese Repository）在 1834 年 10 月期也曾專門撰文比較了雕版、石印、活字的優缺點，估計三者的印刷成本；最早在中國建立石印印刷所的英國傳教士麥都斯（Walter Henry Medhurst，1796～1857）也根據自己的實踐對三者進行了取捨。這些傳教士在建立西式印刷所之初的這種對於技術選擇的考慮不是基於如何再現中國字畫的表現力和藝術神韻，而是如何在有限的資金支持下簡單地盡快刻出能夠辨認的規範化的字體。

這樣，在洋人開設的印刷所中，通過成本核算和綜合考慮，不同的印製對象開始採用不同的技術完成：鉛活字用來印刷文字，石印主要用來複製圖像，木雕版和銅版等相配合……各類印刷技術開始依據各自特點在所擅長的領域發揮作用，並且開始影響最終產品的面貌。在這種追求效益的工業革命式的單向性思維模式影響下，中國原先完備的雕版印刷工藝系統最終被分解了，新式印刷所製作的印刷品在技術手段和產品面貌上不再規範統一，建立在傳統雕版工藝基礎上特定的美學系統被打破。石印正是由於其在圖像複製領域的優勢而在現代印刷工業中佔據一席之地的，當中國雕版印刷獨大的局面被打破後，圖像領域開始對石印開放。

印刷系統中這種多技術並存的局面也是近代工業文明影響下社會分工、生產細化、需求多樣化的必然結果。當原先封閉的行業空間被打開，不同的技術各自獲得巨大的發展空間，傳統的木刻書坊，新式的綜合型印刷機構和石印書館各自擁有了各自的生存空間和廣闊的應用領域，促進出版事業持續繁榮，爲文明發展和信息傳播助力，報刊、雜誌、海報、包裝等新式印刷品不斷湧現，石印技術也很快就脫離了宗教宣傳冊的狹窄應用領域，開始發揮其眞正的社會作用。

### （三）石版印刷的流行導致雕版印刷的衰落

晚清的雕版印刷書局主要由三部分組成，官刻（如中央和地方政府），家

刻（多爲士紳大賈），坊刻。官刻和私家書坊的刻本多精美昂貴，以學術經典爲主，且多供應官僚士大夫階層，而供應民眾的讀物則多仰賴民間書坊。由於石印術最先是通過民間渠道推廣的，所以，其對傳統雕版業的衝擊也是自下而上的。最先受到影響的是民間書坊，接著迅速擴散，進一步打破原先的印刷業格局，使得在明代開始興盛至晚清的私刻傳統逐漸凋敝，官書局也開始採納新技術。這樣，石印以強勁的擴張勢頭很快將傳統木版印刷業擠到了邊緣，加速了晚清木版畫的衰落。以下三方面事實決定了兩者的消長：文本複製，圖像製作，工廠化規模生產。

### 1、石印社在書籍影印方面逐漸取代民間書坊

晚清的民間書坊非常普遍，主要集中在北京和蘇州，印製滿足民間大量需求的讀物。又由於清政府的文化和教育政策，從耕讀到出仕仍是普通知識階層實現個人理想的唯一渠道。因而，各類與科舉考試相關的書籍，如《康熙字典》、《四書備旨》等需求量相當大，也成爲民間書坊的主要出版內容。

對於這類需求量大，同時又不需要在印刷品質上有特別高要求的工具書，新的石印技術存在優勢。

我們知道，最初傳教士將石印術介紹到中國純粹是出於對石印技術在便捷性和低成本方面優勢的實用主義考慮。〔註 14〕最初的石印技術多被運用於相對狹窄的傳教領域，偶而印刷少量的由教會出版的中文書籍和單薄的中西文月刊，尚不具備批量生產高品質文字書籍的能力。因而，此時的石印術尚未眞正威脅到傳統雕版印刷。

但當精明的商人開始涉足這一領域，情況就發生了變化。英國商人美查（Ernest Major）的點石齋石印書局成立不久就印製了一批《聖諭詳解》（而這可能是最早的古籍石印本）〔註15〕。可見他很早就把目標鎖定在「士子必備」書籍這個巨大市場。有關美查這次最初嘗試的市場收益並沒有找到詳細記錄，但幾年之後，他採用新的照相石印技術〔註16〕再次印製出版《康熙字典》

---

〔註14〕 張靜廬輯注：《中國近代出版史料二編》，世紀出版集團、上海書店出版社，2003-12，P356：金屬活字初行之時，既多困難，於是西人更以石印之術來。

〔註15〕 李培文著：《石印與石印本》，《圖書館論壇》，1998 年第 2 期，P78。

〔註16〕 張樹棟、龐多益、鄭如斯等編著：《中華印刷通史》，印刷工業出版社，1999-9，近代篇 第十三章 第二節 一、石版印刷術的傳入和發展：照相石印是製版照相術應用於石版印刷之產物。爲奧司旁（John W. Osborne）發明於 1859 年。
單色照相石印書在西方運用到生產領域後不久就被介紹到中國：

則無疑取得了巨大的商業成功。〔註 17〕這次嘗試所獲的豐厚收益吸引了後起者紛紛傚仿，使石印、影印「士子必備」、科舉書籍一時成爲出版潮流，此後更有專門針對科舉考生設計的各類縮印本應試工具書出版，充分發揮了石印技術的優勢。〔註 18〕這樣，在科舉考試制度存在的最後十年裏，市場上出現了各種不同版本、不同尺寸的石印本《佩文韻府》、《駢字類編》、《康熙字典》等應試書籍。石印術幾乎完全佔領了這一市場。

隨著石印技術的日益完備，石印書局進一步將出版範圍擴大至更寬泛的經典領域，如同文書局對鴻篇巨製《古今圖書集成》、《二十四史》等的影印和縮印。這些石印古籍雖然不及鉛活字印刷精良，但在生產週期和成本投入上具有顯著優勢，而且售價相對低廉，受到普通民眾的歡迎，極大地促進了傳統文化在民眾中的普及和推廣，並使之在民間得以延續。

在 19 世紀末，隨著科舉類書籍這一巨大的市場份額被新興的石印社佔領，使用傳統雕版印刷技術的民間書坊自此一蹶不振。而石印術在印製經、史、子、集、小說等其他書籍方面的技術優勢和價格優勢，以及幾年內積累起來的消費群體的認可度也早已使其自可與官辦及私家書坊相抗衡。

## 2、石印術在圖像製作上具明顯優勢

### （1）石印在圖像複製方面優於雕版印刷

石印的另一個優勢體現在圖像的表現和複製上。關於這一點，我們需要先明確一下中國人對於版畫複製功能的重視。

西方藝術家較早地介入到了版畫製作領域，因而西方版畫在很早就成爲

---

申報館的黃協壎曾在他的《淞南夢影錄》（1883 年）中對這一技術的神奇有所描述：石印書籍，用西國石板，磨平如鏡，以電鏡映像之法，攝字跡於石上，然後傳以膠水，刷以油墨，千百萬頁之書不難竟日而就，細若牛毛，明如犀角。

《格致彙編》早年（1876～78，1880～82）在申報館印刷時，其中已有不少插圖是在英國照相石印的，見：《傅蘭雅與近代中國的科學啓蒙》，王揚宗著，科學出版社，2000，P96～97，以及《石印術的傳入與興衰》，韓琦、王揚宗著，中國書籍出版社，1993-9，P361～362。1892 年的《格致彙編》更是專門著文《石印新法》對其進行了詳細介紹。此後這一技術大量運用於石印書籍。

〔註 17〕姚公鶴著：《上海閒話》，上海古籍出版社，1989，P12：第一批印四萬部，不數月而售罄；第二批印六萬部，適逢科舉子北上會試，道出滬上，每名率購備五六部以作自用及贈友之需，故又不數月而售罄。

〔註 18〕張靜盧輯注：《中國近代出版史料二編》，世紀出版集團、上海書店出版社 2003-12，P356：以其法翻印古本書籍比較原形不爽毫釐，書版尺寸，又可隨意縮小，蠅頭小楷，筆劃判然。於時科舉未廢，故所印書籍大抵細行密字，用便場屋舟車只用。

一門獨立的藝術科目。在藝術家有意識地參與過程中，版畫技術不斷完善，每次新的技術突破又都很快被應用於藝術創作領域。

在中國版畫發展史上，藝術家直接參與創作的情況雖然也有，但主要表現爲與刻工的合作，也就是說藝術家通常並不直接動手操刀製作。在具體製作過程中，畫師和刻工會交換意見，爲尊重彼此的技術特性而對作品面貌加以調整。比如陳老蓮與黃建中等晚明著名刻工的成功合作而成就的《九歌圖》、《水滸葉子》、《博古葉子》等，還有清初由焦秉貞繪圖，朱圭、梅玉鳳鐫刻的《耕織圖》等。優秀的木版畫作品或技術高超的工匠在中國美術史上確實佔有一席之地。但是，在中國的傳統觀念中，木刻版畫仍只是被當作是對紙本繪畫的複製，是紙本繪畫的追隨者。

雖然經由手繪到雕版的兩種工藝轉換，最後完成的作品多少還是顯露出木刻味（這是指那種希望減少木刻痕跡的情況）。但這種有別於紙本繪畫的木刻韻味是被限定在一個有限範圍內的，似乎並沒有鼓勵在此基礎上的進一步發揮。另外，有部分民間版畫由於技術的限制，又恰恰呈現出蘊藏於粗陋中別具情趣的「拙」或「俗」味兒的，但這也是後來文人、藝術家從特定角度賦予其的藝術價值，而不能歸爲創作的自覺。

因而雖然雕版畫在中國發展歷史悠久，但並沒有像西方那樣形成強大的獨立的美學系統，可堅守其他美術品種無可替代的地位。這樣，對於傳統雕版畫作品優劣的評判標準主要在於其複製的精確度，和對紙本繪畫韻味的還原度，另外就是對工藝考究度的衡量；又由於沒有太多基於該特定工藝的美學桎梏，對於新舊技術的取捨也會相對輕率，生產成本和製作效率就成爲主要的考慮因素。

在這樣的功能主義訴求下，新進的石印術因其強大的圖像複製能力，自然很快將木刻取而代之。特別是當照相石印術出現後，大量古籍、字畫通過拍攝，製版，就能得以還原，且效果「毫釐不爽」，「與原作無異」，甚至可以隨意縮放，其優勢更顯著。此時，大量古代字畫被影印，如點石齋書局的《耕織圖》（1878），鴻文書局的《芥子園畫譜》（1887），掃葉山房的《王羲之·草訣百韻歌》（1887）等。影印無需重新刻版，可以隨意改變尺寸，排版靈活度大，大型書畫珍品經過影印，成爲了可輕易獲得的便攜的冊頁圖書，原先深藏內府的碑帖、古畫等得以在民間普及。

這樣，石印技術因其圖像複製優勢擠佔了原先木刻畫的市場份額。

### （2）石印圖像的優越性

傳統雕版印刷從圖稿到最後的作品之間需要經過數道不同工藝，製作週期長；並且強調不同工種的分工配合，如果刻工技術低劣，或與畫師缺乏溝通，最後的作品可能會面目全非。因而在木版畫生產過程中，畫家對最後作品的效果以及作品的時效性缺乏控制，難以將創作觀念貫徹始終，而複雜的工序和較長的製作週期也限制了雕版畫的表現方式和應用領域。

相對而言，石印更具手繪性，成品的面貌更接近繪畫。同時，畫家參與度高，製作週期短，能更完整地保留畫師的設計初衷和記錄其即時想法。所以，這種新技術被有效地應用到了強調時效性的時事畫上，並很快與19世紀末已經在中國流行起來的報刊雜誌相結合，產生了畫報這種圖文並茂的刊物。

石印的快捷與新聞紙的要求相符合，兩者結合，圖文並茂，健全了紙質新聞系統。圖像使新聞更好讀，而新聞紙的廣泛散佈使得石印圖像被廣泛接受。石印畫家更個人化的語言新穎活潑，其對時事生活的及時記錄令畫面內容更貼近生活，也更具現實意義。石印新聞畫成為一種流行的印刷圖像，其更新頻繁，內容豐富，形式活潑，品種繁多，數量龐大，充斥了都市人的生活，並在民眾中逐步建構起了新的讀圖習慣和讀圖需求。

時事新聞畫的迅速發展使石印技術被廣泛認可，並通過石印術在商業領域的拓展應用，進一步衍生出海報、招貼、廣告、產品包裝等新的石印圖像產品。這些新的圖像適應新興商業社會的需求，並成為都市商業活動的重要組成部分。而原先在民間流行的木版年畫之類的傳統裝飾畫也開始受到石印影響，在圖像形式和表現內容上向後者看齊（圖5，圖6）。〔註19〕到了20世紀初，印製精美、內容時尚，造型逼真的月份牌等新型石印裝飾畫在城市中逐漸流行，更是在很大程度上取代了原先的年畫等木刻裝飾畫，被都市人用

〔註19〕 如上海的小校場年畫。19世紀60年代，小校場年畫受到蘇州桃花塢影響，但很快就發展出自己的特色，表現上海這個開埠口岸特有的華洋雜陳，欣欣向榮的都市景觀。特別是19世紀末20世紀初，以石印新聞畫著稱的著名畫家吳友如、錢慧安、周慕橋等不同程度參與到小校場年畫的創作，將小校場年畫的藝術水準拔高到接近文人畫的層次，畫面細膩、豐富，場面複雜，內容新穎、入時，頗有石印新聞畫的風貌，也更符合城市居民的審美需求，使得小校場年畫在當時的年畫界獨樹一幟。而此時日漸衰微的蘇州桃花塢年畫反而開始借鑒小校場年畫，許多署名桃花塢的年畫被證實出自小校場，或者是抄襲小校場。足見這一「海派」年畫影響之巨。

以裝飾其新式居家。

畫報以及石印新聞畫的出現對清末早已衰敗的繡像小說，或以粗陋的木刻畫裝飾的報刊來說是一個極大的衝擊（圖 7），木版年畫則直接受到影響，向石印畫靠攏。石印技術自身的進一步發展更是拓展出多樣化的新領域，使石印畫與都市生活緊密結合，成為商業社會必不可少的組成部分。而與之相比，傳統木刻畫無論是形式、內容、製作週期還是適應面上，都無法跟現代城市生活節奏相匹配。這樣，在充滿活力的新石印畫的衝擊下，晚清本已衰退的傳統木刻版畫更顯老舊，頹勢無可挽回。

### 3、石印書局機器化生產規模使傳統書坊相形見絀

#### （1）石印的工業化生產速度和規模相對雕版作坊有顯著優勢

清代的民間書坊較之前代有所發展，其經營方式和管理方式已經呈現一定的現代商業特點。有些書坊除了刻印本書坊選定的書籍外，還承接外來業務；各書坊和刻字鋪還經常分工協作完成規模較大的印書項目；有些規模較大的書坊已經突破了手工作坊的小本經營模式，帶有早期資本主義工廠生產特徵。這些書坊出版的書籍包括經、史、文集外還有大量民間娛興讀物，基本以雕版輔助以木活字技術印刷而成。普通民眾的文化教養資源基本仰賴這些民間書坊的生產和經營。但由於傳統工藝和經營思路的限制，這些書坊的產品種類相對狹窄，生產數量仍然有限。

直到新式石印機被運用到商業出版所，情形才真正發生變化。初期的石印機運轉笨重，即便如美查引進的當時最先進的輪轉石印機，也並不甚理想。〔註 20〕但即便如此，點石齋書局使用這樣的石印機印製的《康熙字典》仍然在行銷數量上取得驚人的成功，數量共計 10 萬部，達到當時之最，這樣的生產規模是傳統民間書坊所望塵莫及的。並且，初期笨重的機器具有巨大的改良和發展空間，這是少有改良空間的傳統手工作坊所不具備的。

石印技術獲得的巨大利潤吸引了資本，資本的注入又擴大書局規模，比如廣東人徐鴻復、徐潤等於 1881 年投資創建的同文書局，「購備石印機十二架，雇傭職工五百名」，〔註 21〕規模遠超點石齋，為當時規模最大的石印書局。

---

〔註 20〕 張靜廬輯注：《中國近代出版史料初編》，世紀出版集團、上海書店出版社，
　　　　2003-12，P272：惟其轉動則以人力手搖，每架八人，分作二班，輪流搖機。一人添紙，
　　　　二人收紙，手續麻煩，出於意料。而其出數，每小時僅得數百張。
〔註 21〕 張靜廬輯注：《中國近代出版史料二編》，世紀出版集團、上海書店出版社，
　　　　2003-12，P357。

及至 1889 年至光緒末年，石印技術充分發展起來時，僅上海一地就有大小石印書局不下八十家。在這種愈演愈烈的商業競爭下，原先的書坊只有改變經營，適當地放棄雕版印刷而採納新技術才不至於被淘汰。如在明代就已開設的蘇州「掃葉山房」在後來就採用鉛印和石印技術與雕版印刷相結合，從而得以在激烈的競爭中立足。

（2）石印是現代印刷工業的有機組成，傳統雕版作坊無法納入現代印刷工業系統

在西方，石印技術在出現後不久就與其他印刷術相配合，以其技術特點運用於特定的出版對象。這也決定了石印技術在中國也不會停留在孤立運作階段，而是很快地與其他同時期進入中國的西方新印刷技術相結合，成為大規模綜合性印刷機構的有機組成。而傳統的雕版印刷書坊則無法有效融入現代印刷工業體系。

在雕版書坊時代，刻工的手藝是生產系統的核心，次要的工作可以分配給經過簡單訓練的幫手，非常像家庭式的手工作坊。但進入到現代印刷工業時代，機器成為核心，人的作用退居其次，石印機、排字機等需要專門的技術工人操作和維護，而這些技術工人是為適應機器的運作而受到專門培訓和武裝的；安置機器和從事整個生產活動也需要巨大的空間。這些都是機器大生產時代的顯著特徵。

石印機以及使用石印機進行印刷生產是中國步入現代印刷工業的標誌。隨著傳教士們把包括石印機在內的新的印刷機帶到中國，與新式機器相伴而生的現代工業概念也輸入到了中國，一批新的印刷工人和印刷廠經營人員被培養了出來。轟鳴的大型現代印刷機以及訓練有素的印刷產業工人群體的出現將舊有的雕版作坊生產模式排除在了工業文明以外。

這樣，當 19 世紀下半葉，石印術充分發展起來後，傳統的雕版印刷便迅速衰萎了。

## 三、石版印刷術傳入中國的過程

### （一）外國傳教士為宣傳需要帶入中國

無論是西歐還是中國，宗教的繁榮促進了印刷術最初的發展。隨後，印刷術被運用到各個領域，加快了知識的傳播，推進了文明的進程。有意思的是，在近代中國，石版印刷術的推廣與宗教再次發生緊密聯繫。

　　石印術傳入中國與當時傳教士的傳教活動有密切關係。傳教必須借助紙質宣傳品的廣泛散播來擴大影響，吸引教眾，對於早期的傳教士來說，鑄造一套漢字鉛活字成本高昂，而華人地區流行的傳統雕版印刷對於印製各類臨時的小冊子來說也有缺陷，可參見蘇格蘭傳教士米憐對這兩種印刷技術的優缺點所做的詳盡比較。〔註22〕由於石印術廉價，快捷，操作簡便，「（石印）可按需要印製各種大小的書籍；小的佈道冊子可在很短的時間內印成，很省時；小的佈道點，若缺少人手，傳教士一人就能操作，費用省；便於印刷各種文字。」〔註23〕更重要的是相對於字符結構的西方文字，圖形結構的中國文字在當時更適合用石印技術複製，所以很快受到當時人員、經費均不足的來華傳教士的青睞，用以印刷簡單的佈道小冊子以及非正規的臨時宣傳物。

　　19 世紀上半葉中國處在「禁教」時期，清政府禁止傳教士在中國公開傳教，也不允許在中國境內印刷宗教宣傳物，因而石印技術在中國的早期傳播並不順利。來華傳教士大多把印刷所設在東南亞的華人聚居地，以南洋為基地向澳門、廣州等地區逐步滲透。先後建立的馬六甲印刷所、新加坡印刷所、巴達維亞印刷所，成為 1842 年以前傳教士在南洋建立的三大印刷基地，這些印刷所部分地採用了石印技術。當時的石印術在西方也還是個新興事物，還只是傳統印刷技術的補充，因而像其他歐洲印刷所一樣，這些南洋印刷所也是綜合了包括雕版、活字、銅版、石印等多種印刷術來印製不同對象，後經成本核算，才逐漸以石印為主。所印石印刊物多為相對簡陋的教會讀物，偶有西方書籍的漢譯本，以及配合宗教宣傳的早期中文石印書刊。如出版於巴達維亞印刷所的《東西史記合編》（1828／1829）便被認為是最早的中文石印書籍〔註24〕。這些早期石印出版物的品質多不及傳統方式印刷的正規書籍，但其成本低廉，印製方便，生產週期短，符合宣傳性活動的需求，所以被大量印刷，成為傳教活動的重要輔助工具。

　　這些石印小冊子在南洋印成後，多由傳教士攜帶入關，或每年廣東省府

---

〔註22〕　〔美〕周紹明（Joseph P. McDermott）著，何朝暉譯：《書籍的社會史》，北京大學出版社，2009-11，第一章　1000～1800 年間中國印刷書籍的生產　米憐的記述。

〔註23〕　韓琦著：《晚清西方印刷術在中國的早期傳播——以石印術的傳入為例》，韓琦、〔意〕米蓋拉編：《中國和歐洲·印刷書與書籍史》，商務印書館，2008-12-1，P117。

〔註24〕　蘇新平主編：《版畫技法（下）》，北京大學出版社，2008-8，P295。

鄉試時，批量地隨著宗教書籍分送到廣東。〔註 25〕石版印刷術最早便是以這樣的形式流入中國的。

## （二）從邊境到口岸──石印術在中國的傳播

鴉片戰爭前夕，清廷有關傳教政策稍有鬆動，一些嗅覺敏銳的傳教士便及時把握機會將石印印刷所開設到了中國境內。1832 年，曾主持巴達維亞印刷所的麥都斯最先在中國澳門開設了一個石印所，接下去兩年又在廣州先後開設了二個石印所，用來印製布告等宣傳物和零星書籍。〔註 26〕在此期間他還培訓了中國最早的石印工人。〔註 27〕此外，還有一些外國人攜帶簡單的石印工具進入中國從事小範圍的少量印刷活動。這時期的石版印刷物基本仍為教會讀物。

這樣的觀望和試探狀態一直持續到鴉片戰爭爆發，此後，中國石印業才進入到正規發展階段。中國門戶洞開後，早已擁滯在邊境線外多時的外國印刷所紛紛湧進開放口岸上海。麥都斯仍然首當其衝，他是第一位將石印術介紹到上海的西方人，1846 年，他首先在自家的上海墨海書館採用石印技術〔註 28〕，印刷出版中文譯本《耶穌降世傳》、《馬太傳福音注》等正規宗教讀物。此後，滬上的其他印刷機構也紛紛仿傚，陸續添置石印機，一些教會開設的技術學校也設立石印印刷部印製石印小抄，並在印刷課程中增添石印內容，為以後的石印書局培養了大量技師〔註 29〕。石印術開始在上海迅速傳播，但由於這早年與傳教活動的特殊聯繫，使石印的真正優勢和潛在的市場被人們忽略，在相當長的一段時間裏，石印出版物的種類仍然局限在宗教讀物上。

直到 1870 年代，情況才有所變化。1874 年，申報館主人美查成立點石齋書局，專事石版印刷，此為上海最早的真正意義上的商業石印書局。美查非宗教人士，眼界開闊又具有商業敏感，他主持的點石齋書局紮根中國土壤，充分開發了石印的功能，在利用這一新興的技術為自己創造巨大利潤的同

〔註 25〕陳力丹著：《世界新聞傳播史》，上海交通大學出版社，2007-3，P283。
〔註 26〕韓琦著：《晚清西方印刷術在中國的早期傳播──以石印術的傳入為例》，韓琦、〔意〕米蓋拉編：《中國和歐洲・印刷書與書籍史》，商務印書館，2008-12-1，P116。
〔註 27〕蘇新平主編：《版畫技法（下）》，北京大學出版社，2008-8，P295。
〔註 28〕韓琦著：《晚清西方印刷術在中國的早期傳播──以石印術的傳入為例》，韓琦、〔意〕米蓋拉編：《中國和歐洲・印刷書與書籍史》，商務印書館，2008-12-1，P117。
〔註 29〕蘇新平主編：《版畫技法（下）》，北京大學出版社，2008-8，P296。

時，也為石印術在中國的全面發展做出貢獻。書局首先採用照相石印術，影印和縮印了一批古籍。其中的《聖諭詳解》可能是最早的古籍石印本〔註30〕，而最成功的要數銷至 10 萬部的《康熙字典》。除此類「士子必備」書籍，最能體現石印優勢的是對一批內府圖集的石版影印，如《歷代名媛圖》、《耕織圖》（圖 8）等，使得普通民眾也有幸能欣賞到這類稀有讀本。此後，大眾化的讀物如戲曲、小說也被大量複製發售，書籍變得更為普及。石印術的獲益人群從少數基督教眾擴大到了普通民眾。當然，點石齋書局的最大貢獻在於石印畫報的刊印，取得巨大成功的《點石齋畫報》〔註31〕（1884.5.8～1898.8）的出現無論在晚清民初的印刷界、新聞界還是繪畫界都具有重要意義。石印畫報在傳統圖像模式、圖像觀看和圖像傳播的現代化轉變上起到關鍵作用，具有重大研究價值。通過石印技術創作的畫報圖像，我們可以看到該技術對圖像的作用和影響，顯示了石印在純粹印刷領域以外的美學上的貢獻。這點我們將在後文中重點討論。

## （三）石印術的強勢發展——國人建立石印印刷所

　　點石齋書局的巨大成功引起了國內實業家的注意，19 世紀 80 年代起，國人開始自辦石印書局，成為外國石印所強有力的競爭對手。著名的有 1881 年由徐鴻復、徐潤投資創辦的同文書局。此外，1887 年由著名藏書家李盛鐸創辦的蜚英館也頗為成功。這些石印館的石板和機器多採辦自國外，但主創人員和工人技師都是中國人，出版思路也更中國化，多利用石印術便捷的影印功能翻印古書，包括典籍、類書、碑帖、傳奇小說等。最有代表性的是 1890～1894 歷時三年完成的同文版《古今圖書集成》，據清雍正年銅活字殿版原式翻印百部，每部 5020 冊。這種官方投資，規模宏大的印刷任務自然是西人印刷所不可企及的。到 1889 年，上海的石印書局雖仍只有四、五家，但印刷書籍銷行全國，供不應求。

　　看到印書能獲巨利，人們紛起傚仿，到了光緒末年，上海的石印書局一下子擴展到不下八十家〔註32〕，著名的包括鴻寶齋、竹簡齋、史學齋、竢實齋、五洲同文書局、積山書局、鴻文書局、會文堂、文瑞樓、掃葉山房等等。

---

〔註30〕李培文著：《石印與石印本》，《圖書館論壇》，1998 年第 2 期，P78。
〔註31〕光緒十年（公元 1884 年）創刊，光緒二十四年（公元 1898 年）停刊，共發表了四千餘幅作品。
〔註32〕張秀民著，韓琦增訂：《中國印刷史》，浙江古籍出版社，2006-10-1，P466～467。

隨後，北京、天津、廣州、杭州、武昌、蘇州、寧波等地也陸續開設了石印局。19 世紀末，上海的富文閣，藻文書局，宏文書局等部分書局開始採用五彩石印，使仿印字畫的效果更出色。

　　跨世紀的這前後二十年，中國的石印出版也達到鼎盛。光緒末年，在維新派的大力倡導下，出現了一大批介紹西方政治思想、科學技術的石印書籍，成為當時石印書籍的新寵，民國初年，又出現了影印珍本古籍的熱潮，對古籍善本的保護、整理和推廣起到積極作用。這些可說是晚清民初國人對石印術在印刷複製領域的積極利用，也是人們最為普遍讚譽的石印術在中國印刷事業中和在古籍保護中的貢獻。

　　上述粗略勾畫了石印技術在中國的傳播和發展過程。這裡，新技術帶來的速度和質量的提升令人欣喜，其取得的卓越成就已獲得公允的評價。但本書的重點並不在石印術的影印和複製功能，而是石印技術在圖像製作和呈現方面的特徵及其影響。在這裡，我所感興趣和希望進一步分析的是物質領域的技術與精神領域的趣味和審美之間的某種聯繫。這是兩種層面事物相互轉換的微妙節點，將會牽扯出很多有趣的發現和研究命題。下文將在這方面做初步探索。

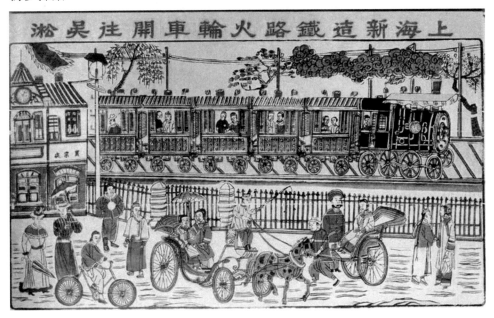

圖 4　小校場年畫「上海新造鐵路火輪車開往吳淞」

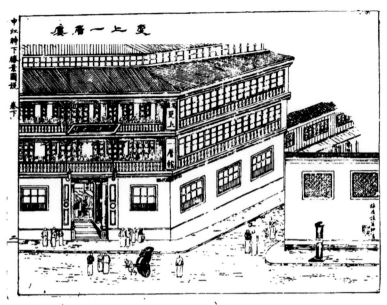

圖 5　石印畫「更上一層樓」

圖 6　年畫「更上一層樓」

圖 7　《紅樓夢》聚珍堂木活字本

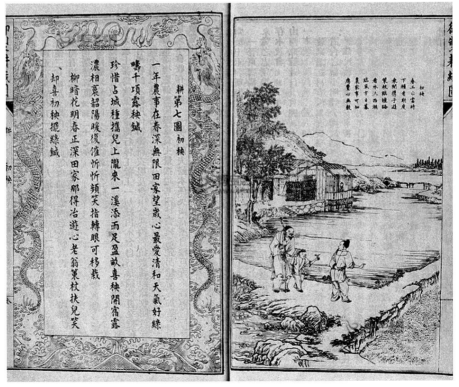

圖 8　《耕織圖》1894 年（清光緒二十年）石印本

# 第三章　晚清民初中國石印圖像的特點

　　記得小時候最愛看的是連環畫，線條、明暗和色彩組合成形形色色的形象，形象講述著故事，啓示著道理，延展了對文字的想像，同時令我獲得視覺上的滿足。這樣的經驗來自孩提時代，並一直延續到成年，造成我對圖像格外敏感，至今當文字和圖像同時出現的時候我總是會最先辨認出圖形和色彩。兒童對新事物的接受最先來自圖像，而不是抽象的文字。同樣，對於清末民初國門初開的廣大中國民眾而言，其對於外面世界的見識也如同孩童，在系統嚴謹的介紹新學的文章出現前，早期的石印圖像扮演著重要的開愚角色，對於文盲、半文盲人口占多數的清末社會步入現代文明起到積極的啓蒙作用。

　　另外，隨著石印術的使用和推廣，石印畫最終脫離了對文字的依附而形成一套獨立的圖像系統，傳達特有的視覺信息。圖像在社會生活中開始扮演重要角色，成爲公共社會各類信息有效交流和傳佈的媒介，讀圖成爲新型都市生活的組成部分，圖像誘惑成爲商業系統運作的重要組成環節。

　　因而，就晚清石印圖像的特點來講，我們首先要探討的是基於石版印刷技術產生的印刷圖像的變化：傳統的、線描的、象徵性的圖像發展爲更爲西式的、塑造的、敘事性的圖像；相對單一的對程式的繼承由多樣化的借鑒和嘗試所替代。本章將選取當時的幾類典型石印圖像刊物爲例，通過對圖像的分析，來釐清其樣式的傳承、發展和特徵，以及對民眾觀看習慣和生活經驗的影響。

　　畫報是當時最主要的石印畫形式，展現了晚清石印圖像的典型特徵：是多方面因素影響下的某種折衷，也體現了這種特定的西式印刷工藝在中國的

本土化適應。本書第一部分將畫報圖像與中國傳統木版畫相比較，考察雕版圖像與石印圖像的內在聯繫以及後者的變革因素。在多方面因素的促成下，早期石印圖像形成了其特有的風格和形式語言。《點石齋畫報》是早期石印圖像的典型代表並體現了當時的最高水平，綜合展現了印刷圖像領域的新因素，所以，我們將主要以《點石齋畫報》爲例，對其圖像進行分析。圖像的變化也將影響到圖和文的關係，以及圖像在報刊雜誌中的呈現形式和擔任的角色任務，印刷品的編排和形制隨著圖像作用的加強而呈現現代面貌，並作用於人們的閱讀習慣。這將在第二部分中討論。

石印畫報包含了後來新聞畫和敘事性圖像的所有特徵，展示了石印圖像的多重表現力，使圖像的應用範圍和視覺影響力得到擴大。同時，由於石印畫報廣受民眾喜愛，在商業上取得巨大成功，吸引了工業資本的持續注入，使石印圖像大規模流行，標誌著圖像時代的到來。隨著石印技術的發展，圖像應用範圍的擴大，以及攝影術的加盟等，「後畫報時代」的石印圖像發生了分化，湧現出的一系列新型圖像，包括插圖、漫畫、裝飾畫、廣告畫等，特別是隨著彩色石印技術成熟而開始流行的月份牌廣告畫。這些新型石印圖像的內容和所呈現的樣式從多角度反映了清末民初城市工商業的發展，同時也以其圖像功能對清末民初市民階層生活的方方面面發生著積極影響。

由於石印廣告畫涉及城市工商業，其形成因素和表現形態具有特殊性，對於其圖像特點的討論無法繞開商業文化，這部分我們將放在第四章介紹。

## 一、晚清石印圖像的特點

雖然石印畫報在整體面貌上仍與西方石印畫產品相去甚遠，而更接近雕版印刷的傳統繡像小說，但仔細觀察每一幅畫面，我們會發現在畫報圖像上存在許多微妙的變化和新因素，而這些變化正是石印技術對藝術表現形式的影響，從中可以瞭解到這一技術在中國造型藝術領域平面圖像由傳統過渡到現代的過程中所產生的一系列變革中所起到的至關重要的作用。

晚清石印圖像與中國傳統木雕版畫圖像有差別。上文中已提到，石印是西洋印刷技術發展脈絡中的重要環節，最初使用該技術製作的圖像呈現與西方之前的木版、銅版、蝕刻版畫等的一致性，表現出藝術觀念和形式上與傳統的延續性，屬於西洋再現性藝術系統。（見圖 2，圖 3）在清末，石印術正是伴隨著這種與之相適應的西式圖像系統共同傳入中國的，這是與中國藝術不同性質的造型系統。

　　晚清石印圖像與西方石印畫也有差別。這是在於其與中國木雕版畫傳統的某種折衷。中國人向來是以中國特有的方式來接納新事物的，西洋的石版畫在傳入中國後，即與中國既有的雕版畫及紙本繪畫傳統相揉和，形成了一種獨特的面貌。

　　最終，這種晚清石印藝術不似中國傳統木版畫，也有別於西洋石印畫。

　　中西結合的晚清石印畫體現出了一種視覺圖像的過渡色彩，即從程式化、概念化的圖像向再現性、敘事性圖像的轉變。這種轉變豐富了圖像語言，解放了圖像的表現力，開拓了圖像的應用領域，強化了圖像的視覺影響力。

　　視覺圖像是由多種畫面元素綜合呈現的，是一個複雜的整體，但要分析圖像，只能將原本糅雜在一起的元素分解開來，這個過程勢必會在一定程度上損失整體面貌和各要素的關聯性，但這也是理論分析本身不可避免的缺陷。在下文中我將以盛期的石印畫報為例，將之與傳統木版畫相比較，以便凸顯晚清石印圖像的新特質。這一部分將分別從構圖法、畫面組織關係、造型特點和表現手法等幾個方面來分析晚清石印圖像呈現的新因素，並考察圖像變化與技術革新的關聯，分析過程中盡可能地減少片段性和片面性，以便綜合考量圖像各組成部分的關係。

## （一）構圖法則──趣味到真實

　　構圖是平面繪畫創作的基礎，是對畫面的宏觀設計。

　　傳統木版畫多採用中國畫的經營法則來布局畫面，空間感由文學化的「境」來表現，而並非基於視覺上的絕對真實。又因為沒有特定視角的束縛，藝術家能夠根據畫面節奏較自由地布置對象，以追求一種疏密、虛實、節奏、裝飾感等畫面趣味。

　　石印畫則以西洋透視法來主導規劃畫面，所有細節，包括人物活動都建立在某一「合理的」空間構架上，也因此，畫中形象的存在和布局受到透視法則和視覺真實性的約束，畫面力圖表現的是一種來自真實自然的鏡像。

### 1、木版畫的構圖

　　木版畫常常把視點安排得較高，這樣便於在較開闊的空間中擺放各類對象，確保各對象能夠「盡收眼底」，並為畫面進一步呈現平面裝飾趣味創造了構圖上的條件。由於空間的表現比較抽象和開放，時間的交代也相應地不受限制，觀眾在看圖時往往可以感受到一種時間上的延續性，類似於舞臺上的

動態效果。畫面上主體人物的活動，乃至活動的時間軌跡都能夠清晰呈現，不受干擾。〔註1〕雖然透視不合理，雖然時空被打亂，但畫面意圖清晰坦率，故事敘述直白明確。(圖9)。

在以寫景為主的木版畫中，構圖程序完全遵循中國傳統山水畫。往往採用全景式構圖，在局部追求真實，而在整體則追求齊全和完整。不求透視的合理性，但求意境的高遠。特別是蘇州和湖州地區的風景版畫，採用山水畫的「三遠法」構圖，人物小，空間大，手法細膩。(圖10)

木版畫的這種遠觀或俯瞰的構圖，所表現對象自在的完整時空性，使觀者在欣賞這類作品時會產生「他者感」，無法進入到畫面，而總與畫中世界保持一種心理上的距離感，而這一點是有別於再現性的現實主義藝術宗旨的。

### 2、石印畫的構圖

石印畫則多採用平視，以較嚴格的透視法來處理畫面，但早期的石印畫為了避免與傳統圖式造成太大反差，在透視手法的運用上有所保留。〔註2〕在表現宏大場面時，視平線也是安排在一個有節制的高度，以便產生相對真實的深遠感和空間感。(圖11) 由於空間變得具體和帶有指向性，在其中發生的事件也帶有片段性，時空被凝固了，結合在一起反映的是真實生活中的一個真實的瞬間。視角更接近於日常習慣，觀眾在觀看此類作品時會產生一種「參與感」。

這裡需要說明的一點是，西洋透視法在早些時候便已在中國出現，明清兩季隨著傳教士來華活動日益頻繁並積極參與官方繪畫創作，西洋繪畫因素更多地出現在宮廷畫作中。清初，焦秉貞，冷枚的《耕織圖》便是基於西洋透視法畫成的。可能是當時的這些宮廷畫家受到傳教士畫家如郎世寧

---

〔註1〕王伯敏著：《中國版畫通史》，河北美術出版社，2002-6，P81：版畫的構圖特點之一，即在於畫面不受任何視點所束縛，也不受時間的限制。如劉刻本《水滸全傳》的「火燒翠雲樓」、「怒殺西門慶」以及「承恩賜御宴」等諸圖，巧妙地「經營」了「位置」。……武松「怒殺西門慶」，在同一畫面上，寫出了武松在獅子橋酒樓上怒殺西門慶，而在另一邊上，又描寫了紫石街武大的靈堂及樓上被武松留住的四鄰，這是兩個情景，但是作者卻能抓住這是同一個情節所發展起來的兩個環節的特點，就通過構圖上的巧妙處理，把這兩個場面有機地組織在一起，從而加強了情節的緊張和曲折。這種表現，也只有運用突破時空在畫面局限這一藝術手法，才能達到這樣「位置」的「經營」。

〔註2〕董惠寧著：《〈飛影閣畫報〉研究》，《南京藝術學院學報》(美術與設計版)，2011/01，理論與批評，P108～109：吳友如等為在橫構圖小尺寸的畫面中表現大場面多人物，採用削透視強度，有時用不太規範的西法線透視，並常常使之與界面中的透視結合，旨在既達到一定的深度感，又削弱因透視縮短造成前後物象尺寸的強烈對比。

（Giuseppe Castiglione）的指導，同時也經常能夠接觸到宮中所藏西洋繪畫，畫家開始以新的方式繪製圖像。但眞正使這種新的構圖法流傳民間的則是製作這些殿版版畫的刻工。他們的版畫作坊以師徒、同門相授的方式將這種西洋畫法在坊間推廣，並將之展示爲可見的圖像，在民間流通。與焦秉貞合作的朱圭便是來自江蘇吳縣的著名刻工。按照當時工匠行業的一般做法，可以推知他的助手和學徒也多來自同一地區，這樣，《耕織圖》等殿版版畫中體現出的新元素逐漸被蘇州地區的其他刻工普遍接受並運用到該地區的民間版畫創作中，這樣的推斷也是完全合理的。更能想像同時期的民間畫師也開始模仿這種來自殿版版畫的西式構圖技巧，以追求新穎眞實的效果。晚清的石印畫家多與蘇州有淵源，像赫赫有名的吳友如就來自蘇州，在那樣一個晚清商業版畫中心成長，自小形成的圖像記憶自然會影響其將來的創作。

此外，石印本身來自西方，最初與石印技術一起輸入的便是用石印技術複製的西式圖像，這些圖像的流傳使得「新穎」的構圖在早些時候便已爲人們所熟知。又因爲最早的一批石印工人由推廣石印技術的傳教士所培養，可以想像他們應該接受了相對系統的西洋寫實主義繪畫的相關技術訓練，〔註3〕（圖12，圖13）而這種技術學校使用的圖像範本也應該是現成的西方石印畫。這樣，隨著石印圖像的迅速推廣，西式的空間和透視概念在晚清逐漸深入人心。

## （二）畫面組織——分離到整合

畫面元素的組織安排和構圖原則其實是密切相關的兩個方面：不同的構圖方法決定了不同的畫面組織形式，而對畫面最終效果的預想也決定了畫家對某一類構圖方法的取捨。

以情節性繪畫爲例，這類作品往往內容較豐富，畫面綜合了人物、環境、道具等多種元素以交代故事發展或特定情節。有關這方面，典型的明清小說戲曲插圖與石印時事畫具有一定可比性，兩者對於不同要素在畫面中的比重安排和具體關係呈現體現了兩類圖像的差異。

---

〔註3〕據：《版畫技法（下）》，蘇新平主編，北京大學出版社，2008-8，P296：……點石齋書局聘請的印刷技師基本都是土山灣印書館的技術人員……；《土山灣與職業教育》，馮志浩著，《土山灣記憶》，學林出版社，2010-8，P103：……等兩年初步訓練後，管理修士根據各學生的天賦才能和興趣愛好，分派至各工場，學習專門技藝。……手工工場共分五大部，即木器部、圖畫部、印刷部、發行部和銅器部……當孤兒們學成之後，他們走上社會自行選擇職業，職業教育終告完成……所以，土山灣的印刷職業教育爲當時上海的其他石印書坊輸送了大量技術工人，可謂貢獻巨大。

　　中國傳統木刻畫中人物與環境的關係相對鬆散，互爲客體；人物往往是畫面主體，被加以突出，而場景描寫則經常是概念性、象徵性的。這種特點突出表現在當時的金陵派版畫中。

　　石印畫則更注重環境與人物的相互交融，以整合出一種氣氛或情境；畫中環境描繪的地位變得重要。

### 1、木刻畫的畫面組織

　　木刻畫中的場面描繪往往是舞臺化的，所畫背景就像展開情節的舞臺或是烘托主體的裝飾。關於這一點，著名美術理論家王伯敏先生就明代版畫有精彩的闡述：「（木刻版畫）對於畫面上的組織，如對待舞臺場面那樣處理。……對畫面上各種景物，繪雕特別精緻華麗，……其目的都是爲了達到既突出人物又豐富畫面」〔註4〕。王伯敏還有一段具體分析，頗具說服力：「1、《拜月亭》中的世隆與瑞蘭自敘二圖，不論是背景或對空間的處理，都如舞臺場面，就連人物的手勢也都採自舞臺上的動作。……2、從人物的距離與空間的深度來看，這也顯得與舞臺場面那樣。人物靠得很近，戶內戶外往往只是一指之隔，如金陵復春堂版《綈袍記》，丈夫窺妻祝香，僅一指之隔，而且無一物相遮(石在人物後面)。即使是寫戶外景色，一山之隔，人物大小都還是一樣，……3、每幅插圖，人物大小都占畫幅之半，背景道具，只是陳設而已，……4、書室、閨房或廳堂，都作剖圖式，……首先把人物交代清楚，環境只是作陪襯，對廳堂的屏風、家具，或城牆、旗幟等等，爲了不讓它『遮住』人物，可以像現在拍電影、電視那樣使之任意移動。這種巧妙的藝術手法，當時比比皆是，……用這樣的手法所作的插圖，……都表現出處處爲『主體讓路』。這是明代木刻插圖獨特的風格，也是中國在戲曲盛行之際，湧現出來的一種木刻插圖的藝術形式。」〔註5〕（圖14，15）這類作品中，道具交代環境，環境襯托人物，人物是主體。人物的德行、性格、行爲、故事才是小說的主線，也是圖像注解的重點。相對來講，環境或背景是輔助性的，在表現形式上是說明性和裝飾性的，並非描述性的，因而並不刻意追求視覺上的合理性。（圖16）

　　在小說插圖中也有單獨表現人物的，此時環境氛圍的營造和物品的布置更概括，常常帶有寓意性，用來輔助刻畫人物性格特徵。就像戲劇中人物以特定的裝扮和姿態出場亮相，自報家門一樣，簡單、明確，帶有標籤性。（圖17）

---

〔註4〕王伯敏著：《中國版畫通史》，河北美術出版社，2002-6，P81～85。
〔註5〕王伯敏著：《中國版畫通史》，河北美術出版社，2002-6，P82～83。

也有專門表現故事發生發展背景的，此時以刻畫環境爲主。但這類作品中環境的作用也是烘托氛圍，提示故事，寄託情愫，或營造意境的。如王伯敏提到的一種「展開圖」〔註6〕，雖以寫景爲主，但目的是爲人物鋪成背景，用以敘述故事的；也有一說，與此觀點不同，指這種「展開圖」或是爲配合書版圖文格式所做。〔註7〕不過同樣，這一說法也表明這種「展開圖」並非作者刻意重點表現的對象。（圖18）。

所以，木版畫中往往環境歸環境，人物歸人物，沒有更深層次的交叉，人與環境的關係就像演員與舞臺背景的關係，單純而明晰，背景起到交待大環境和輔助主體情節並一定程度上營造氣氛的作用，但與「演員」沒有更細膩的互動。這樣的相對鬆散的畫面組織形式並非意在「還原」一個眞實的場景，而是「說明」一個文學情節。

### 2、石印畫的畫面組織

在石印畫中，畫面上的所有元素都被組織在一個相對嚴格的透視關係中，科學合理的透視法構圖成爲使畫面元素發生關聯的無形網絡。這樣，人物與環境是互動的、交織的，以至沒有環境的參與，人物的活動就沒有投射的對象，也就沒有存在的意涵和解讀的途徑，人物與環境互相依託，彼此缺一不可。進一步，石印畫中交代透視關係和決定觀看視角的空間場域在畫面組成上的重要性明顯增加，對於再現一個眞實的情境起到關鍵作用，成爲主導人物存在狀態的不可或缺的因素。

在人物故事畫中，人物由絕對的主體轉變爲主體的組成部分，成爲與環境對等的畫面元素，與環境共同還原客觀存在的全貌。

在許多石印畫中還可以明顯感覺到畫師對所繪人物生存環境的關注。作品中出現的事物不再是寓意性和象徵性的替代物，也不再僅作爲添加美感的裝飾，而是依據眞實對象的具體描繪，是還原性的。它們的出現使畫面更世俗，也更眞實，也使人物變得豐滿和可親。

我們可以看到許多具體的例子。比如，《點石齋畫報》「御用」畫師吳友

---

〔註6〕 王伯敏著：《中國版畫通史》，河北美術出版社，2002-6，P82。
〔註7〕 阿英原著，王稼句整理：《中國連環圖畫史話》，山東畫報出版社，2009-8-1，
　　　 P116：每題所畫，不限於半面……下半文字內容占多大地位，圖畫也就占多大地位，長短完全是不統一的。這也是說明了當時戲曲、小說連環圖畫，雖然有些連續性質很強，實際上仍是以文字爲主，圖畫完全服從文字的需要。因此，作爲連環圖畫來看，許多單幅就不一定有必要，甚至有許多可以刪掉。而連續幾個長幅也不是由於圖畫情節的必需，只是拉長亭園自然的背景，情節的重點還是在一個單幅裏。

如的許多畫作都通過透視法將空間引向畫面深處，並通過門窗的設置，街道迴廊的走向來暗示出空間的延展，增添空間的層次感（圖 19）。這種層次感不但有橫向鋪展，還有縱向布局（圖 20），這就已經比平面分層式的舞臺更加豐富和眞實。有時候，還會通過一幅斜向貫穿畫面的幕簾或斜向安插在畫面中的屏風增加室內的景深並增添私密性，觀眾在觀畫時有如在窺視內室中發生的事件，觀看感受也相應發生微妙變化（圖 21）。通過這些布局安排，人物的活動空間變得更可信。

有了環境，自然要添加道具擺設才顯得自然，所以，許多石印畫中對室內陳設和室外配景的設計也尤爲關注。做到儘量精確眞實，而不像傳統版畫那樣「敷衍了事」，點到爲止（圖 22）。這樣，當時人們生活中出現的琳琅滿目的事物幾乎都可以在石印畫中找到。

對環境和道具的特別關注也體現在人物圖譜中，對提示人物身份的特定道具和環境刻畫不再是概念性的，而是描述性的，並且加以細緻入微的刻畫。

在石印插圖中，我們看到特定的環境提供人物生活化的活動空間，道具各得其所地擺放在合理的位置，增添環境的眞實性和生活氣息，人物置身其間怡然自在，我們總能明確辨別出每一個人物所處的位置和正在從事的活動。在（圖 23）中，我們知道門外的人物和窗內身處內室的女子之間的眞實距離，這與傳統雕版中概念性的表現完全不同（見圖 14），而在（圖 24）中，我們一目了然門外的女子在梳洗，門內的兩名女子正端著木盆在倒水，我們能夠輕易判斷出門內外人物眞的隔了一堵牆和幾步路的距離。而此前的戲曲小說插圖中很少如此費筆墨地建構這種眞實感。〔註 8〕

這樣，我們可以大致推測出一位石印畫家的作畫思路和步驟：預先設計一個供人物活動的環境，再將人物和道具塡入這個預設空間，爲畫面注入生氣，各種元素交織互動，共同營造出一種眞實的居家氛圍。這類畫面更容易讓人聯想到還原生活的電影場景，這樣的場景是由空間、環境、人物、光線、道具、氣氛共同營造的一個整體，而不是背景道具處處雷同，人物與環境各得其所，關係相對簡單化的平面化的戲劇舞臺效果。

## （三）藝術造型——程式到寫實

木版畫多採用程式化的形象，造型依據傳統中國畫造型法則，即「以形

---

〔註 8〕見王伯敏有關金陵復春堂版《綈袍記》的描述。

寫神」，重在神似，「骨法用筆」，以線造型。石印畫的造型則更符合西方寫實主義藝術的「準確」原則。

木版畫一直被當作對紙本繪畫的複製，其製作就是用木版和刻刀來呈現中國毛筆在宣紙上留下的痕跡，並最大程度地詮釋這些圖像所蘊含的美學追求，從而將這種傳統審美標準加以複製和傳播。此外，刻工的技藝對於木刻畫的優劣也至關重要，決定了對紙本繪畫原作神韻保留的程度。也正因此，雖然木版畫在中國已有上千年的歷史，但並沒有形成針對雕版工藝特性的特定的版畫造型系統和美學原則。木版畫的追求和紙本畫相一致，一些優秀的木版畫作品多是造型精練、傳神，符合形神兼備之古韻的。

石版畫是用特製的硬質工具在石面上直接繪製而成的，或是在紙上繪製再轉印的。相比較在木版上用刻刀鐫刻，石版畫的製作更接近繪畫；又不同於雕版工藝對刻工技術的依賴，石版畫的工藝製作部分與藝術家的創作過程結合得更緊密，其成品的面貌與畫稿更接近。藝術家在繪製畫稿的時候不需要考慮太多由後期製版工藝帶來的對設計的制約，比如線條的長短、粗細、間隔等；也不需要因照顧刻工的手藝和習慣以及木刻圖像的形式規律而有意遵循傳統規範。因而畫面能夠最大限度地展現藝術家個人的設計初衷以及創新嘗試。

另一方面，無論最終結果如何，木版畫模擬的是文人畫家的審美趣味。石版畫家的身份地位和知識結構則不同於文人畫家，他們是一群介乎畫家和工匠之間的人群。他們的綜合素養不及文人畫家，但也正因此，他們沒有太多傳統包袱，創作更自由。他們熟悉里巷軼事，街頭趣聞，對日常平民生活更富有觀察力和切身感受，相比較注重通過塑造特定藝術形象探討哲學或寄託人生理想的文人畫，石印畫的造型則更生活化，平民化，不受太多程式限制，有利於敘述故事，說明具體事件。

由於對造型沒有過多教條限制，由於藝術家相對自由的創作狀態和對最終成品結果的掌控，我們在石版畫上往往會看到大膽的嘗試和對西方造型體系的自由借鑒，有些圖像直接參考挪用自外來報刊雜誌。這樣，石印畫的造型更個人化，更多樣，更帶有實驗性，也蘊含更大的可能性和發展空間。

### 1、木版畫的造型

中國畫工具是錐形中國毛筆、宣紙、水墨，表現方式是墨色變化配合帶有書法性的線條。這種特殊的表現手法傳達的直覺真實是有限的，造型上強

調的是「意象」，「以形寫神」，相比較模仿物象，創造「有意味的形式」顯得更重要。在這樣的特殊工具材料和審美習慣下形成了一種對形象相對概念化的記錄和造型結構程式，這樣的造型程式也應用於木刻版畫。

　　如塑造人物時用「三庭五眼」來認識對象，重點表現五官和表情，講究整體神韻而非細節的準確；在俯視的視角中，人物總顯得頭大身小；形象輪廓和結構姿態程式化、概念化，追求的是特定程式限定下的相對準確。表現方法主要是線條勾勒，線條的豐富運用能表現具體的物象，又賦予造型以特定的形式感，並能表現不同事物的質感、氣度、神韻等；線條本身又帶有抽象的質感，並反映出作者本人的情感、氣質、素養、功力等。在這樣的造型原則指導下，木版畫呈現的形象既以客觀物象為依據，又與客觀物象保持一定距離，在似與不似之間，在再現性表現與線條的趣味和節奏之間取得平衡。

　　木版畫與中國傳統繪畫的關係也體現在一系列雕版圖譜中，顯示了木雕版畫對中國傳統繪畫造型和筆意的詮釋能力。人們通過圖譜的形式將中國畫的創作手法與美學原則進一步理論化、系統化和規範化，並加以推廣。比如著名的《芥子園畫譜》，其對清以後的藝術家有很大影響，許多畫家在最初學畫過程中都或多或少受惠於該圖譜。學畫者通過反覆描摹畫譜上的形象，達到熟能生巧的地步，最終將模式化的造型譜熟於心，習慣性地流露於筆端。

　　除此之外，需要補充一點的是，木版畫既有陽春白雪的一面，又有鄉土性的一面。木版畫畢竟不同於純粹的精英階層的文人畫，而屬於流行於民間的大眾藝術，其內容和形式也多多少少會借鑒或吸收一些其他民間藝術元素。而在人物造型、動態等方面就多有對戲曲藝術的參考。（圖25）這樣，傳統木版畫在造型上除遵循文人畫程式以外，又增加了一層相對活潑的民俗藝術的程式，而後者又往往因其拙樸反而成為文人們追求的額外雅趣。這樣，傳統木雕版畫形成了雅俗共存，又遵守特定程式的圖像造型體系。

　　2、石印畫的造型

　　來自西方的石印畫承襲的是西方繪畫傳統，文藝復興以來的求真原則貫穿始終，其「寫實」概念就是真正的接近看到的東西，並通過所塑造藝術形象正確的比例，合理的結構，自然的動態等來實現這一原則。相應的，也就需要運用一整套西式造型手段和表現技巧。其中，線條表現不再是唯一，而是將配合體積、明暗、色彩等造型手段綜合地表現眼見的「真實」。

　　石印畫進入中國的最初幾年，新的圖像與舊有的造型習慣產生碰撞，傳

統積澱而成的造型程式被打破，畫面呈現出有趣的過渡色彩；之後，隨著藝術家對新工具材料和表現技法的進一步掌握，石印畫上呈現的西式圖像進一步成熟，西式的審美心理、審美習慣成為了主導。與此同時，對線條的純美學追求逐漸減弱，線條的作用變得更單純和功能化，真正成了寫實造型語言體系的組成部分，其首要任務是準確客觀地再現對象，而非刻意呈現線條本身的審美趣味。

由於石印畫在當時的中國屬於新興畫種，西洋造型體系也是一種外來的植入，所表現的內容又多為新興事物，因而其內容與形式在本土都沒有傳統可循。早期的石印畫家群體水平又參差不齊，優劣並存。在這種情況下，早期的石印藝術在中國基本是以一種草根文化的狀態自發地生長，並且像傳統民間版畫那樣自覺地從多方面汲取養分。晚清最流行的石印畫是作為通俗讀物的石印畫報，它也像木版畫一樣流行於民間，並像木版畫一樣帶有民間藝術的活力。

但又不同於民間木版畫，石印畫由於其純粹的外來性，與多數中國傳統藝術不同質，因而即便在吸收傳統民間藝術元素的時候在整體形式和趣味上也不受傳統民俗藝術規範的過多制約，表現方式更自由。而對於另一個借鑒對象——外來圖像，則更是大膽地採用「拿來主義」。因此，在早期的石印畫中，往往會看到直接參考挪用的西式圖式與中式趣味的民間藝術形象等多種元素的生硬組合。也正因這種沒有過多約束的大膽試驗，反而為早期石印畫的造型增添了豐富的可能性，形成過渡時期晚清石印畫的造型特徵：程式化的中式造型和寫實的西畫造型的並置，既有的傳統造型法則與試驗性的創造並存。以下這些例子可說明這種有趣的現象。

石印畫多表現華洋雜居的開埠口岸的生存萬象，畫面上常常出現西洋人形象和西洋事物及環境場景。涉及此類內容的石印畫往往會出現兩類截然不同的畫面表達：一種是品質相對較高的作品，畫面關係完整，近乎平視的構圖呈現出一個真實的空間感和適宜的視覺切入角度，相對較大的主體人物處於中景，環境、細節等的塑造為人物和故事情節營造一個相宜的氛圍，畫面各元素在這個氛圍中相互配合制約，形成視覺上的整體，畫面中線條和明暗的表現手法結合自然，形象塑造到位。此類作品應該不會是建立在出自本土的自覺的成熟造型體系基礎上的，又由於與同時期其他石印作品畫面趣味的差異顯著，想必創作時有外來參考，很有可能是借鑒、挪用、拼湊外來圖像

的結果。（圖 26）這種外來參考更多地出現在對新興技術和西洋事物的個別介紹和局部表現上，如輪船、熱氣球、火車等，包括西洋人家的陳設、服飾，甚至洋人的一種模式化的舉止和儀態等等。這類圖像在表現時基本採用的是西方的排線法和明暗塑造法，往往刻畫得極其寫實，有些甚至可以說手法老到（圖 27～33），應該多參考自國外報刊上的銅版畫，也有來自攝相圖片〔註9〕。而如果缺乏現成參考，我們看到的就是這一時期更爲常見的另一類的不成熟的畫面。此類作品可能由於缺乏現成圖樣，又沒有傳統造型模式可套用，畫者就只能依據想像和所掌握的生澀的「西洋寫實」技能自己創造。畫中出現的西洋人、事都塑造得不到位，形象呆板、笨拙，用筆表現缺乏形式美感（不僅少了傳統韻味，也沒有西洋繪畫的真實美）。而相比較，同一畫面中出現的中國人、事的塑造就顯得有章可循，雖然常常也畫得拙劣，但仍可以從中辨認出一種熟悉的，傳統的符號化、程式化的造型因素。這類作品展示的是一種在新、舊，中、外造型系統融合之前的一段摸索和試驗過程。（圖 34）

我們以《繡像小說》中的這張圖爲例略做一總結（圖 35），這是石印畫在過渡時期土洋結合的典型造型方法。姿態動作是中式的，衣紋細節處理是西式的；室內傳統陳設是中式的，概念的，窗外景象是外來的；室內牆上的裝飾畫的題材和畫法是中式的，窗外景致的畫法是西式的。

過渡狀態在持續一段時間後，舊有的造型體系終於被新興的西法造型所取代。到了後期，石印畫中的人物漸漸變大，視角放低，接近平視，更多明暗法表現，線條帶有西式塑造感，中外人物畫法一致，姿態生動，故事性強，國內外風景均統一用明暗法來表現。過渡時期的生硬感漸減少，畫面表現手法更統一，工具材料運用熟練。

總結上述，我們可以在石印畫的不同發展階段看到這樣一個造型方法的漸進變化：中國人、事用中法造型，西洋人、事也用中法造型，風格統一→畫中的中國人、事用中國畫法，西洋人、事用洋畫法（過渡形態），風格不統一→全畫用西法造型，風格再次統一。

〔註 9〕徐沛、周丹著：《早期中國畫報的表徵及其意義》，《文藝研究》，2007 年 06 期，P83：《點石齋畫報》於 1895 年（光緒十一年）在國內第一次比較系統地介紹了外國景觀，共刊登外國圖像 14 幅。根據圖中的文字說明，全部圖像均來源於留學生顏永京放映的「影戲」⑧。據考證，所謂的「影戲」不是後來的電影，而是用「西法輕養氣隱戲燈」放映的一組幻燈片⑨。雖然「形形色色，一瞬萬變不能遍記」⑩，但是《點石齋畫報》的畫師吳友如仍然憑藉記憶把自己看到的部分攝影圖像描繪出來。可以說，這是攝影技術介入中國畫報的開始。

晚清石印畫展現的過渡色彩體現了中西兩種造型體系在觀念和技法上的碰撞與融合，最終導致傳統雕版畫語系的鬆解，造型語言從傳統美學桎梏中獲得解放，增加了視覺形象表現力，繪畫造型變得更自由和豐富，能夠承載更具現實意義的功能，使得以繪畫表現新聞和時事成爲可能。

### （四）表現手法──線條到明暗

石印畫連同西洋造型，將西洋畫法一併輸入中國，並依託石印畫的流行和普及，使之逐漸被中國民眾接受，包括石印畫在內的新式圖像的表現手法與中式傳統拉開了距離。

木版畫的表現手法繼承了中國傳統工筆線描的線性特點，通過線條的疏密關係組織出平面性的，帶裝飾感的畫面，產生一種微妙的節奏，形成獨特的線性的視覺秩序；也有利用木印特點以粗放的黑白關係來表現的，但視覺效果仍然是平面的。如屢屢被提及的《程氏竹譜》（萬曆三十六年，1608 年）中的《雪竹》（圖 36），只是這類作品很少，且作者採用這種黑白手法表現主要還是從平面裝飾角度考慮的。另有一套《牧牛圖》（萬曆三十七年，1609 年）（圖 37，38），也用到黑白效果，這裡又是從說故事角度出發的，黑白效果帶有寓意性。〔註10〕所以此類黑白效果並非石印畫所呈現出的素描層次。

石印畫則是塑造的，線條並不是唯一的表現手法。早期中國石印畫雖然也以線條表達爲主，但並不一味強調線條趣味，而是通過不同於傳統的用線方法追求一種真實效果。比傳統畫面更強烈的線條疏密組織和極其精微的細節描繪使畫面呈現出一種明暗秩序，產生一種塑造感，同時輔助以明暗色層來增加豐富性和層次感。

比如這件作品（圖 39）就能說明問題。這幅畫中竹簾的表現值得關注，這種細密透明的效果只有依託石印技術才能實現。這種處理令畫面呈現一種素描上的灰調子，與畫上濃鬱的黑色和留白部分共同組成黑、白、灰調子。畫面因而有了素描感，產生一種線性藝術與塑形藝術相結合的特殊效果，在視覺表達上更爲多樣化。這種素描的「調子感」可以在許多石印作品中看到，如（圖 40，41，42），在縮小的圖版中，效果更明顯。在一些細節處理上也採用了明暗手法，比如畫中桌椅的受光面與背光面，圍欄的凹凸效果等，此類

---

〔註10〕阿英原著，王稼句整理：《中國連環圖畫史話》，山東畫報出版社，2009-8-1，
　　　　P165：……以馴服野牛象徵皈依佛法的全過程。……初以陰刻黑牛突出野性，以後漸次馴服逐漸改爲陽刻。

塑形的表現手法在豐富畫面的同時也更大程度實現了對現實的還原。當然，在一些精緻的木刻插圖中也有極其細密的表現手法，如（圖 43），但由於畫面整體的線性特點，使這些局部效果也呈線性，整幅作品最終呈現的趣味仍然是種線條的疏密節奏。

此外，《點石齋畫報》中有一些有趣的圖像演變也同樣說明了表現方法上從線條到明暗的變化：以建築表現爲例，早期的中式建築都用線條表現，當然，這些線條已經不同於以往，而是力圖通過排線方式來呈現明暗變化，而我們知道這種單一的線條排列並置在傳統中國畫中是並不可取的。中間有一個階段的點石齋畫報中，出現了一定數量的外國建築，這些建築中有一些只採用線條表現結構，不加強明暗，視覺上顯現中式的平面裝飾趣味。又有相當數量的外國建築畫則使用了更純粹的西洋明暗法，與同一期畫報中的中式插圖並置，更能顯現出兩者的差異。（圖 44，45）。而隨後，在更往後的畫報中的一些中式木結構建築也開始嘗試使用了明暗和塊面法來表現，在線條基礎上，加斂明暗。（圖 46）。這些石印圖式呈現的正是繪畫表現技法從表達線條趣味到通過明暗塑造眞實視效的過渡時期特點。在此階段，一些圖集或刊物上，時常會同時出現中國線描和西洋塑造兩種表現手法，兩廂對照，更是凸顯兩者的差異和兼容的難度。到了 20 世紀初，隨著石印畫家對西洋塑造法的進一步掌握，過渡時期生澀的痕跡最終消失，畫面呈現更純熟的明暗塑造法，並最終替代了傳統的線條表現。（圖 47）

由於藝術的表現手法與造型特點緊密關聯，關於石印畫從線條到明暗的變化在上面有關造型差異的一節已經談到不少，這裡就不展開細述了。

## （五）圖像背後——功能與技藝

以上是圍繞畫報和繡像小說討論的晚清石版畫與中國傳統木版畫的圖像差異。圖像的差異與圖像的功能和製作技藝密切相關。以下我們分析一下兩種不同的技藝是如何造成不同畫面效果的。

### 1、雕版工藝

中國傳統木版畫主要用以複製圖像。作爲一種專門的複製工藝，其技術發展大致基於兩個原則：一是忠實地還原紙本繪畫的神貌，二是對木刻畫本身藝術特色的探索。二者共同促成了中國木雕版藝術的圖像特點。

木刻本插圖的要旨往往是對畫稿的忠實還原，畫稿所追求的也是刻本所追求的，中國木版畫在風格趣味上與中國文人畫十分相似。木印技法中爲適

應傳統中國畫對線條的講究以及裝飾趣味而發展起來的線性表現方式和刻印技藝在明清之際達到了頂峰；另一方面，同傳統中國畫一樣，雕版畫中對「境」的追求高於對現實的還原，並以此為畫品之上乘。這樣，形成了與重塑造、重明暗、重再現的西洋木刻版畫完全不同的美學追求和造型體系，成就了與中國傳統繪畫一脈相承的版畫傳統。

當然，木版印刷包含工藝性，要想呈現最佳效果，在繪畫圖像轉化為刻本插圖時也需要尊重雕版和印刷的工具性能和製作工序，最大限度利用好木印的特殊藝術效果。中國木版印刷工藝在發展盛期出現了各具特色的地方風格，如建安、金陵、新安、武林諸派，產生了一批優秀的作品。有些作品中還呈現出雕版工藝所獨有的「木刻味」，這種木刻味主要表現為一種帶有金石味的線條和裝飾趣味，偶而也顯露脫離線條而以黑白效果主導的畫面。但這種雕版工藝的自主性是有限的，並沒有得到充分發展。

此外，雕版畫的工藝流程決定了這種創作的集體性特點。除了少數精品木刻本是由著名畫家直接參與創作的，多數情況下為木刻本繪稿的畫師並非一流畫家，但他們在作品形式和作品精神上則是追慕前代或同時代名家的，進而以自己的理解去表現並將之以木版畫的形式複製播散到民間。作者的草根性決定了作品的民間性；至於有些被認為源自名家繪本的作品也往往幾經轉摹，早已原貌盡失，成為經幾代人修訂增補的一種民間集體創作；而轉繪畫稿以及刻版刊印等工藝流程更是民間工匠所為。畫家為配合木刻轉印調整畫面，刻工則盡可能在刻本上還原紙本繪畫的神貌。明末清初一系列精彩的小說戲曲插圖多是這樣由畫家與雕刻家，及印工通力合作的結果。這種集體創作的作品保持了每個時代通行的繪畫風格和趣味追求。並且通過印刷工藝的複製功能，將這種風格和趣味通過不斷重複，加以確立並在民間傳播，形成固有的觀念和「傳統」趣味。

### 2、石版工藝

同樣是複製手段，石印在製作工藝和表現性能上都與木印不同，且在諸多方面有著傳統雕版印刷無法比擬的優勢。〔註11〕

〔註11〕韓琦、〔意〕米蓋拉編：《中國和歐洲‧印刷書與書籍史》，商務印書館，2008-12-1，P117；1834年10月，《中國文庫》……所舉石印優點有：可按需要印製各種大小的書籍；小的佈道冊子可在很短的時間內印成，很省時；小的佈道點，若缺人手，傳教士一人就能操作，費用省；便於印刷各種文字。P119：影印書籍和圖畫，不爽毫釐，和原稿逼真，是石印技術的一大優點。

石印技術相比較雕版在技巧上的靈活性突破了在製作某些畫面效果時的技術局限。如密集線條的處理，黑白灰多色層效果的呈現，對精微細節的描繪，大場面、多人物的複雜畫面的表現等。（圖48）此外，相比較對畫稿到成品的工藝轉換有更高要求的雕版印刷，更為個人化的設計和創作過程使石印藝術家的創作變得更自由靈活，可以大膽嘗試新的圖式，追求不同的效果，表現時代的內容，這樣，作品的面貌變得更加多樣化。（這一點在有關石印造型特點的討論中也已提到。）

石印在晚清中國的發展時間雖然短暫，但勢頭猛烈，因為它是隨著現代印刷工業和現代新聞媒體事業一起進入中國的。作為一種現代工業，規模化的工廠生產保障了其製作的速度、更新的頻率、產品的數量，這些都遠遠超過了作坊式生產的傳統木印；再加上石印所依託的新聞業的勃興，使得石印一開始就以傳播時事新知的有效媒介的面目出現，其功能決定了石印圖像的現實主義特徵。這些帶有時代新特徵的圖像得到海量複製和廣泛傳播，很快淹沒了依託繡像小說插圖在民間流傳的傳統圖像，促使中國傳統版畫的風格和面貌以及相應的一系列技術和規範發生重大變化，在中國延續千年的程式化、裝飾性、寓意性的藝術逐漸為關注現實的再現性藝術所替代。

再現性藝術與「以形寫神」的傳統藝術關注點不同，中國傳統藝術表達的是一種對事物整體性的認識或表象背後的普遍本質，而再現性藝術展示的往往是生活的一個側面，一段插曲，一張快照。正是這種全新的功能以及技術上的可行性確保了傳統圖像得以向現代圖像轉換，新的石印圖像也開始以其特有的方式作用於大眾。

## （六）總結

下面讓我們來看一下這件吳友如的作品（圖49），其包含了晚清石印圖像的幾乎所有因素。我們來全面分析這件作品，並以此來回顧本節內容。

畫面表現的是三位「現代婦女」的日常生活一幕。畫中人物還是形式上的主體，但畫家的興趣似乎拓展到了她們所處的整個存在環境和她們的存在狀態。畫面空間的經營匠心獨具，畫家像西洋同行那樣採用正常的平視角度切入畫面，並通過構圖遊戲來增添視覺上的豐富性。畫面上微妙地安排出前景、中景、遠景，人物處於最佳的中景位置。圓桌、長凳、靠椅、桌上的瓶花、鏡子等的布置恰如其分，各得其所，體貼地為人物安置了一個舒適的生活場所。有意思的是這張作品裏三位人物都沒有以正臉示人，而是以不同方

式隱沒於環境中。坐左手的人物需要從梳妝鏡中的反射才能看清面目，右手兩女子都被細密的竹簾遮擋，呈現一種婉轉與含蓄，參與到場景的建構中，不似傳統的人物畫那樣總是力圖清晰明確。畫面的黑、白、灰調子在素描上進一步加強了層次感和豐富性。

在這幅畫中，雖然仍以線條造型，沒有刻意的光影與體積表達，但「線條趣味」已不是主導，畫家通過人與景的互動交織，層次感和細節設置鋪成出一種新的視覺體驗，實實在在地展現出一幅都市有閒階級優雅閒適的生活圖景。如果說欣賞傳統木刻插圖就像在觀看一齣戲，那欣賞石印插圖就像在觀看一部紀實影片。影片圖解了一幕幕鄰家庭院裏發生的尋常故事，畫面顯得熟悉而親切。就這一點來說，該畫的著眼點和情調與西方的風俗畫更相近。（圖 50）

石印圖像是描述性，紀實性，局部性，細節性的。一方面可以更準確地還原生活的一個側面，將事件交代得更具體平實；另一方面也可以通過其豐富的寫實主義技巧來表現綜合性的視覺效果，畫面上出現明暗、光影、氣氛、情緒等因素，表達現代人多層次的心理和更複雜的情感世界。

北大的陳平原在其著作《左圖右史與西學東漸——晚清畫報研究》中曾比較過幾個不同版本的《天路歷程》小說插圖，很有意思。〔註 12〕我們可以看到其中一部，羊城惠師禮堂版的《天路歷程土話》（同治十年，1871）採用傳統的木版插圖，即繡像本，該圖式還是尊崇中國畫的「清晰原則」的，整本繡像集通過對故事主要情節的簡練而明確地描述清晰完整地展現了全書的脈絡和精髓，是概況性和宏觀性的。（圖 51）而海外版的插圖，如《The Pilgrims Progress》（London：George Virtue，1845）則是對某些特定情節或局部場景的描述。如其中一張對「浮華鎮」的表現，（圖 52）這樣的圖放在任何類似的場面描寫中都可以，在這裡出現，可以說很大程度上只是插圖畫家對這個題材感興趣，或者認為這個場面能更好地展現塑造形象和營造氣氛的能力，也就是說這個場面具有「可畫性」。這樣的創作是局部性的，就與文章的整體脈絡來講關係並不緊密，甚至可以說並未緊扣主題，但就故事局部的再現性來講卻是極其具體和直觀的。正是由於石印技法提供了更靈活多樣的表現技法，畫家能夠操作的餘地更大，意志相對更自由，圖像負載的內容可以更豐富，圖像脫離文本的獨立性也更大。

---

〔註 12〕陳平原著：《左圖右史與西學東漸——晚清畫報研究》，三聯書店（香港）有限公司，2008-10，P20～28。

描述性圖像與描述性文字能更好地配合。《點石齋畫報》等以寫實圖像爲主的畫報內容活潑，貼近生活，帶有紀實性和時事性，其主旨與晚清譴責小說的載體——文藝小報相似，所以此類文藝小報也多使用石印圖像爲文章增光生色或添加注解。晚清的一些文藝雜誌，如《繡像小說》，《月月小說》等也將石印圖像與連載小說相結合，使兩者珠聯璧合，針砭時事和介紹新學。

圖像風格和趣味的變化背後的驅動因素是綜合性的，但有一點顯而易見，晚清石印圖像上所呈現的變化爲我們提示了晚清民初造型藝術在思想觀念上的一種變化。那是當時的人們對存在環境和即時事件的關懷和好奇。

就時代背景來講，19世紀末，20世紀初的中國，是傳統鄉土環境爲都市時空所替代的時期。隨著國門的打開，新鮮事物和各種觀念信息大量湧入。機器、工廠、資本生硬地在鄉野村莊的土地上切割、規劃，建構起近代城市的圖景。人、物、觀念統統被捲入工業革命帶來的加速發展的洪流，被拆解、重組，催促著古老的農耕帝國步入近代工業文明。原先，人與自然的耕耘與索取，依賴與敬畏的單純明晰的關係被瓦解，自然人被工業社會分類整合，被城市生活分化分層。不同的人在新形成的不同階層中獲得身份，從各自的生存場域施力並受惠於社會，同時也被各自生存所仰賴的物質設施標注以身份。並囿於狹小的物質存在空間及物化的精神家園，隔絕於更爲廣袤的山野自然。現代化都市文明以物質生活爲表現，以速度和變化爲特徵，外界新事物層出不窮，琳琅滿目。藝術創作自然會注意到這種豐富性，開始更注重表現生存的外在環境。

石版印刷技術爲這一思想觀念的變化在視覺領域的展現提供了載體和技術上的支持。石版印刷技術直接在版面或轉印紙上繪畫，省卻了從手繪到雕版的工序轉換，這樣畫師不需要顧慮到刻版工藝，對圖像的最終效果有更多控制和把握。有利於對時代有洞察力的敏銳的藝術家表達屬於該時代的個人自由意志。此外，以往最優秀的刻工也無法呈現的纖毫畢現的效果在石版上都能呈現，這就爲畫面的寫實性和豐富性提供了技術上的可能。

觀念結合技術，一套全新的創作方法和圖像系統應運而生，它承接自繼清中後期以來由西洋繪畫介入而逐漸發展起來的非主流的西洋寫實主義脈絡，而與正統中國繪畫注重「意」與「境」，注重「眞」而非「似」，注重「似」而非「像」的完備系統不相一致的。這一系統基於西洋寫實主義原則，關注透視，明暗，虛實對比，追求「逼肖」效果和三維的錯覺。在晚清民初隨著人們社會生活領域和意識領域的激烈變更，隨著西方圖像的大量湧入，隨著石印技術推廣促成的圖像在新聞傳播領域的廣泛運用，這一系統得以充分確立和完善。

　　依託石印的複製和傳播，這種來自西方的造型和審美系統以公共藝術或流行圖像的形式不斷撞擊人們的視域，進而深入人們的腦海，形成時代的觀念。自下而上，以民間藝術特有的活力，取代了舊有雕版畫中的圖像程序，形成了中國近代的一股現實主義藝術潮流。這一以石印畫爲代表的現實主義藝術體系在晚清以穩健有力的姿態形成了，並且與傳統木刻版畫及其所依附的文人畫拉開差距。這樣，近代中國繪畫開始分流，一方面，中國文人水墨畫繼續在原先的系統中自律性演變，經過「海派繪畫」在形式上的探索而進入新紀元；另一方面，與之一脈相承的民間版畫則在此時擺脫了傳統美學及表現程序的束縛，並建立了一套新的造型體系，進入到一片自由創造的領域，以遵照普通大眾更喜聞樂見的形式向再現性、豐富性、通俗性、紀實性的寫實主義道路發展。

## 二、晚清石印圖像與文字的關係

　　相比較程式化的雕版插圖，敘事性的石印圖像在造型語言上更豐富，語意系統更完備，能表達更複雜的情節內容，從而不必過多依附文字而具有獨立存在的價值。隨著石印圖像的完善和流行，圖像的獨立價值被進一步突出和放大，對文字的依賴進一步減弱，二者的關係也相應鬆散了。原先的圖像對文字的依附關係轉變成了二者並置，並進一步衍生出二者更靈活的搭配和互補。

　　回顧中國的傳統木版畫，出現形式多爲以下幾類：1、文學插圖（戲曲、小說、佛道、傳記等），2、類書插圖，3、畫譜，4、裝飾畫（畫張兒或民間木版年畫），5、地圖、票據、告示、牌戲、符咒、肖像集、家譜等雜類。後兩種因其唯依託圖像而產生的特定功能如替代性、宣傳性、娛樂性、裝飾性、指示性等凸顯圖像一定程度上的獨立價值，所以不做專門討論。畫譜是必須以圖爲主的，類書屬於工具書，書中圖示具有輔助說明功能，也不可或缺。只有上述第一種是我們要重點分析的對象，能瞭解文和圖之間的關係。

　　自古以來，版畫的一個重要角色就是以圖補充文字，爲文學作品增光生色，屬於文學作品的附屬。文學插圖是中國古代木版畫的主要存在形式，最能展現中國古代木雕版畫在技術和藝術上的成就。

　　晚清石印畫的代表形式則是石印畫報，也具有文學性。但在這裡，圖像已成爲主導，圖像具有強大的敘事能力，成就了以畫爲報，以畫爲主的圖畫新聞形式。

　　下面我們將考察在明清插圖文學和晚清畫報中，當圖像與文字共同出現時，兩者的輕重主次以及圖文呈現方式的變化，以此說明圖像地位和圖像功能的轉換以及相應的人們閱讀習慣的改變。

## （一）傳統雕版文學作品中的圖文關係──「文配圖」

　　我們先瞭解一下雕版插圖文學中的圖文關係。

　　在中國的不同歷史時期，圖文配合方式不盡相同。主要有「上圖下文」（圖53），「左圖右文」（圖54），「前圖後文」（圖片集中在書籍正文或每一章回前）。或單列一冊「繡像」集，與文字部分分開印刷。圖文比重有一章回一圖，或頁頁有圖。「中國人之使用圖像，只是補充說明，並非獨立敘事。」〔註13〕所以就圖像內容來講，也是配合文字的；有的表現某段故事高潮或某一章節的主要內容，（見圖9）；有的是主要人物形象；有的交代一個故事發生的重要場所，這種純寫景的插圖並不多見，通常出現在文章開頭，配合故事緣起，描繪一張全景圖。（圖55）

　　上述圖文版式、圖文比重、圖像內容依據不同組合可形成多種搭配。如果是全景圖、故事背景交代或者小說人物繡像，往往集中在卷首若干頁中，也即「前圖後文」。有時候文章中主要故事情節也會刻繪成若干圖像集中安排在卷首部分，如：《繡像本警世通言》（早稻田大學圖書館藏明刊本），但更多情況下每章回的主要情節畫會布置在每一章回前，如：《水滸傳》（容與堂刊本明萬曆年間）。這樣的版式可能也是最省力的圖文排布方式了，在版面的製作上，省卻了圖像與文字兼容性的考慮。

　　另有一種更為「圖文並茂」的版式，即每頁都有圖。此類版式通常做「上圖下文」布局，圖像占頁面三分之一，文字占三分之二（圖56），當然，各自幅面比重偶有上下浮動，也偶有各占一半，甚至圖像大於文字的（見圖 37，圖 38）。這種情況下雖然看似在構成全書的圖、文所佔份額相似，但起主導因素的仍然是文字。圖像內容、數量、跨頁安排需與下方的文字版面相配套，「下半文字內容占多大地位，圖畫也就占多大地位，長短完全是不統一的。這也是說明了當時戲曲、小說連環圖畫，雖然有些連續性質很強，實際上仍是以文字為主，圖畫完全服從文字的需要。」〔註14〕所以，每頁都有圖的書籍顯

〔註13〕陳平原著：《左圖右史與西學東漸──晚清畫報研究》，三聯書店（香港）有限公司，2008-10，P4。

〔註14〕阿英原著，王稼句整理：《中國連環圖畫史話》，山東畫報出版社，2009-8-1，P116。

示的只是一種更緊湊的圖文關係和更漂亮的版式，而不足以說明圖和文的平等關係。

　　說到這裡需要提一下一種特別的案例，看似例外，即《孔子聖蹟圖》。這類圖冊版式或為「左圖右文」，或在圖像上簡單題字，圖像比重相對文字部分占絕對優勢。在這裡，似乎是以圖為主，以圖說事，那是否說明了圖像重於文字呢？其實不然，這些圖像仍是建立在文本故事基礎上的。聖人故事或佛道故事多為人們熟知，畫面中出現的人物、場景、動態、構圖多有明確的圖像學特徵，對於一位熟悉背景知識的人能輕易從這些明確的指代中辨認出圖像背後的文學內涵。另外，這類圖像流傳久遠，極具類型化，畫面構圖，場景描繪，人物塑造等遵循一套固定模式，且不以材料技法及創作者個體的不同而輕易改變。如：推斷出自明成化、弘治（1465～1505）年間的彩繪絹本《聖蹟之圖》；始於明萬曆年間的石刻本《孔子聖蹟圖》；及在此基礎上產生的諸多木刻本，和民國年間翻印的石印本等。涉及繪畫、石刻、雕版、石印等不同技術，但約定俗成的圖式甚少變化。（圖57，圖58，圖59）所以此類圖像並未脫離文學背景，圖像本身缺少個性面貌，仍不屬於具有獨立價值的造型藝術。此外，當時許多版畫還只是對同類紙本繪畫的複製，或改制，不是真正意義上的獨立創作，如果在一定程度上呈現出獨立的圖像價值，那這種價值也是來自於其所依據的紙本繪畫的。也就是說，雕版和印刷只是一種工序，而非創作。

　　類似於佛道故事畫，民間流行的木版年畫也是程式化的，如果習慣於觀看此類作品或掌握了圖像各元素的指代系統便能一目了然畫面內容。如：《春牛圖》中的象徵與隱喻〔註15〕（圖60）。所以木版年畫雖然「以圖說事」，但

〔註15〕　Wikipedia
　　……春牛就是土牛，乃是土製的牛，古時候於立春前製造土牛，好讓文武百官在立春祭典中彩杖鞭策它，以勸農耕，同時象徵春耕的開始。春牛身高四尺，象徵一年四季。身長八尺，象徵農耕八節（春分、夏至、秋分、冬至、立春、立夏、立秋以及立冬）。尾長一尺二寸，象徵一年十二個月。
　　牛頭代表當年的年干；牛身代表年支；牛腹代表納音；牛角、牛耳及牛尾代表立春日的日干；牛頸代表立春日的日支；牛蹄代表立春日的納音；牛繩代表立春當日的天干；牛繩的質地代表立春當日的地支。並依干支的五行畫顏色，屬金為白色，屬木為青色，屬水為黑色，屬火為紅色，屬土為黃色。另外牛口合上，牛尾擺向右邊代表陰年；相反，牛口張開，牛尾擺向左邊代表是陽年。
　　春牛圖裏的牧童，就是「芒神」，又叫句芒神，他原為古代掌管樹木生長的官吏，後來做為神名。身高三尺六寸，象徵農曆一年的三百六十日。他手上之鞭長二尺四寸，代表一年二十四節氣。芒神的衣服以及腰帶的顏色，甚至頭上所束的髮髻的位置，也要按立春日的五行干支而定。當他沒有穿鞋和褲管束高時，就代表該年多雨水，農民要作好防澇的準備；

不能脫離約定俗成的圖像規範和其背後模式化的語意系統，因而也不具備嚴格意義上的獨立敘事能力。

另外還有一種以圖為主的出版物稱之為圖詠，圖像佔據較大篇幅，每圖後有題詠。往往刊刻繪畫名家作品，內容包括小說人物、歷史名人、景觀名勝等，如《紅樓夢圖詠》、《聖祖御製避暑山莊圖詠》、《圓明園四十景詩圖》等；更有單純的人物圖譜，如《水滸葉子》、《高士圖》等。雖然相對於文學插圖，圖詠的圖是主體，但仍需要文字注解才能明晰圖像內容；且圖詠往往單純表現個別人物或景觀，畫面雖然沒有故事性，但對畫中角色的辨認需要依託一個更廣泛的文學土壤和文化共識。

綜上所述，在傳統木版印刷物中圖像始終依附於文字，圖像能為文章增色，但也需要文字注解才能辨識內容，圖像的「說明性」和「解釋性」功能多於「敘述性」功能。圖文關係還處於「文配圖」，文為主的階段。

## （二）石印畫報的圖文關係——「圖配文」

要能做到「圖配文」，首先，圖必須具備足夠的表現力，能替代文字表述複雜含義。雕版書中說明性的圖畫，有固定模板和規範，以傳統程序代代相傳，為使畫面所述內容一目了然，不產生歧義，無需強調創新或深入描繪。而外來的石版畫因其強大的描述性功能（見上一節），吸引畫師開始探索新的表現可能性，解構傳統的語義系統，建立一套新的圖像邏輯，從而使其能夠獨立於文字而單純以畫面傳達信息。

最能體現圖、文關係變化的領域是石印畫報。畫報兼具圖像和新聞的特點，在這裡，可以看到在歷來注重文字功能的文化領域，圖像逐漸突破傳統藩籬而取得了獨立價值，圖和文的關係發生了根本的轉變。

石印畫報是以畫為主的新聞紙。如《點石齋畫報》每期的八頁全部由圖

---

相反地，雙足穿草鞋則代表該年乾旱，農民要作好抗旱蓄水的安排；又如一隻腳光著，一隻腳穿草鞋，則代表該年是雨量適中的好年景，農民們要辛勤耕作，勿誤農時。還有，如果牧童戴草帽意即天氣陰涼；不戴帽則炎熱。

芒神的衣服與腰帶的顏色，也因為立春這一天的日支之不同而不同，分別亥子日黃衣青腰帶；寅卯日白衣紅腰帶；巳午日黑衣黃腰帶；申酉日紅衣黑腰帶；辰戌丑未日青衣白腰帶。而牧童的鞭杖上的結也因立春日的日支不同而用的材料也不同，分有苧、絲、麻，顏色用青黃赤白黑等五色來染。

而牧童的年齡也有喻意，孩年的牧童代表逢季年（就是辰戌丑未年）；壯年的牧童代表逢仲年（就是子午卯酉年）；老年的牧童是逢孟年（就是寅申巳亥年）。另外如果牧童站在牛身中間，表示當年的立春在元旦前五天和後五天之間；牧童站在牛身前面，表示當年的立春在元旦五天前；牧童站在牛身後面，表示當年的立春在元旦五天後。……

組成。圖上配有文字說明，出現在圖上方固定位置，類似於中國畫的提款。不僅在圖文搭配方式上可看出圖的主導性，文字的輔助地位也體現在圖文印製的實際操作過程中。在點石齋向社會上「能畫者」徵集畫稿的啓示中寫道「畫幅直裏須中尺一尺六寸，除題頭空少許外，必須盡行畫足。……另須書明事之原委」〔註16〕，依此，陳平原推斷：「畫師依據『事之原委』作圖，至於撰文以及將其鈔入畫面者，另有其人。」〔註17〕這裡既體現了「點石齋畫報」的內部分工以及出版運作方式，也說明了圖像主導，文字跟進補充，圖爲主，文爲輔的思路。與之前的文學插圖製作的思路完全不同。

石印出版物在發展到後期出現了在形式上更接近現代意義的畫報，畫報中出現各類不同風格的插圖繪畫，字體風格則隨著圖像做相應變化，甚至常常被進一步變形處理，加以圖案化，既補充了圖畫的內容，又成爲圖畫的裝點。就像獨幅繪畫中的題字和印章那樣，文字成爲圖像的點綴和說明，變得和圖像一樣生動活潑了。（圖61）

除畫報外，石印盛行期間的以文字爲主的普通報刊也多運用圖像，圖像在文字中出現的大小、位置相當自由，除了輔助文字說明一定的新聞事件外，還有美化版面的作用。至於後者則可以看到圖像有別於文字的，在視覺傳達和裝飾上的獨立作用，在廣告版則更是圖文靈活穿插排布，發揮了石版印刷在設計和製作上的優勢。這樣，由於圖像的加入，早期枯燥的純文字版面的報紙，變得充滿活力，圖和文縱橫排布，大小穿插，圖像既是文字的輔助，又是版面美觀的主導。有些地方還採用了畫報的形式，突出一張新聞畫，而以少量的文字對其加以闡釋。在這種情況下，圖和文的關係更類似於一種可根據版面需要，自由搭配的平等的排版元素，而不是像過去那樣，圖是文的依附和注解。

### （三）圖像主導的形成因素

圖像能夠成爲主體，對文字加以主導，這種改變與石印畫的特性密切相關：

### 1、石印畫的再現性和敘事性豐富了圖像的表現力

仍以畫報爲例。畫報是種舶來物，雖經本土化改造，使得晚清石印畫報

---

〔註16〕陳平原著：《左圖右史與西學東漸——晚清畫報研究》，三聯書店（香港）有
　　　限公司，2008-10，P101。
〔註17〕陳平原著：《左圖右史與西學東漸——晚清畫報研究》，三聯書店（香港）有
　　　限公司，2008-10，P102。

從裝幀到圖式仍都極具中國特色，但創辦理念和運作方式以及圖像性質都是源於西方的。

《點石齋畫報》創始人美查曾這樣理解中國人對待圖像和文字的態度：「中國人重文字而輕圖像，與此相對應的是，『中畫以能工爲貴』，而不像西畫那樣『以能肖爲上』。正是這一點，使得中國人不太擅長以圖像敘事——有『圖』之『書』不少，但大都是基於名物混淆的擔憂，或者希望『圖文並茂』，而並非將圖像視爲另一種重要的敘事手段。」〔註 18〕這位外來者的一席話道出了中國傳統木版插圖中圖像的作用和地位，也恰恰提示了晚清印刷出版物中圖文關係發生變化的主要原因：清末民初之際，隨著一批卓有創見的藝術家對西洋石印技術的鑽研和對石印畫的實踐，使石印圖像逐漸做到不僅「能工」而且「能肖」，因而賦予了圖像以敘事功能。

爲了便於我們探尋石印畫報「圖像主導」這一特點的形成，讓我們先考察一下稍早時候的印刷出版物中的圖像形式。

首先，讓我們看一下在華早期基督教會讀物。清末，由西方傳教士辦的教會讀物也往往配有插圖，但圖版多來自翻印的舊銅版畫或木版畫，並不是專門請人鑴刻的，即便如此，現成圖版的獲取也十分不易。在這樣的情況下，只要有優質的圖像，文字就圍繞圖像並爲圖像讓步。當然，如果圖像無法獲取，則只能仍以文字爲主。基督教美國監理會來華傳教士林樂知（Young John Allen）所辦的《教會新報》曾有一年連續刊印《聖書圖畫》。「在版式及篇幅固定的雜誌上，以圖像爲中心，講述《聖經》故事，首先需要擺放的是大小不一的圖像，而後才是作爲配合的文字。」〔註 19〕在這些早期刊物中我們看到一個現象：圖版和文字各自獨立的趨向已然存在。

此外，晚清西人所辦的早期報刊上也有少量配圖，但終究因爲工藝相對繁複的傳統木刻畫和昂貴的銅版畫與這種新型的強調時效性的新聞出版物不相適應。使得在這類近代報紙中，文字仍然擔負主要的宣傳、告知等作用，而圖像只是起到一個補充作用。如創刊於 1850 年的《北華捷報》（後改爲《字林西報》）就通篇無圖像。而創刊於 1872 年的中文報刊《中西聞

〔註 18〕陳平原著：《左圖右史與西學東漸——晚清畫報研究》，三聯書店（香港）有限公司，2008-10，P3。

〔註 19〕陳平原著：《左圖右史與西學東漸——晚清畫報研究》，三聯書店（香港）有限公司，2008-10，P011。

見錄》雖配有精美的木刻或銅版插圖，但十分有限，每期僅一圖（圖 62）。而《聖書圖畫》也終因圖像獲取渠道的不暢通而終止〔註 20〕。還有一些小型報紙，實力不及《字林西報》等大報，出現的圖像則顯得十分粗陋。（圖 63）所以由於早期的圖像在製作上無法跟進文字，尚無法在這一新媒體擔任重要角色。

這種情況直到引進了石印術才發生改變。在上一節「圖像的變化」中詳細敘述了石印圖像的再現性特點。石印圖像那來自西畫傳統的寫實再現能力和豐富的細節表現能力，使其不再駐足於概念化地為文字做注釋，而是變得更獨立，能夠通過更生動靈活的寫實性造型語言敘述一樁最近的新聞事件或描繪一件新奇事物。即便有時候這種描繪帶有主觀臆測或不實誇張，如《點石齋畫報》中的《飛舟窮北》（圖 64）。〔註 21〕但也從側面說明了這種最新事件或新奇事物是無法在傳統圖像經驗中找到參考的，因而石印畫家們有可能在形式上突破傳統模式，而有所創造。

石印畫擺脫了中國傳統繪畫的圖像學模式，我們無法從畫面中找到那些熟悉的元素。我們在觀看一張石印畫的時候不會再像在戲院欣賞一部傳統戲目那樣預知演員的扮相、動作、唱詞，而是要隨時準備接受無法預料的全新信息。因此，在觀看石印畫時，觀眾不再是在既定的美學體系裏欣賞線條節奏、詩意情愫或刻工的雕版功力，石印圖像以「逼肖」的方式還原現實，並改變了人們的觀圖習慣，觀眾將其視為一面反映現實的鏡子或提供信息的源泉，並更主動地在這個第二自然中尋找與現實的對應，從圖像信息中得出觀看結論。

同時，石印強大的製作和複製圖像能力以及快捷、價廉的優勢，也使石印圖像很快成為報刊雜誌必不可少的組成部分，甚至成為吸引讀者的重要賣點。後期報刊上圖像的大量運用同早期報紙滿是文字的狀況形成鮮明對比，圖和文的比重發生明顯變化。圖像成為文字的重要補充，又由於其直觀性，並且能照應到更多文化程度不高的社會中下層讀者，使得圖像在某些情況下甚至替代文字來傳播信息。

---

〔註 20〕陳平原著：《左圖右史與西學東漸——晚清畫報研究》，三聯書店（香港）有限公司，2008-10，P013。

〔註 21〕魯迅著：《上海文藝之一瞥》，《二心集》：對於外國事情，他（吳友如）很不明白，例如畫戰艦罷，是一隻商船，而艙面上擺著野戰炮；畫決鬥則兩個穿禮服的軍人在客廳裏拔長刀相擊，至於將花瓶也打落跌碎。

### 2、石印術與新聞業的結合促成了新聞畫的產生

#### （1）新聞畫的產生

在西方，作爲西方版畫世界的一員，石印畫在形式上延續了過去各種印刷圖像的描述性特質。但是石印術在製作上的快捷性使之更勝任於強調時效性的新聞領域，因而，石印術在發明不久，便被應用到新聞報刊業，成爲製作新聞圖像的主要手段。石印畫成爲了眞正的新聞圖片。隨著技術的進一步完善，石印畫的即時性等優勢進一步被證明，石印畫進一步脫離文字開始獨立承擔訊息傳遞的角色。每日更新的新聞時事以及身邊發生的雜談趣事爲石印畫提供了源源不斷的創作素材，爲石印畫創造了檢驗、發揮以及完善其圖像敘述優勢的條件。尤其是當純圖本的新聞畫報誕生，石印圖像成爲了新聞敘述的主角。可以說石印促進了新聞畫的發展，新聞也成就了石印畫的推廣，石印圖像與新聞紙是密切相關的。

在中國，石印術與新聞紙幾乎是同時期引進的，因而石印術一開始便與新聞相關聯。如果石版印刷技術在早年還用於影印古籍或印製宗教小冊，石印繪畫則很早便應用於對時事的表現。這個新技術是帶著全新的西式圖像系統進入中國的，西式圖像在中國的最初大規模呈現就是石印時事新聞畫，中國普通民眾對西式圖像的樣式和應用方式的認識也主要來自石印新聞畫。

#### （2）新聞紙版式的應用

我們再來討論一下新聞紙的版式。新聞紙的版式並非憑空產生，而是延續了西方書籍的圖文編排方式，這些書籍中的圖文編排雖也有一定模式，但圖像位置、大小、表現內容等遠比中國書籍插圖來得靈活自由。就圖像內容來說可以表現任何一個細節或選擇那些在視覺上容易出效果的內容，在圖像位置和大小方面也是較自由的，受到印刷框架的限定較小，圖像的位置較鬆動，由於畫面有深度感，圖片邊緣虛化，視覺上產生一種延展性，而不像中國雕版畫那樣強調圖像適合於邊框，呈圖案化設計。這樣的編排形式也是源於西方圖像的敘述性傳統，以及相對獨立的圖像性質。（見圖 62，圖 65）因而，當圖與文能夠同時出現在幅面較大的單張平面報紙版面上時，本身各自獨立，但相對受限於書籍版式的圖文關係一下子變得更鬆動、自由了。這就是西洋報刊版式與西方傳統書籍版式的關係。

而在中國，石印術最初隨著西式的宗教讀物和宗教圖像由傳教士帶到中國。在這些宗教讀物中，石印圖像與文字的編排關係也延續了西洋書籍的制

式，即：圖像與文字的關係相對自由。兩者相互補充，圖像大小可隨意，插放位置無固定；在內容上受到文字的限制較少，可以依照圖像規律選擇合適的事件或細節加以表現。

這樣，石印畫在一開始就是以不同於中國傳統木刻畫的面貌出現的，與之伴隨共同出現的是有別於中國雕版印刷書的不同的圖文版式關係。使得圖文版式的概念由繡像小說式的傳統文學插圖版式一下子跳躍到了圖文關係更靈活的西方書籍的版面樣式。隨後，石印畫出現在教會編輯的期刊上，緊接著被推廣到受眾面更廣的新聞報紙領域。而圖與文的編排則自然而然地延續了西式書籍中的樣式，並在此基礎上發展成為新聞紙。最後，毫無障礙地與西方報刊版式相銜接了。

所以，石印術並不是單純作為一個技術傳入中國的，而是隨著這種技術的具體應用或者說隨著這種技術的通用載體一起呈現給中國人的。這一載體，以及載體的面貌和功能也相應地被國人採納。西式書籍以及在此基礎上發展而來的西方的新聞紙將圖像從傳統雕版小說的嚴格版式中解放出來，賦予圖像以更大的發展空間，圖像對文字的純依附關係被解除，有利於圖像表達的自主性。（圖66）這樣，圖像的表達內容和表現形式，以及與文字的配合關係更加多樣化了。

新聞畫概念以及西式報刊版式很快在這塊土地上生根發芽。而一種新的事物一旦大量充斥於視覺，其所謂「新」便很快被消解，並被受眾自然而然接納，特別是在善於接受新事物的晚清開埠城市。新聞畫成為新聞媒介的重要組成，報刊的版式面貌成為一種約定俗成，通過圖文閱讀以獲取信息的報刊閱讀方式很快成為一種城市生活習慣。

### 3、石印術的靈活性使圖和文的配合更自由

傳統書版中，文字版與圖版的大小位置受到工藝的嚴格規範，形成一套固定版式和圖文規格，如上文所說「上圖下文」、「左圖右文」等。所以圖是限定在一套嚴格的圖文系統裏的。在雕版書籍中，圖文混排，即：圖中有文，或文中有圖，大小、位置不固定的情況很少。即便是當圖與文出現在同一頁上時，如「上圖下文」的樣式，其實圖和文也是分開的兩個部分，在製作上是在圖版和文字版兩個固定區域上分別完成的，並且需要顧全刻圖和刻字兩步工藝，以及兩者的搭配。（圖67）這樣，在圖文設計甚至製作過程中，圖像始終處於依附地位，文字第一位，圖像第二位，無論圖像占多大版面，終究給人的感覺是事後鑲嵌入文字的。

　　石印圖像的情況則不同，石印畫可以較隨意地放大縮小（尤其是照相製版），不必像雕版畫那樣限定在固定版框內，因而圖和文字彼此更獨立，在排列組合時也比較自由。﹝註22﹞圖和文可以製作在一塊石板上，同時印刷，也可以在紙面上事先設計好二者的關係，再兩次印刷。雖然圖文混排仍需遵循一定工藝流程，但相比較雕版印刷顯然容易得多，至少不需要再考慮圖版和文字版的尺寸和相互的拼接。由於圖文混排在技術上變得更容易，圖像和文字的搭配便更多樣和靈活。如《點石齋畫報》中，文字說明就多出現在圖像中。圖和文合二為一，文字甚至成為了圖的補充。而在後期的畫報中，圖和文字的搭配更豐富。（我們將在後文中展開）

　　此外，「（石印）可以直接用筆墨表述『奇思妙想』，而不一定非接受『刻圖排字範模印刷裝訂』等專門訓練。」﹝註23﹞所以藝術家完成圖像有更大自主性。一旦作者在製作圖像時的自主性加大，就自然會產生風格和彰顯個人價值的意識。畫者會精心設計一件作品，布局、構圖都極其考究，力圖完整且自成體系，就像一件獨立的繪畫作品，甚至參考立軸畫的模式在畫上題字，簽章。字體風格也更帶有手繪性，以便與畫風配合，而不似早年所題印刷字體，顯得刻版僵硬。在這裡，石印似乎不再是對繪畫的複製，其本身成為一種創造性活動，畫工不再被限定在工藝流程中，成為印刷工藝中的某一工種，而是有獨立創造能力的畫家或設計家。這樣的意識更明顯的體現在後期的石印裝飾畫中，圖像和文字都被專門設計，兩者相互點綴，圖和文共同形成一種富有趣味的裝飾效果，同時也更具個人風格。（有關這個問題，我們會在另一章中展開。）

　　4、個人化的創作和簡化的製作工序保障了石印畫的設計性和即時性

　　傳統木版畫是種集體創作，完成一件作品所涉及的主要工序就包括繪稿、轉印、刊刻、印刷，若要集結成冊則還包括裝訂，其中刻工的地位最高﹝註24﹞，

﹝註22﹞陳平原著：《左圖右史與西學東漸——晚清畫報研究》，三聯書店（香港）有限公司，2008-10，P11：在版式及篇幅固定的雜誌上，以圖像為中心，講述《聖經》故事，首先需要擺放的，是大小不一的圖像，而後才是作為配合的文字。注：此處雖然講的是銅版畫，但石印報刊的版式直接承接自銅版印刷，所以在版式安排上是一致的。

﹝註23﹞陳平原著：《左圖右史與西學東漸——晚清畫報研究》，三聯書店（香港）有限公司，2008-10。

﹝註24﹞〔美〕周紹明（Joseph P. McDermott）著，何朝暉譯：《書籍的社會史》，北京大學出版社，2009-11，P36：這份預算中刻工工資的突出地位（約占四分之三），加上

而繪稿人員就像文字印刷程序中的謄寫人員一樣，從事的工作就是把原畫改裝成便於刊刻的圖紙罷了。最後效果的成功與否很大程度上仰賴刻工的技藝。

我們知道，大量的古代書籍是從一個著名刻本不斷翻刻的，雖然新刊印的圖樣也是基於畫家的創作，但一旦進入到印刷工序，便只是對這些畫作的複製。因而可以說在傳統印刷領域，設計和創作階段早在圖像進入工藝流程前便已完成，如果原稿來自較早的一個版本，則設計和創作的實效性也與印刷無關，也就是說這些圖像不具備現代人所關注的即時性或創新性。

而石印技術不需要刊刻，圖稿完成後只要依照固定的操作程序便能完成印製，其複製、轉印和製作的手工技術含量不高，不像木版印刷那樣受人工的影響。石印畫作可以最大限度呈現設計者的意圖，換句話說，最後作品的成敗基本仰賴畫家的設計與繪畫技藝。

在原有的木版印刷模式下，最後的圖像是疊壓在一系列印刷工序後面的，圖像的新穎性和獨創性被時間的間隔、繁複的印刷程序、一系列人工、固定程序所消解，一種集體創作產生了經典圖像，但卻阻隔了圖像對當下的積極作用。（如《列女傳》，可以經過幾代轉刻，變得面目全非〔註25〕）（圖68）。相比較而言，石版印刷模式下，圖像的設計和繪製直接決定了印刷品最後的面貌，圖像與現實相連接，又以最快的方式作用於現實。觀者在觀看這些圖像時有種熟悉感和親近感，圖像的內容是現實的，風格是個人化的，面貌是新穎的，更新週期是短暫的，因而是有活力的，其作用是即時性的，也決定了這些圖像對當下的現實生活的參與度和視覺的影響力，使之甚至能夠先於文字，而成為信息的主導。

### （四）圖文閱讀習慣的改變

如前所述，當圖像能夠獨立表述意義，便不再是文字的依附。圖像在印刷物中的比重開始增加，在某些情況下甚至超越文字成為主體。這樣，傳統的閱讀習慣也發生了相應變化，尤其是在新聞傳播領域，由於新聞圖像包含

---

我們已知當時紙張和裝訂的較低成本，顯示刻工工資在這個雕版印刷項目中是主要的成本開支。

〔註25〕王伯敏著：《中國版畫通史》，河北美術出版社，2002-6，P26～27：《烈女傳》。漢代劉向撰……相傳該書有晉代大畫家顧愷之的插圖。……宋版《烈女傳》，傳有嘉祐八年「建安余氏靖安刊於勤有堂」本，被認為是一部較早的插圖本，……到了元代，並有重刊的摹本，及到明清，還在傳模影印。……《烈女傳》插圖固有它一定的藝術成就，但模刻之後，幾無一點晉人作風，更談不到顧愷之的繪畫特點。……除了個別的人物造型有一點點相同之外，全是後人作風。

的信息更直觀，理解更直接，讀圖與讀文開始相併重。這樣，某種意義上可以說從印刷領域開始，以時事報刊爲代表，進入了圖像時代，圖像開始承擔重要的文化傳播角色。石印與新聞的相互成就及其共同作用產生的新的觀看習慣在民眾中的逐漸養成，終於爲以圖像爲主的「畫報」形式引入晚清中國提供了恰當時機。畫報以圖爲主，圖中有故事。圖像比重增加，功能放大，雖然文字也嵌入圖像，但顯然不再是主體。

隨著石印圖像的大量生產和複製，晚清的口岸城市充斥著圖像，圖像氾濫的客體環境與從圖像中索取信息辨認事物的主體觀看構成了一個圖像認知的語境。在這個語境，圖像衍生出多種樣式，產生不同作爲，滿足不同需要，促進多方面意識形態的構建。人們的認知方式也發生相應變化，圖像的信息不同於文字，形象包含的信息更綜合，滿眼的海量圖像信息使邏輯性的費時的文字觀看轉向多角度、短期性、片段性、淺近性、即時性的圖像觀看，這種觀看的信息留存是片段性、形象性、未經轉化的，經印刷複製廣爲覆蓋，在群體性意識中產生浮表化影響，並能夠輕易觸動群體意識，任何人無法幸免。在這樣一個讀圖語境中，時髦風尚將大行其道，預告了都市流行文化時代的到來。

19 世紀末的中國已不可避免地被捲入工業文明的洪流，特定時代的國民產生了與特定時代相應的訴求——對信息和認知的渴望，對即刻可及的事物的喜愛。新聞媒介滿足了這一需求。石印圖像是描述性、還原性、靈活性、即時性的，這一特徵與新聞的功能相契合。石印圖像有助於讀者理解報刊文字所敘述的新聞事件或陌生事物，是對文字的必不可少的補充，在不識字人群中甚至成爲分享新聞信息的唯一渠道。這也解釋了爲什麼石印圖像最早是在報刊領域大放異彩的。石印配圖改變了報刊的面貌，枯燥的早期新聞紙變得更活潑，更吸引人，並使新知的理解和接受更順暢。

## 三、晚清石印圖像的進一步發展和分化

以《點石齋畫報》爲代表的石印畫報確立了敘事性、描述性的石印新聞圖像系統，將圖像從雕版畫固有的框架中解放出來，塑造性的繪畫語言結合傳統線條趣味，使圖像模式由單一的線性表達趨向多樣的綜合呈現，豐富了圖像的表現力，提高了圖像的信息承載力，擴展了圖像的應用面。這種新的圖像系統逐漸開始從石印畫報推廣到其他應用領域。這一節將分別從四個主要的石印畫應用領域來分析晚清石印圖像的進一步發展和分化。

就精美程度來說，《點石齋畫報》和《飛影閣畫報》中的石印圖像已經達到這一階段的高峰。場面宏大，細節到位，動態自然，情節生動，中式的寫意與西式的寫實相結合，線條韻味與透視明暗通過折衷達到平衡，獲得和諧，成為石印時事新聞畫的典型樣式，其完整性和精美程度是後來的石印畫報所無法超越的。

比較《點石齋畫報》本身的前後版本，差異已經很顯著，前期作品更精良，畫家也似乎更耐得住性子仔細觀察生活，精心描繪畫面，後期有一些作品則顯得粗糙和概念，環境簡單，人物模式化。而當攝影術興起並被廣泛應用於新聞攝影領域後，石印畫報的質量進一步衰退，畫面越發粗糙、簡略，很少再見盛期畫報中的那種精心描繪的大場面以及對細節一絲不苟的交代。這個時期，僅廣州的《時事畫報》和北京的《醒世畫報》比較出色。而大多數作品只是簡單交代一下事件發生的場景以及幾個主要人物，動態不講究，細節以及畫面的悅目性不再重要。用文學來類比的話，這些作品更像是說明性文字，而不像早期石印畫那樣屬於敘述性文字並帶有抒情性。

所以，當圖像的描述性任務交由更具競爭力的攝影來完成時，以《點石齋畫報》為代表的盛期新聞畫報開發出來的圖像敘事性功能在這個階段衰退了，似乎印刷圖像又退回到象徵性、概念性的「前石印時期」。但這並不是一個回到原點的循環。當初石印圖像通過開發描述性功能而使圖像表達脫離傳統桎梏，併發展出了多樣化的表達方式，而這正是使圖像在下一階段具備多重表述功能的基礎。雖然石印圖像在新聞領域單一的紀實交代功能衰退了，但卻另外衍生出新的圖像功能。

## （一）表現方式的分化

早期石印畫報中糅雜在一起的統一特質隨著圖像的大量生產和在不同領域的廣泛運用逐漸分化，表現方式變得多元，並逐漸分流。

### 1、傳統線描

線描仍然是最基本的表現方式，成為中國石印圖像的標誌性特徵，使作品始終呈現帶平面裝飾感的「中國味」。後期的石印畫仍然以線條表現為主，線條除了用於塑造外，仍要求有彈性，有韻味，有節奏。一些並不很成功的簡單化的作品也往往源於線條運用的貧瘠；而在許多使用線條組織黑白關係的作品中，我們注意到藝術家也儘量認真對待每一根線條，使之個性十足，折射畫面的整體線性韻味。畫面整體上黑白灰的色層跨度不大，維持一個灰

色調子，使線條感始終留存在畫面上（圖69）。相比較而言，西洋繪畫的線條主要爲畫面形成黑白效果的元素，線條通過反覆交叉形成面，因而單獨一根線條的韻味並不很重要，因爲這些單一的線條最終會消失在密集的排線中，並融入於強烈的黑白灰的色塊，爲了加強黑白效果，還會常常通過暈染來減弱線條，以強調塊面感。（圖70）。

所以中國式的線條始終沒有徹底離開中國式的石印畫，也因此賦予晚清石印畫特有的中國面貌。這種線條感即便在後來「洋味」十足的石印廣告畫中也有所體現，輪廓線的強調以及細節處由線條組織的裝飾感使得新式的明暗表現技法並未脫離線條走得太遠。

### 2、明暗塑造

《點石齋畫報》等作品中已經採用明暗手法，這種西洋的寫實技巧在石印技術的支持下得到了充分展現。早期的石印畫報通過線條排列和疊加，增加局部畫面色度，使作品呈現黑白灰的色階，產生明暗調子感。在一些直接借鑒自外來圖像的作品，尤其是表現西方人和國外場景的作品中，黑白手法運用得更徹底，線條的表現手法也不同於中式石印畫（見圖26），這種全面模仿的方式也有其歷來傳統，就像在《程氏墨苑》中的聖母子像（圖71），在採用西式圖像法的同時，也純粹採用西式的表現手法。

而當石印圖像廣泛流行時，明暗塑造技法被運用得更純熟，無論是表現人物還是風景，都可以感受到作畫者關注的是一種黑白效果以及由此產生的立體錯覺，畫面變得凹凸起伏，顯得厚重，強烈和真實，這種逼真感更能爲「現代觀眾」所認同（圖72）。在一些更爲個人化的作品中，黑白手法運用得更灑脫，帶有一種主觀性，不再僅是追隨客觀對象的造型手段（圖73）。黑白表現手法也被廣泛運用在帶有設計感的作品中，以追求一種強烈的純粹的視覺效果和現代感。漫畫也往往運用黑白表達，使畫面簡潔明確醒目（圖74）。

所以，我們看到在早期石印畫報中所出現的黑白元素，逐漸成爲更爲獨立的藝術表現手段爲晚清藝術家所掌握並且被強化，爲設計服務。

### 3、誇張變形

漫畫形式完全脫離了對造型有嚴謹要求的紀實性圖像準則。在這裡，使用誇張、變形等多種手法，使圖像語言或者犀利，或者幽默，力圖表現常規紀實畫面所無法表達的強烈愛憎或揶揄調侃。

用幽默的繪畫語言來表達觀念，這也是隨著報紙和新聞而產生的一種新聞圖像，也算是舶來品，在中國鮮有可參考的先例，所以早期的漫畫家或者自創風格或者參考外來資料，前者多顯稚拙，後者則缺乏個性。但這都是在新的時代背景下在圖像表達這塊新領域的一種嘗試。許多作品的表現手法很隨意，幾乎沒有限制，線條、黑白、傳統、「洋派」，帶有明顯的實驗性。（圖75，76）。這些作品可以說是脫胎於後期石印畫報圖像的「粗糙」性和「局部」性（圖77），正是從這種「弊端」中發展出來的新特徵。

漫畫欄目在版式和布局上則相當靈活，少數仍然是一頁一畫或兩頁一畫，但更多的則是把一頁分割成若干區域，採用連環畫式的一組關聯圖像來說故事。（這種形式可以說是新式連環畫的雛形）。畫面的分割方式很多樣，與活潑的圖像相配合，編排布局顯示出早期石印畫報所沒有的靈活性。文字與圖的配合也更多樣，文字的位置，採用的字體等都與圖像的表現手法相配合，顯示出一種率性的手繪感和創作者對整個設計意圖的掌控和貫徹。

### 4、圖文版式

早期的石印畫報已經實現了圖文混排，使圖和文出現在同一個畫面上，互相補充，這是新聞圖像的重要特徵。但當時多數畫報的圖文版式仍然相對單一，中規中矩，一般都按照《點石齋畫報》的模式：圖像上方留白，填充文字，雖然規格統一，但不免單調。

後來的畫報圖像開始變得粗糙和局部，畫面描繪不如早期畫報那樣詳實，這時候，文字的作用恢復了，成為解釋畫面的有效途徑。這樣的形式也更多地運用在新聞報刊上，往往出現一段文字針對一張新聞圖片進行具體描述和評論，以補充被畫家省略的內容。

圖像變得粗糙，也可以說是對固有模式的一種鬆動，提供了變動的機會，這樣，文字的排布也就同樣不用遵守嚴格的規範。在後期畫報中，我們看到文字的位置不再固定，可以出現在圖像的不同位置，文字和圖像都成為設計因素，在圖和文的關係上提供了更多設計條件，如：字體的選擇，圖像表現方式與字體的配合關係，圖和文的位置和呼應等。配合畫面或版面的風格，創造出別具一格的平面視覺效果，並進一步衍生出更多的可能性。也使石印圖像像文人畫那樣真正做到書畫一體，更顯個人面貌，表達個性化的設計風格。（圖78，圖79）

另外，早年的石印畫報每一頁都有類似雕版書籍的版框，版框上有固定的版心、書耳等元素，這是對傳統雕版書的倣仿。在後期的石印畫報中，這些倣仿變成爲更純粹的裝飾，並且依據裝飾的規律加以變化，而這種在形式上的變化是用以滿足純美學的需求的。畫面的分割也變得多樣化，內框和外框相呼應，比如漫畫的編排上（見圖 75），目的都在於使畫面在視覺上更吸引人，並且與畫面內容相統一。這樣的版式帶有更多的設計感，其面目進一步脫離傳統，而變得更「現代」，使得畫報形制由傳統過渡到現代。（圖 80，圖 81）

技術解放了設計，圖文版式的變化基於石印技術。因爲石印畫的生產過程沒有太多工序限制和工種配合，沒有悠久傳統積澱下來的各種規矩，新的設計不需要經過層層工藝才能實現，藝術家或設計師（在此我們已經可以用設計師來形容這些石印畫家了）可以更自由大膽地實現自己的構想。圖、文字、排版等除了本身的功能以外，在視覺上都成爲了平面設計的要素，功能主導逐漸轉向審美主導，版式的布局帶有了更多設計意味。

## （二）圖像應用的分化

圖像表現方式產生了分化，其應用也可進一步細分，晚清民初的石印圖像應用領域十分寬廣，品種豐富。

### 1、新聞圖像

石印畫擅長描繪新聞事件和記述里巷雜談，所以新聞時事畫仍是石印圖像主要的應用領域。繼《點石齋畫報》後，晚清出現大量石印新聞畫報，規格形制和內容大同小異，雖各有側重，但基本仍然是以寫實的，描述性的繪畫語言報導海內外新聞、新知和各埠奇聞雜談，以及各種雜組以吸引多元化的讀者群。在攝影術被廣泛運用於新聞報導之前，石印時事畫是主要的新聞圖像來源。

這批畫報中較著名的有：《時報星期畫報》（上海《時報》館於清光緒三十二年 1906 創辦）〔註26〕，內容刊載新聞時事風俗畫，附有插圖的筆記小說及名人畫像等。《輿論日報圖畫》（《輿論日報》於光緒三十四年 1908 創辦），《滬報新聞畫》（《滬報》於 1908 年發行），《圖畫日報》（清宣統元年 1909 七月創刊，《上海環球畫報》社編印），用圖畫配以文字說明，多角度多層面地

---

〔註26〕《上海通志》9，上海人民出版社，2005-4，第四十一卷 報業、通訊、出版、廣播、電視，P5855。

反映 20 世紀初上海的社會生活和民間風俗，是近代唯一一種日報形式的畫報。設有「營業寫眞」、「上海社會之現象」、「上海新年之現象」等欄目。《神州畫報》（又稱《神州五日畫報》，《神州日報》社於 1908 創辦），每期爲 8 開本，2 頁。內容有配合上海新聞、社會生活、國內外大事的時事新聞風俗畫，也刊載政治諷刺畫（即漫畫）。由漫畫家馬星馳任主編。

戊戌年間開始，民主主義革命聲勢高漲，呼籲民眾覺醒，反對內外欺壓，內容涉及變法政論的畫報不斷湧現。1905 年以後，資產階級革命黨人紛紛創辦畫報進行革命宣傳，使畫報圖像趨於政治性，帶有更濃厚的意識形態色彩，藝術家以圖像來表達立場，干預時政。其中較著名的包括：廣州的《時事畫報》（1905 在廣州創刊，1907 年一度停刊，1908 年在香港復刊。由高卓廷主辦，潘達微、高劍父、何劍士，陳垣等編撰，嶺南派著名畫師伍德彝、鄭游等 20 餘人曾參與繪畫）。《時事畫報》以「開通群智、振作精神」爲宗旨，抨擊時政，頌揚革命。此外，許多進步報社也紛紛創辦自己的畫報，隨日報附送讀者，如：《民呼日報圖畫》（《民呼日報》社 1909 創辦），《民吁日報畫報》（《民吁日報》社 1909 創辦），《民立畫報》（《民立報》社 1910 創辦），《天鐸報附送畫報》（《天鐸報》社 1912 創辦），《民權畫報》（《民權報》社 1912 創辦）等〔註27〕。此類畫報與所屬報社步調一致，內容多爲宣傳革命、揭露清吏腐敗無能、反對僞立憲和抨擊社會的醜惡現象，並常以政治諷刺畫爲表現形式。

縱觀這些後起的畫報，我們注意到在畫面呈現兩個截然相反的變化趨勢：一是明暗、透視等西洋寫實手法運用得更純熟，畫面更接近攝影，並形成一定的地方特色；而另一類畫報卻反應出了石印圖像的衰退，畫面變得粗糙、局部、概念，缺乏特色，明顯無法與新聞攝影抗衡。

前者以廣州的《時事畫報》爲代表。《時事畫報》主創者爲同盟會會員，畫報具有鮮明的政治主張，強調對時事新知的教育，以期擴大民眾視野，鼓勵對時局的關注。嶺南畫派主張吸取古今中外尤其是西方繪畫藝術之長以改造傳統國畫，主要的三位畫家都曾東渡日本研習西方繪畫，所以該派畫面特點爲折衷中西、融匯古今。《時事畫報》沿襲了嶺南派風格，作品運用了更多明暗技法，畫面更寫實，透視更準確，視覺效果更強烈，事件也交代得更具

〔註27〕　中華民國成立前後資產階級革命黨人在上海出版的報紙。1910 年 10 月 11 日創刊。前身爲于右任等辦的《民呼日報》、《民吁日報》。1911 年 7 月中國同盟會中部總會在上海成立後，成爲該總會的機關報。

體，以盡可能寫實的手法還原時事的眞相（圖82）。畫報的裝幀也放棄了經典的長條冊頁式。但在畫面變得「洋派」的同時，卻有失中國繪畫的線性特色，不像《點石齋畫報》那樣帶有「古韻」。與此同時，北京的《醒世畫報》，《北京白話畫圖日報》等則形成北派的新聞畫報風格，畫面粗放、黑白強烈，多表現局部，以表現人物爲主，人物多處於前景，動作幅度大，鮮有大場面描繪，文字表述豐富，布局變化多，具有北方民間繪畫特色（見圖78）。這也成爲大多數畫報的風格，但在保持生動感的同時，粗放的畫面逐漸變得粗糙，局部的生動刻畫逐漸變成簡單化的交代，後來的畫報的質量普遍下滑了。

## 2、插圖

### （1）文學插圖

石印圖像除了出現在時事報刊上，還被用作文學插圖。

在晚清出現了一類譴責小說，這類小說內容廣泛涉及當時中國社會的黑暗和醜陋的一面，極具批判意義。爲了貼近民眾，小說語言通俗，故事平民化，並常常配以插圖，起到說明和美化的作用，這類插圖就多爲石印插圖。充分發揮了石印圖像在寫實性和敘述性方面之所長。圖像形式通俗易懂，表現內容貼近生活，這些特質使得石印圖像成爲譴責小說的最佳圖像詮釋。紀實性的石印圖像與現實主義的連載小說，兩者珠聯璧合，針砭時事，成爲一種成功的模式。著名的例子包括：《繡像小說》〔註28〕，《月月小說》〔註29〕等。

另外，在晚清還出現了一些專門介紹海外風土人情的紀實性文章，文章中所描述的「海外勝景」，「奇風異俗」也需要配以石印圖像以直觀呈現所述內容。其中最著名的當屬王韜的《淞隱漫錄》以及《漫遊隨錄圖記》。

《淞隱漫錄》爲筆記小說，共十二卷。體裁和題材都仿照蒲松齡《聊齋誌異》，其中包括關於日本藝妓和歐洲美女的故事。爲「追憶三十年來所見所聞，可歌可愕之事，聊記十一，或觸前塵，或發舊恨，時與淚痕狼籍相間」〔註30〕。光緒十三年（1884）秋附《點石齋畫報》印行時，配有吳友如、田子琳繪製的插圖，後有匯印本。其發行政策同於《點石齋畫報》：隨畫報每期

---

〔註28〕 文學半月刊，創刊於 1903 年（光緒二十九年），李伯元主編，上海商務印書館出版。

〔註29〕 文學月刊《月月小說》，創刊於 1906 年 11 月 1 日，先後由汪惟農、吳趼人、許伏民、周桂笙主編，群樂書局、群學社先後發行。

〔註30〕 見：王韜《自序》，《淞隱漫錄》，人民文學出版社，1983-8。

過去的繡像小說一章回只有一到兩張插圖，而現在一則故事可以由多幅畫面來呈現，甚至每一回都插圖，這在當時叫做「回回圖」〔註32〕。至於報刊上的連載小說，很多報刊在自己每期連載的簡短文學作品上都配有畫面，如《黃鍾日報》的《金玉緣畫冊》（1913），《媱爐將軍》和《神州日報》的連日刊載。連續性的文字轉換成了連續性的畫面。如將這些圖畫和文字合訂起來，則形成了早期的「連環畫」。據阿英調查，中國石印連環畫的第一部書，是朱芝軒的「三國志」，由文益書局 1899 年出版〔註33〕。

相比較文學插圖，這一類「連環畫」式的石印圖像更強調故事的衝突性和情節發展的連續性，通過繪畫造型語言講述故事。文學插圖只表現主要情節，雖然連續的繡像集也構成完整故事，但仍需要穿插大量文字才能理解故事。但連環畫則基本可以替代文字展現事件的全部經過和情節的起伏，文字只需在必要的地方加以說明，並根據圖像的需要做刪減或依照對圖像的烘托或說明效果而加以改動。決定觀眾的理解和接受程度的是圖像自身的表達，文字只是讀圖的輔助。

連環畫是圖像敘事的集中表現，凸顯了石印圖像的敘事性功能。並且很快成為一種為民眾普遍喜愛的通俗讀物。

### （3）漫畫

由石印畫報倡導的圖像敘事開發了圖像的許多獨特功能，除了如何用圖把故事講清楚外，有些藝術家開始考慮如何用圖來把故事講得更生動有趣，於是漫畫、諷刺畫相應產生。這類作品常常通過誇張變形的造型，達到辛辣的諷刺效果，或調侃民生百態，或發表政治觀點。目前公認最早見報的漫畫作品是 1901 年 1 月 5 日刊登於《同文消閒報》〔註34〕的《庚子紀念圖》，而1903 年 12 月 15 日刊登於《俄事警聞》創刊號上的《時局圖》則是比較成熟

---

〔註32〕阿英編著：《中國連環畫史話》，中國古典藝術出版社，1957，P24：如光緒十年（1884）刊印的「聊齋」、「今古奇觀」、「三國」、「水滸」、「紅樓夢」，就是這種「回回圖」最早的本子。

〔註33〕阿英編著：《中國連環畫史話》，中國古典藝術出版社，1957，P24：如光緒十年（1884）刊印的「聊齋」、「今古奇觀」、「三國」、「水滸」、「紅樓夢」，就是這種「回回圖」最早的本子。

〔註34〕《字林滬報》附刊。初名《同文消閒報》，繼改《消閒報》，復改《消閒錄》。光緒二十三年十一月一日（1897 年 11 月 24 日）創刊於上海。見：海德堡大學（Heidelberg University）網站資料，http://www.sino.uni-heidelberg.de/xiaobao/index.php？p=bibl

的近代漫畫。這類作品在清末民初的綜合性畫報及時政類畫報上逐漸流行起來，很多畫報專設漫畫專欄，而一些漫畫家也常常直接參與畫報的編輯。如漫畫家張聿光、錢病鶴、汪綺雲等就經常爲《民立畫報》和《民權畫報》製作漫畫；張聿光的早期漫畫出現在《圖畫日報》上；《神州畫報》則直接由漫畫家馬星馳任主編等。

在後來的一些非石印刊物以及一些開始以新聞照片替代石印圖像的刊物上，漫畫仍被保留了下來，成爲一類重要的圖像，起到攝影所不能達到的諷刺效果。如《眞相畫報》（辛亥年間的綜合性美術期刊，銅版印製，以攝影圖像爲主，1912 年 6 月 5 日第一期創刊，16 開本，由同盟會會員、嶺南派畫家高崙（奇峰）任編輯兼發行人在上海創辦）就設有「歷史畫」「時事畫」「滑稽畫」和「時事攝影」「名勝攝影」等欄目。由於該刊物的革命性，其繪畫涉足時政的部分集中體現在它的滑稽畫一欄。畫報上便刊有馬星馳，磊公，贛公，風雷，劍士，誅心等當時活躍的漫畫家的作品。另外，如民國元年（1912）11 月 9 日創刊於上海的戲曲專業報紙《圖畫劇報》也分設遊戲畫、新聞畫、戲畫三大類。

與此同時，各類專門的漫畫刊物也開始出現。如：《滑稽畫報》（1911 年 4 月 6 日創刊，由張聿光、錢病鶴、馬星馳、丁慕琴（丁悚）、沈泊塵、汪綺雲等共同發起創辦，上海滑稽畫報社編輯出版，16 開本），內容分故事、異聞、社會瑣談、世界大勢，均用圖繪之法表達。此可謂中國最早的漫畫刊物。而1918 年 9 月創刊由沈泊塵編輯的《上海潑客》（又名《泊塵滑稽畫報》）則是上海最早的中英文對照漫畫刊物〔註 35〕。沈還參與《圖畫劇報》美術編輯，是其中戲畫的主筆。

### 3、畫冊

在商業出版機構，石印術很早就被用於翻印各類畫譜、圖冊。19 世紀七八十年代，點石齋、蜚英館、文明書局、有正書局、掃葉山房等先後以石印出版《耕織圖》、《爾雅圖》、《帝鑒圖說》、《歷代名媛圖說》、《王墀紅樓夢圖詠》、《費丹旭紅樓夢人物圖》、《三希堂墨寶》、《芥子園畫譜》等。石印技術使得這些常年深藏內府或爲精英階層獨佔的繪畫珍品得以大量複製，流通民間，爲普通百姓所親見。

---

〔註35〕 《上海通志》9，上海人民出版社，2005-4，第四十一卷　報業、通訊、出版、廣播、電視，P5855。

與此同時，新一代石印畫家也創造出一批新型石印圖畫，著名的有《申江勝景圖》、《吳友如畫寶》等。這類作品就畫面精工程度，造型語言的成熟度等都堪與《耕織圖》、《御製圓明園四十景詩》等殿版木刻畫精品相媲美。殿版《耕織圖》等作品是由內府斥鉅資，由著名畫家和著名刻工合作完成的巨製，代表了清代木刻畫的最高水平，在材料和品質上當然是民間出版機構無法企及的，可以說沒有任何民間雕版書局能夠獨立完成這樣的訂製。正是由於石印術的運用，使得新的畫冊在製作週期和製作程序上得到簡化，不再依賴刻工，因而投入資金大大減少，而作品的質量則幾乎完全依靠畫家的造詣。這樣，石印書局只要集中資金聘請到繪畫能手，便能創作出新的精美圖冊，而簡單的複製步驟就能使圖冊大量生產，使得作品在維持高藝術水準和品質的同時在價位上也更平民化。同時，一些頗有才氣，但名不見經傳的藝術家也可以通過其作品的批量生產和廣泛傳播而很快建立聲名，而聲名又能帶動新一輪作品的熱銷，反過來幫助書局擴大收益。點石齋書局和其「御用」畫師吳友如的成功合作便是最好的例子，《申江勝景圖》為這種合作邁出了成功的第一步。

　　《申江勝景圖》由點石齋書局發行於 1884 年，由吳友如繪製。該年正好是《點石齋畫報》的創刊年，這一舉措大有為石印畫和畫報做廣告的意思，吳友如的精湛技藝也使發行方有信心將其一舉捧紅，而事實證明這確實是一次成功的藝術創作和商業策略。《申江勝景圖》的高品質和平民價位為點石齋石印書局建立了聲譽，石印畫的面貌為人們熟知和接受，為《點石齋畫報》及其後的一系列石印畫的順利發行打下了基礎。而吳友如也一舉成為名噪一時的時事畫家。

　　《申江勝景圖》繪圖六十二幅，分上下二卷，表現的是上海這個十里洋場的各色重要場景，內容包括新式的建築、交通工具、娛樂場所及異國民俗等，表現了這一新興繁華都市的人文景觀。作品秉承吳友如的一貫風格，筆法細膩，場面宏大，人物眾多，細節精微，中西法結合，由透視和明暗得到的寫實感中保留了十足的線性韻味，而這樣的細膩畫風過去只能在殿版或交付海外製作的銅版畫上才能看到。這樣的作品使得普通百姓以可接受的平價就能購進一部自己的精美圖集，擁有過去只有精英階層才有資格享受的對藝術品把玩品鑒的文化生活。

這類石印畫冊在價位上比精印木版畫集有優勢；在畫面質量上又比民間木版裝飾畫有優勢；在表現內容上更貼近民眾，又比小說繡像集有優勢。因而很快佔領了印刷圖畫市場。

### 4、廣告畫

商業廣告是石印圖像的另一個重要應用領域，基於石印圖像的幾方面特點。

廣告畫需要具備幾個要素：首先，寫實性。在商業攝影尚未普及前，廣告畫是向消費者直觀地介紹商品的唯一途徑，是商品文字描述的圖像說明，畫面必須把要介紹的商品描述清楚，不能含糊，美學方面的修飾也是爲了加強留給消費者的印象。其次，圖文混排。廣告必須有文字說明，文字必須由圖畫呈現，圖與文要合理搭配穿插，明確圖像的表達意圖。再次，設計感。要調動多種造型手段，包括線條、明暗、疏密、節奏、裝飾感和構成感等，使畫面活潑有吸引力，字體和位置，以及和圖像的協調性也是考慮內容，漫畫式的誇張和變形也是廣告畫的常用手段。總之，商業廣告畫的形成必須基於自由開放以及多樣性的圖像語言，而這正是石印圖像的特點。

隨著商業的發展，以及彩色石印技術的出現，後來的廣告畫種類日漸繁多，包括招貼、海報、商標、火花、月份牌等，這些產品充斥著都市人的生活，石印圖像進一步氾濫。（這部分我們將在後文具體介紹）

看圖和鑒賞是一種美育過程，是對審美趣味的培養和觀賞角度的建立。隨著石印圖像的流行，石印畫特有的中西合璧，新聞紀實性的圖像形式成爲一種流行風格，人們逐漸開始習慣於通過石印畫家觀察生活的眼睛和表現生活的手段去認識所處的時代，並由石印圖像所傳達的信息左右個人的判斷，就像新聞和廣播等現代媒體所做的那樣。石印圖像因其信息承載力和直觀性使得閱讀圖像成爲獲取信息的有效渠道，閱讀圖像成爲了城市居民的一種生活習慣。人們看圖的方式逐漸由過去的純美學鑒賞角度轉變爲一種信息閱讀，這樣的要求反過來也使得石印圖像進一步加強了其紀實和敘述功能。

圖 9 《水滸全傳》「火燒翠雲樓」19 世紀中葉（明末）楊定見本

圖 10 《琵琶記》1621 年～1627 年（明天啓年間）吳興凌氏刊朱墨套印本

圖 11　《點石齋畫報》「盜馬被獲」1884 年（光緒十年）

圖 12（上），圖 13（左）
土山灣繪畫部學院的鉛筆
素描練習（資料來源：土山
灣博物館）

圖 14　《綈袍記》明萬曆年間 金陵富
　　　　春堂版

圖 15　《李十郎紫簫記》明代金陵派

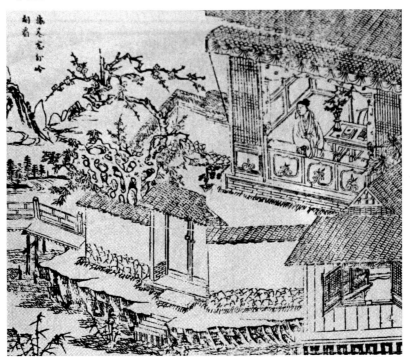

圖 16　《吳歈萃雅》1616 年（明萬曆四十四年）刻本

圖 17 《水滸葉子》陳洪綬，17世紀
（明末）

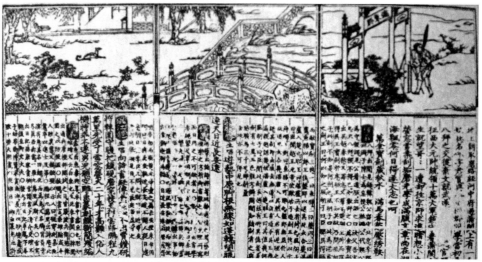

圖 18 《新刊大字魁本參增奇妙注釋西廂記》1498年（明弘治十一年）京師金臺
岳家刊本

圖 19（上），圖 20（中），圖 21（下）《飛影閣畫報》1890 年創刊，吳友如

圖 22　《李卓吾先生批評水滸傳》約 1615 年（明萬曆間）容與堂刻本

圖 23（上），圖 24（下）《飛影閣畫報》吳友如

圖 25　朱仙鎮木版年畫

圖 26　《點石齋畫報》1884 年（光緒十年）創刊，馬子明

圖 27（上），圖 28（下），見畫面中精心刻畫的西洋新事物〔畫中高亮突出部分〕

圖 29（下），圖 30（下）見畫面中精心刻畫的西洋新事物〔畫中高亮突出部分〕

圖 31 《英軍攻佔定海》19 世紀英國畫家阿羅姆繪製的銅版畫

圖 32 《大批法軍增援越北》1884 年法國畫刊「L'Illustration」刊載法國援軍出發
的圖畫，19 世紀英國畫家阿羅姆繪製的銅版畫

圖 33 《點石齋畫報》可以看到對外國輪船的描繪與同時期國外印刷出版的銅版
畫的相似性

圖34 《繡像小説》1903年5月創刊「新編小説文明小史」第四十七回
　　　畫面中洋裝者與傳統服飾者兩人同處一張畫中，但表現方法截然不同，一
　　　個是通過排線來塑造明暗，另一個是用傳統方式以線條勾勒，二者無法完
　　　全統一，故畫面表現手法顯得不統一。

圖 35 《繡像小說》「新編小說文明小史」
　　　　第四十九回

圖 36 《程氏竹譜》「雪竹」1608 年（明萬曆三十六年）

圖 37　「未牧」

圖 38　「回首」

《牧牛圖》一卷，1609 年（明萬曆三十七年）釋袾宏刻

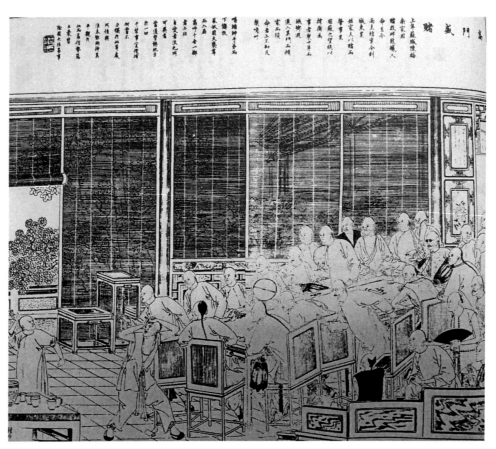

圖 39 《點石齋畫報》「高門盛賭」，石印

圖 40（上），圖 41（中），圖 42（下）《飛影閣畫報》石印

圖43 《牡丹亭 寫真》明天啓，黃一鳳刻本

圖44　《點石齋畫報》「英國地震」

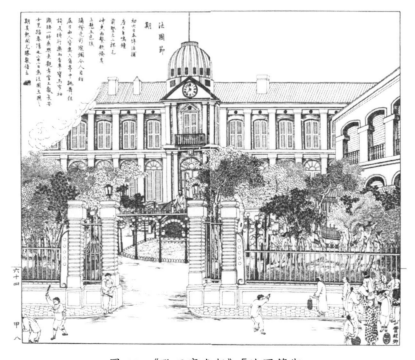

圖45　《點石齋畫報》「法國節期」

圖 46 《點石齋畫報》「官署被劫」

圖 47 《圖畫日報》1909 年 8 月 16 日創刊

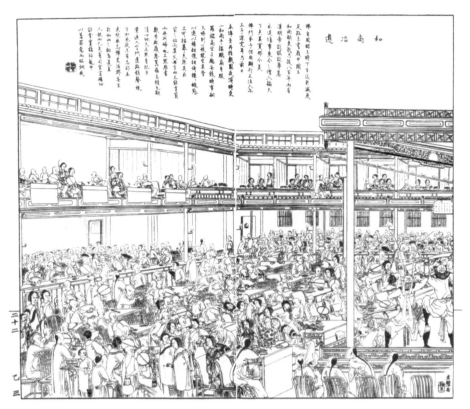

圖48　《點石齋畫報》「和尚冶遊」

圖49　《飛影閣畫報》，吳友如

圖 50 維米爾《一封情書》，荷蘭 17 世紀油畫

圖 51 《天路歷程土話》「指示窄門」1871 年（同治十年），羊城惠師禮堂版

圖 52　《The Pilgrims Progress》(《天路歷程》)（London: George Virtue, 1845）

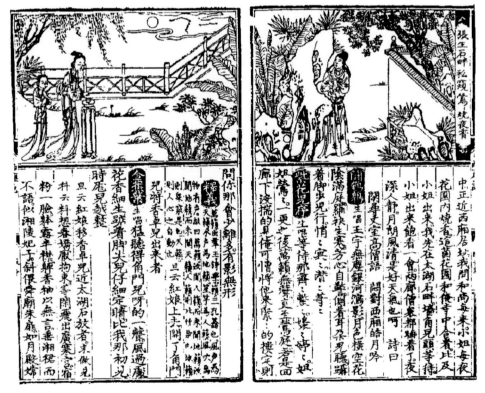

圖 53　《西廂記》明弘治

詠梅

瀟灑江梅向竹稍　　　　晶井用

渡處橫兩三枝東君也

不愛惜靈壓凰欺無情燕子怕春寒輕

失佳期惟是肩南來歸雁年年長見開

時　清淺小溪如練間王堂何似茅舍

竦林傷心故人去後冷落新詩微雲淡

月對孤芳分付他誰空自倚清香素減

風流不在人知　　　　大可生

圖54　《詩餘畫譜》1612年（明萬曆四十年）刊本新安汪氏編弘治

圖55　《增評補圖石頭記》「大觀園全景圖」1900年（光緒二十六年），鉛印本

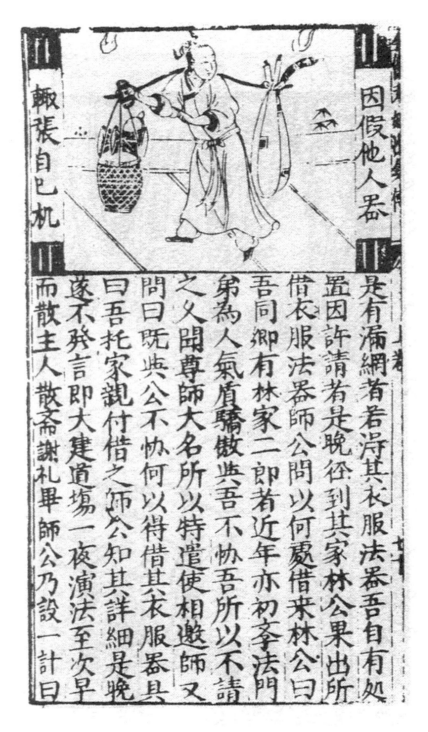

圖56　《新刊出像天妃濟世出身傳》1573年（明萬曆元年）

圖 57（上），圖 58（中），圖 59（下） 三圖均爲孔子聖蹟圖之「退修詩書」，分別爲彩繪絹本、石刻本和石印。可以看到畫面的相似性

圖 60 《春牛圖》

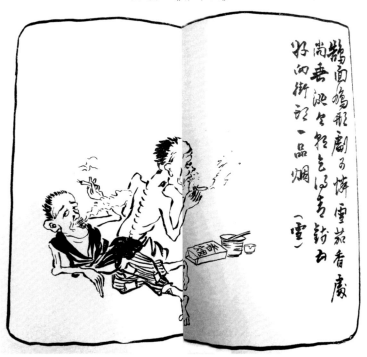

圖 61 《時事新報圖畫》，1912 年

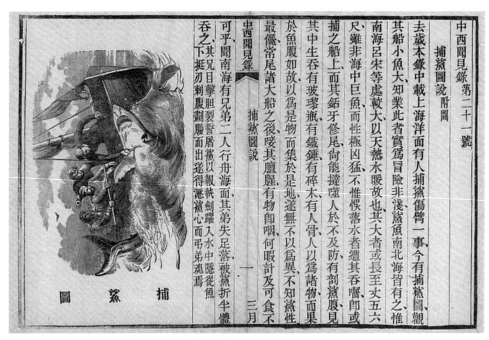

圖 62　《中西聞見錄》1872 年 8 月創刊

圖 63　《花圖新報》(後《畫圖新報》）1880 年（光緒六年）創刊

圖 64　《點石齋畫報》「飛舟窮北」

圖 65　《教會新報》（後《萬國公報》）
　　　〈聖書圖畫〉「參孫毀屋
　　　圖」，1868 年 9 月 5 日（同治
　　　七年七月十九日）創刊

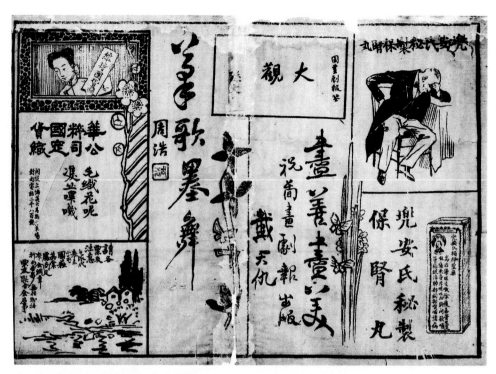

圖 66　《圖畫劇報》1912（民國元年）11 月 9 日創刊於上海

圖 67　雕版，可以看到下方的文字和上方的圖像之間的明顯分界

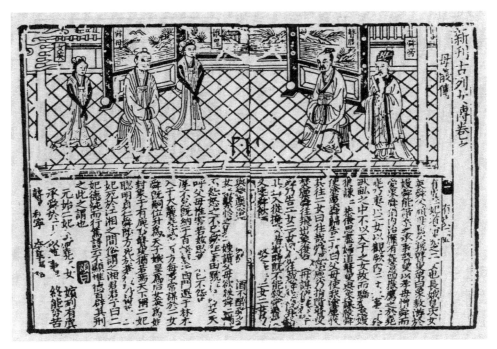

圖 68　《古烈女傳母儀傳》宋刊本

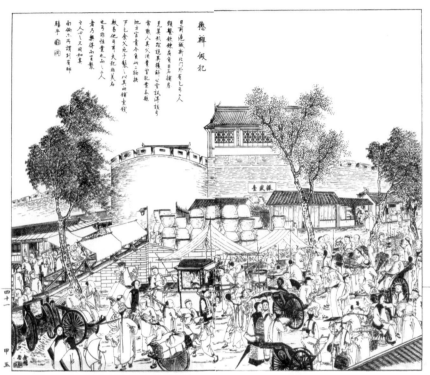

圖 69（上）《點石齋畫報》，圖 70（下）《Illustrated London News》「德國人在中國」
1899 年 2 月 18 日，石印畫

兩圖表現類似題材，但上圖仍以線條為主，下圖則以明暗塑造。上圖為俯視效果，全景式，下圖為平視，透視感更強烈。

圖 71 《程氏墨苑》1605 年（明萬曆三　　圖 72 《燕都時事畫報》1909 年創刊
　　　十三年），安徽新安程氏滋蘭堂刻彩
　　　色套印

圖 73 《民呼日報圖畫》
　　　1909 年創刊

圖 74 《時事新報圖畫》，1912 年

圖75　《時事新報圖畫》，1912年

圖76　《民呼日報圖畫》（《民呼日報》1909年5月創刊　集印本）

圖 77 《時事新報圖畫》，1912 年

圖 78 《北京白話畫圖日報》1908 年（光緒三十四年）10 月創刊

圖79　《民呼日報圖畫》(《民呼日報》1909 年 5 月創刊 集印本)

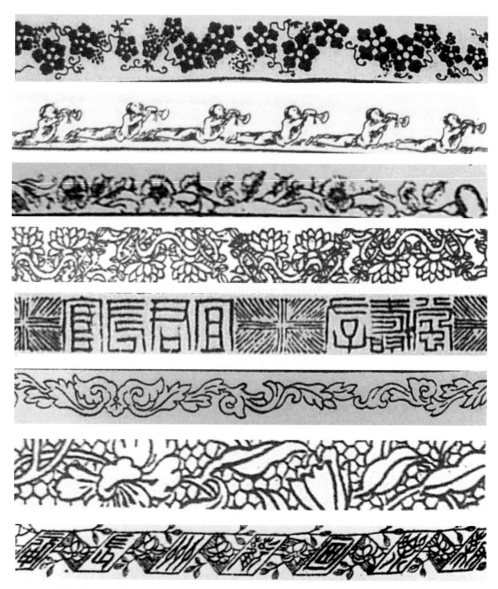

圖 80 《申報圖畫》、《神州畫報》、《民呼日報圖畫》、《新聞畫報》等報刊邊框裝飾

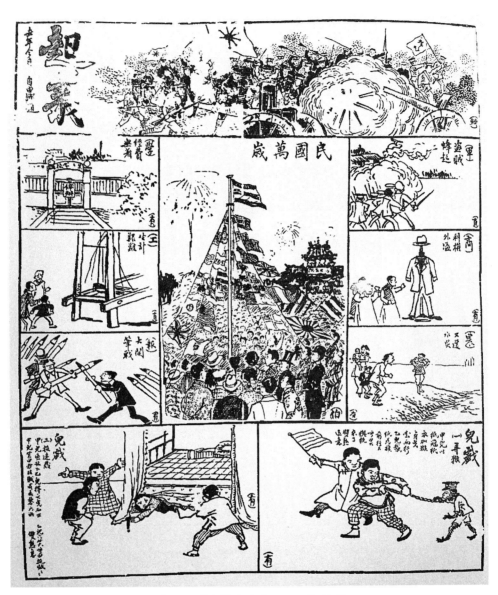

圖81　《民權畫報》1911年創刊

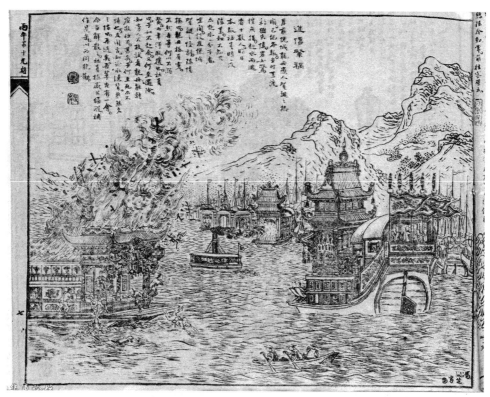

圖 82 《時事畫報》1905 年 2 月（清光緒三十一年正月）創刊

圖 83 《淞隱漫錄》1875 年（光緒初年）
刻印，王韜著
石印插圖製作於 1884 年，吳友如，
收錄於《點石齋畫報》

《漫遊隨錄圖記》1890 年（光緒十六年）刊刻　王韜　著

圖 84（上左）這張圖上對山、水、雲、氣的概念化表現同對西式建築小心翼翼地寫實呈現（雖然並不準確）相結合，產生一種奇特的效果。

圖 85（上右）遠景的船隻似乎在天上行駛，而沒有中國山水畫中那種深遠和高遠的意境，因爲在前景中使用的是平視的西洋透視法，依據觀看慣性，遠景也應該在該透視線上，如果不是，看上去就是不協調。

圖 86（左）圖像顯然有外來參考，表現得比較老到，並且是基本以色塊和明暗來表達的。

圖 87 《花甲閒談》1839 年（道光十九年）富文齋刊，張維屏撰

# 第四章　石版印刷術在中國的發展及影響

　　石印技術的運用和推廣對清末民初中國社會的影響是多方面的，本章我將選擇三個主要領域對其加以討論。它們分別是：新聞傳播領域，商業領域和教育領域。

## 一、新聞傳播領域——促進近代新聞業的發展

　　在新聞傳播方面，石印技術扮演了重要角色。因其在編輯和印刷方面的優勢，如：快捷、靈活、價廉等，在強調時效性的新聞傳播領域大顯身手。尤其是在政論性小報、傳單和圖像新聞領域，石印技術優於鉛活字技術。因而，石印技術在新聞領域的應用對於清末民初西方近代民主思想的傳播、知識階層思想觀念的交流和政治立場的闡明、市民階層對於時事的瞭解和新聞閱讀習慣的養成等起到了積極作用。

　　按發展順序，石印在新聞領域的應用是從畫報開始的，隨後才應用於政論性小報和政治傳單。（早期的石印術也被傳教士用於印製教會宣傳冊，也可以算做一種承載信息的傳單。）

　　石印畫報開創了圖像新聞的先河，它在形式（副刊、隨報附贈）和內容（海外新聞、外埠新聞、本埠新聞、新學、奇聞、雜談等）上都是大報的補充。在新聞攝影還不普遍的時候承擔起了對於新聞事件進行圖解的重要任務，並且以其通俗易懂的親民的圖像形式將對於新聞和新知的關注由知識階層擴展到更廣大的普通市民階層，包括婦女和文盲半文盲人群。加速了中國

近代新聞出版業的建構和都市文化的形成。這一節仍將著重以《點石齋畫報》為例，另外涉及一些 19 世紀末到 20 世紀初的幾種在圖像新聞方面具代表性的其他石印畫報，分析石印新聞畫在形式和內容上的發展和變化及其背後的原因，以及其對後起於民初的新式畫報的發展的啟動作用。

石印小報的大量出現則是戊戌年間新聞出版界的一大特色，這與該特定時期知識界思想交鋒頻繁，社會變革呼聲高漲，以及各類政黨社團的積極活動有關。而之所以採用石印技術來印製小報，與石印的快捷、價廉、材質規格及靈活的版面設計和文字編輯功能有關。這類小報在民主主義革命時期扮演了重要角色，成為新思想、新文化廣泛傳播的載體，對該時代行將發生的社會巨變起到推波助瀾的作用。

## （一）石印新聞畫──補充文字新聞

石印技術在新聞領域的最大貢獻自然就是新聞畫了。新聞具有時效性和敘述性，與之相匹配的印刷圖像系統也必須具備兩方面功能，一是能對事件快速做出反應，二是能以圖像形式具體再現新聞事件。在新聞攝影廣泛運用前，石印圖像與字報形成最佳組合。這些石印圖像適時地補充文字內容，有些新聞事件，單純通過字面描述不夠生動，配合圖像，則能給讀者以直觀感受；而對於新興事物的告知與推廣，更需要借助圖像的注解，才能給讀者還原一個具體形象。

石印畫與字報的配合主要有兩種：混排於報紙文字中的插圖和單獨另列的時事畫報。

### 1、字報插圖

早期報紙通常只有文字無圖像，或罕有圖像。1821 年 5 月的一期《察世俗每月統計傳》上刊登的圖畫新聞《事痘娘娘懸人環運圖》，報導了馬六甲東街祭祀痘神的情形，是為中文期刊上最早的新聞圖畫。〔註 1〕1863 年 6 月 13日《上海新報》第一九五號所刊出的廣告中有船隻的圖畫，這是上海中文報刊上最早出現的圖片。而《上海新報》於 1871 年 2 月 28 日刊出的《上海新關圖》，可稱作最早出現在我國報刊上的新聞圖片。

而且，這些少量的圖片也並非依照本刊特點專門請人繪製的，很多情況下是編輯借用或抄襲其他雜誌或外國報紙上的現成圖像。如同治七年

---

〔註 1〕陳力丹著：《世界新聞傳播史》，上海交通大學出版社，2007-3，P283。

（1868 年）《上海新報》改版後，刊印了一些介紹西方各種圖具和推銷這類商品的廣告，這些圖片就是從英國寄來的西式鏤刻銅版畫。又如 1884 年 4 月 18 日創刊於廣州的石印報紙《述報》中的許多圖像都是從《點石齋畫報》上抄襲的。〔註2〕這種情況的出現主要由兩方面原因造成：一是圖像的製作比文字編輯更複雜，費工費力，一般書報社如果在資金和技術上較弱，又沒有美術人員，便無法做到。另外，將圖像插入文字，需要對版面的設計和預想以及各種印刷技術的配合，石印技術雖然已經在部分書局運用，但對圖像的體裁和版式規定仍然局限於傳統框架中，無法充分發揮其石印製作上的靈活性，在一張紙面上進行多種印刷技術的配合仍然有難度。正因爲此，這一時期的新聞圖像往往會滯後於文字，或無法與所報導新聞相配合。

只是到了辛亥革命前後，隨著印刷技術的精進，攝影術的運用，石印圖像形式的豐富，以及多種印刷工藝配合方式的改進，在文字中插入攝影、廣告、漫畫等新聞圖像形式才變得普及。

**2、時事畫報**

晚清石印新聞圖像的主要表現形式爲畫報，這是一種特殊的新聞圖集，其發行方式顯示了其內容的新聞性。

畫報屬於一種報紙雜誌，報紙雜誌與大報相關聯，帶有新聞性，內容或爲對大報報導的主要新聞的補充和評述，或是對相對次要的新聞事件或雜談趣事的記述。而畫報就是通過圖像來擔當此任務，並且利用圖像的優勢，反映文字所無法涉及的內容，並產生特別的視覺新聞效果。

主要的畫報多與新聞報館相關，或隨報贈送，或爲報館的副刊，事實上就是在以圖像的形式輔助報導字報的內容，並補充字報無暇涉及的更多元的領域。如：《點石齋畫報》由申報館發行，隨《申報》附送，《滬江書畫報》附設於字林滬報館，《青樓畫報》隨《海上奇聞報》附送，《生香館畫報》隨《新聞報》附送，《時報插圖》、《時報・丙午星期畫刊》隨《時報》附送，《民呼日報圖畫》之於《民呼日報》，《民吁日報畫報》之於《民吁日報》，《民立畫報》之於《民立報》等。畫報的內容和報導風格也與相關大報相一致。而自立門戶的專門畫報館的主創人員也多與正規報館有各種各樣的關聯。如著

〔註 2〕陳平原原著：《左圖右史與西學東漸——晚清畫報研究》，三聯書店（香港）有限公司，2008-10，P015。

名的獨立畫報《飛影閣畫報》就是《點石齋畫報》的主筆吳友如脫離申報館後自創的，在內容和形式上沿襲了《點石齋畫報》的風格。而到了 20 世紀初，更出現以圖畫爲主的日報，如《圖畫日報》，圖畫被用來直接報導每日新聞事件。

從出版形式上看，畫報以圖爲主，文爲輔，幾乎可以說是圖像的集錦，而且通本使用石版印刷。這樣，也就繞開了圖文混排以及多種印刷技術相配合的技術難題，省卻了字報插圖所面臨的麻煩。

畫報爲石印新聞畫的主要表現形式，是辦報人和石印畫家以圖像導入新聞的嘗試，培養了民眾新的圖像閱讀習慣，集中體現了石印圖像的視覺功效。我們將對這部分做重點分析。

### （1）晚清石印畫報的產生

#### i 外來因素

在《點石齋畫報緣啓》（1884 年）中，美查提到「畫報盛行於泰西」，並且「中國之報紙已盛行而畫報則獨缺」。這則聲明說明兩點：一是畫報這一概念來自西方，二是在 19 世紀末，畫報已盛行於西方。所以，中國的畫報是舶來品，是一類以圖像爲主的西方「報紙雜誌」在中國的移植，是現代新聞產業的一種。這就決定了畫報的性質：畫報必須先有「報」的性質，再有「畫」的表述。作爲新聞圖像，畫報的畫需具備新聞性、時效性、敘事性和紀實性等功能。

石印在圖像製作方面的靈活、廉價和快捷使其成爲印製畫報的最理想技術。

#### ii 本土因素

晚清畫報在某種程度上又是中國傳統木版畫（主要爲書籍插圖）在新時代的轉換，畫報所關注的部分內容（特別是市井傳奇、里巷雜聞）、畫報的版式規格、發行對象和社會功能等方面與繡像小說，以及更具民間性的木版年畫有共通性。有關這一點，在第二章中已經有所論述。

所以以《點石齋畫報》爲代表的中國石印畫報「一半是仿外國畫報，一半是仿傳奇小說前的插圖」〔註3〕。

---

〔註 3〕朱傳譽著：《報人 報史 報學》，臺灣商務印書館股份有限公司，1985 年版，
P111。

### （2）晚清石印畫報的發展階段

#### ⅰ 早期

　　早在《點石齋畫報》出現前，市面上已經存在一些以圖敘事的早期圖畫雜誌，可謂畫報的初期樣式，被阿英〔註 4〕歸結爲「第一時期的畫報」。它們依次爲：上海清心書院於 1875 年推出的《小孩月報》（The Child's Paper）〔註 5〕〔註 6〕，《申報》館於 1877 年到 1880 年推介和銷售的五期《瀛寰畫報》，清心書院 1880 年始刊的《畫圖新報》（Chinese Illustrated News）〔註 7〕，另外還有中國教書會 1880 創辦的《益畫新報》，由美國傳教士林樂知所創辦的《教會新報》（1868～1874）中的一個系列——《聖書圖畫》，也可算做一種早期圖畫雜誌。

　　只是這些圖文並茂的早期雜誌在很多方面還不符合嚴格意義上的畫報。首先，圖像不具備新聞性。如「《小孩月報》，實係一種文字刊物，附加插圖，目之爲畫報，是不大適當的。《瀛寰畫報》內容，也只是些世界各國風土人情的紀載，缺乏新聞性。〔註 8〕〔註 9〕」這些局限性主要來自印刷技術的滯後，

〔註 4〕阿英（1900 年 2 月 6 日～1977 年 6 月 17 日），原名錢德富，筆名阿英、錢杏邨。安徽蕪湖人。中國現代文學評論家、文學史家、作家。

〔註 5〕郭舒然、吳潮著：《〈小孩月報〉史料考辨及特色探析》，《浙江學刊》，2010 年第 4 期，P100～101：根據范約翰編撰的《中文報刊目錄》記載，1874～1875 年間，在中國大陸先後出現了三份名爲《小孩月報》的同名報刊，其一是 1874 年 2 月創刊於福州（筆者稱其爲「榕版」）的《小孩月報》（The Children's News），……其二是 1874 年 2 月創刊於廣州（筆者稱其爲「穗版」）的《小孩月報》（The Child's Paper），……其三是 1875 年 5 月由范約翰在上海（筆者稱其爲「滬版」）創辦的《小孩月報》（The Child's Paper）。……眞正在傳教士中文報刊和中國兒童報刊發展史上產生過較大影響的，是范約翰主辦的滬版《小孩月報》。……

陳平原著：《左圖右史與西學東漸——晚清畫報研究》，三聯書店（香港）有限公司，2008-10，P54：1875 年在上海創刊，內容包括詩歌、故事、博物、科學知識等，插圖用黃楊木刻，印刷精良。

〔註 6〕陳玉申著：《晚清報業史》，山東畫報出版社，2003，P13：1874 年發刊於廣州，美國傳教士嘉約翰（John Glasgow Kerr）創辦，次年由范約翰接辦，移至上海出版，清心書院發行。

〔註 7〕陳平原著：《左圖右史與西學東漸——晚清畫報研究》，三聯書店（香港）有限公司，2008-10，P54：上海聖教會編的《畫圖新報》，1880 年創刊於上海，內容著重介紹西方文明及科學知識，所用圖像大都爲英、美教會早年用過的陳版，近乎「廢物利用」。

〔註 8〕見：《申報館書目》，《晚清營業書目》，周振鶴著，上海書店出版社，中對此畫報的介紹：《瀛寰畫報》一卷：是圖爲英國名畫師所繪，而縷馨仙史志之。計共九幅，一爲英古宮溫色加士之圖，規模壯麗，墓址崇閎，恍親其境；二爲英國太子遊歷火船名哦士辨之圖，畫舫掠波，錦帆耀目，如在目前；三爲日本新更冠服之圖；四爲日本女士乘車遊覽之圖，人物豐昌，神情逼肖，彷彿李龍眠之白描高手也；五爲印度秘加普王古陵之圖，與第一幅同爲考古之助；六爲英國時新裝束之圖，釧環襟袖，簇簇生新；七爲印度所造不

由於按傳統圖像印刷工藝，需要先繪製圖像、再據以木刻或鐫以鏤刻，因而仰賴的工種差異大，圖像質量不能保證，印刷速度慢，發行週期長，內容自然無法像字報新聞那樣「與時俱進」，積極報導最新事件。所以，這些早期的圖畫刊物只能算作一種娛興雜誌，還不是新聞性的畫報。其次，刊物流行度低。由於製作週期長，多爲月刊，或不定期發行，印刷數量少〔註 10〕；製作成本高，售價不菲〔註 11〕；又因圖像多出自西人之手，所介紹現實性內容也多來自域外，形式和內容對於國人來講過於陌生，無法產生共鳴等。

在形制和規格上，這類早期的圖畫雜誌沿用了同時期中文報刊的樣式，採用傳統中國書籍的線裝冊頁式，印刷方式則依照各印書坊實際條件而手段各異。《小孩月報》初期用黃楊木刻插圖，後用銅版，連史紙鉛印，黃紙封面，32 開本〔註 12〕。《瀛寰畫報》使用石印對所購得的西洋圖像進行單色複製，連史紙印刷〔註 13〕，一頁畫，一頁文，16 開本。《畫圖新報》製圖用鏤版，使用連史紙鉛印，每期第一頁爲大幅的黃楊雕刻版插圖，另有彩色圖畫隨刊附送，16 開本。這樣的形制基本被後來的畫報所繼承。

### ii 盛期

公認最早的成熟形態的畫報無疑是開創於 1884 年 5 月 8 日的《點石齋畫報》，完全符合阿英所提出的對於畫報概念的定義，即：新聞性和採用石印技術製圖。

---

用鐵條之火車圖；八爲火車行山洞中之圖，巧奪天工，神遊地軸；另爲中國天壇大祭之圖，衣冠肅穆，典麗喬皇，此紙篇幅較大，不能訂入，故附售焉。閱之者於列邦之風土人情，恍若與接，爲購不僅如宗少文之作臥遊計也。

〔註 9〕阿英著：《中國畫報發展之經過》，《晚清文藝報刊述略》，古典文學出版社，1958，P90～91。

〔註 10〕《小孩月報》每期僅銷售約 2 千本……見：《近代「啓蒙第一報」——〈小孩月報〉》，鄧紹根著，《出版廣場》，2001 年第 6 期，P29～30；《瀛寰畫報》第二卷印製了一萬多張……見：1879 年 11 月 10 日《申報》上刊出的「《瀛寰畫報》第二次來華髮賣」的啓事：在英出版之《瀛寰畫報》，於今年四月間郵寄上海申報館代銷之英國畫八幅，共一萬多張，現已售去甚多。但該畫報總共只斷續出了 5 卷，且多數時候銷量不佳，見：見所見齋主人，《閱畫報書後》，《申報》，1884 年 9 月 19 日：畫報之行，歐洲各國皆有之。曩年尊聞閣曾取而譯之，印售於人。其卷中有紀英太子遊歷印度諸事，與五印度各部風尚禮制之異同，極詳且備。乃印不數卷，而問者寥寥……

〔註 11〕《小孩月報》8 頁，售價 1 角 5 分，《瀛寰畫報》8 頁，售價 1 角，而《點石齋畫報》8 頁，隨報附送，申昌書局，零售價 5 分。

〔註 12〕胡從經著：《晚清兒童文學鉤沉》，少年兒童出版社，1982。

〔註 13〕見：《上海通志》——美術期刊 http://www.shtong.gov.cn/node2/node2245/node73148/node73152/node73207/node73216/userobject1ai87043.html。

　　《點石齋畫報》爲旬刊，逢三出版，16開本，每期圖8幅，連史紙石印，從1884年到1896年底，共出36卷，473期，共刊出四千餘幅帶文圖畫。內容主要依據《申報》刊出的國內外社會新聞有關政治、經濟、軍事、文化、社會生活、風俗人情等創作圖畫，畫面上配以淺近的白話文就畫面涉及內容做簡單評述。眞正做到了「圖」、「報」結合，以圖敘事。

　　《點石齋畫報》創刊號上有一段美查所撰的緣啓：「畫報盛行於泰西，蓋取各館新聞事蹟之穎異者，或新出一器，乍見一物，皆爲繪圖綴說，以徵閱者之心，而中國則未之前聞。……僕嘗揣知其故，大抵泰西之畫不與中國同。……要之，西畫以能肖爲上，中畫以能工爲貴。肖者眞，工者不必眞也。既不皆眞，則記其事又胡取其有形乎哉？……近以法越搆釁，中朝決意用兵，敵愾之忱，薄海同具。好事者繪爲戰捷之圖，市井購觀，恣爲談助。於以知風氣使然，不僅新聞，即畫報亦從此可類推矣。爰倩精於繪事者，擇新奇可喜之事，摹而爲圖。月出三次，次凡八幀。俾樂觀新聞者有以考證其事，而茗余酒後，展卷玩賞，亦足以增色舞眉飛之樂。……」通過這段文字可以瞭解該畫報的創辦宗旨：以圖畫爲媒介，以新聞爲著眼點；圖像須「能肖」，具備敘事功能，所涉新聞和時事須滿足普通中國民眾的興趣點。由於不同於字報，畫報的圖畫占首位，所以畫報社聘請了當時已小有名氣的吳友如擔任美術主筆，並先後聚集了一批優秀的畫師參與創作，形成類似現在的美術編輯室（當然，這是一種鬆散的合作組織形式，許多畫師也同時爲其他客戶服務）。爲《點石齋畫報》繪製圖像的畫家包括：張淇（志瀛）、周權香、顧月洲、周權（慕橋）、田英（子琳）、金桂（蟾香）、何明甫（元俊）、金鼎（耐青）、戴信（子謙）、馬子明、符節（艮心）、賈醒卿、吳子美、李煥堯、沈梅坡、王劍、管劬安、金庸伯、葛尊龍、王釗等。有了這樣一支規模龐大又穩定的創作隊伍，《點石齋畫報》再也不必像先前的圖畫雜誌那樣需要到處搜羅廢舊銅版或購買海外圖片，確保了《點石齋畫報》所出圖像能夠貫徹美查關於時事畫的敘事性要求，並且能夠維持一個較高的水準和統一面貌，開創了一種融合中西畫法的中國時事新聞風俗畫的一代流派。圍繞畫報，也逐漸形成了一個時事新聞風俗畫家群體。並且隨著畫報的廣泛傳播，此類圖像深入人心，並引起類似刊物的模仿。

　　《點石齋畫報》有明確的辦報宗旨，又依託點石齋石印書局工廠規模的硬件支持，雇請職業畫師，並且配合申報館的一系列有意識的營銷

策略〔註14〕，形成井然有序的設計、生產和銷售鏈，工業化的生產和商業化的運作，使產品成本降低，產量提高，週期縮短，貼近民眾。《點石齋畫報》取得了巨大的成功，在銷量上，遠遠突破「第一時期的畫報」的業績。「曩年尊聞閣曾取而譯之（指《瀛寰畫報》），印售於人……乃印不數卷，而問者寥寥，方慨人情之迂拘，將終古而不能化。而孰意今之畫報（指《點石齋畫報》）出，盡旬日之期，而購閱者無慮數千萬卷也。噫，是殆風氣之轉移，其權固不自人操之，抑前之仿印者爲西國畫法，而今之畫則不越乎中國古名家之遺，見所習見與見所未見，固有不同焉者歟？」〔註15〕

　　《點石齋畫報》的成功引起後來者競相傚仿。一時之間各大城市的各主要報社書館紛紛推出了自己的石印畫報，在圖像和規格上都仿照《點石齋畫報》。如《飛影閣畫報》、《輿論時事報圖畫》、《時事畫報》、《申報圖畫》、《圖畫日報》、《舊京醒世畫報》等。同《點石齋畫報》一樣，許多畫報附設於報紙或隨報贈送，如字林滬報館的《滬江書畫報》，《海上奇聞報》的《青樓畫報》等。更有新聞報館一館發售三種畫報：《飛雲館畫報》（光緒二十一年 1895四月創刊，旬刊）和《飛雲館畫冊》（亦光緒二十一年 1895 四月創刊，月刊），以及《舞墨樓古今畫報》（光緒二十一年 1895 六月五日始刊，旬刊），可見畫報受歡迎的程度以及針對不同讀者群的分流，以畫爲報的形式已進入成熟階段。另從 90 年代開始，報社還開始贈送單頁的精印畫報〔註16〕。19 世紀末到20 世紀初，石印畫報迎來了全盛期，「據統計，辛亥革命以前全國共出版畫報約 70 種，而上海達 30 多種」〔註17〕。

---

〔註14〕陳平原著：《左圖右史與西學東漸——晚清畫報研究》，三聯書店（香港）有限公司，2008-10，P58：除最後兩年，每號畫報出版，《申報》上都有宣傳文字：剛創刊那幾期，精心撰寫的「廣告文章」經常連續十天佔據頭版頭條。
　　《點石齋畫報》創辦的同一年，點石齋書局發行吳友如的石印圖集《申江勝景圖》，想必也是一種對石印圖像的推銷策略。
〔註15〕見所見齋主人，《閱畫報書後》，《申報》，1884 年 9 月 19 日。
〔註16〕吳果中著：《中國近代畫報的歷史考略——以上海爲中心》，《新聞與傳播研究》，2007 年第 2 期：新聞紙逐日附送畫報單頁之風最初在上海盛行，1893 年 11 月，《新聞報》開其端。之後，競相仿製，《申報》、《民立報》、《民權報》、《時事新報》、《神州日報》等都附有光紙石印的畫報，漸次開拓了中國近代畫報石印時代的新氣象。
〔註17〕吳果中著：《中國近代畫報的歷史考略——以上海爲中心》，《新聞與傳播研究》，2007 年第 2 期：新聞紙逐日附送畫報單頁之風最初在上海盛行，1893 年 11 月，《新聞報》開其端。之後，競相仿製，《申報》、《民立報》、《民權報》、《時事新報》、《神州日報》等都附有光紙石印的畫報，漸次開拓了中國近代畫報石印時代的新氣象。

### iii 後期

石印畫報之所以流行，是因爲該技術能夠快捷有效地記錄最新的新聞事件，以圖像解說時事新聞，以圖像補充字報內容。到了 19 世紀末，隨著銅版、鋅版印刷技術得到改良，成本降低，新的圖像製作技術逐漸取代石印。另外，更重要的是攝影術的應用和推廣，就眞實性和快捷性來講，攝影無疑是最佳的新聞圖像記錄者，很快，比石印圖像更爲直接的新聞攝影圖像被各大報館採用。

1907 年 11 月，國內出現了最早的由國人自辦的攝影畫報《世界》。該畫報由李石曾於巴黎印製後運回上海發行。季刊，8 開本，用重磅道林紙彩印，間以三色版，彩色石印封面，每期刊載照片 100 幅左右，配有文字說明及其他專文。內容「半數以上爲世界各地的風光名勝、科學技術、文化生活作品和時事照片」〔註 18〕《世界》畫報所用的印刷方法是當年十分先進的凸版印刷，畫面精美，富麗異常，在當時的亞洲具領先水平。著名畫家張光宇認爲：「《世界》畫報初次發行的時候，不用說在中國是屬於空前的創舉，即使在印刷界進步甚速的日本，也沒有那樣精美和豪華的類似性質的畫報出現。」以這樣的規格和姿態出現的攝影畫報無疑對當時的石印畫報是巨大的衝擊。

隨著攝影技術的發展和攝影術社會認同度的提高，以及辛亥革命勝利，時局風雲變幻導致新聞業的勃興，1912 年～1937 年間，中國出現了一大批攝影畫報，在「1935 年竟達到 235 種之多」〔註 19〕。攝影圖像在新聞紀實領域和藝術時尚領域的作爲也將攝影畫報逐漸分流爲兩大類，一類是以《眞相畫報》爲代表的新聞時事型畫報，一類是以《良友》爲代表的綜合型畫報。這些畫報無論是技術、觀念、內容、形式都已經屬於新式現代畫報範疇了，19 世紀末風靡一時的石印畫報則逐漸沈寂。

### （3）晚清石印畫報的形制

典型的晚清石印畫報在形式上帶有明顯的「中國特色」，這特色在第一眼就是由版式和裝幀表現出的。這與石印技術、印刷材質、雕版書的版式傳統等各類因素有關。

### i 技術因素

首先，石印畫報是一種商業性出版物，基本隨報附送，也算是一種廣告

---

〔註 18〕方漢奇著：《中國新聞事業通史》（第一卷），中國人民大學出版社，1992-9，P1005。

〔註 19〕吳福輝著：《漫議老畫報》，《小說家》，1999 年第 2 期，P97。

投資，因而商家必然會考慮如何在技術限制下盡可能降低開銷以達到最大收益，成本核算決定了商家對印刷材質和裝訂技術的選擇，也是形成畫報最終面貌的重要因素。

　　石印技術在印製圖像方面比銅版、雕版等有明顯優勢，自然被報社採用。畫報用的石印器材多爲進口。標準手搖石印機通常長、高爲 120～130cm，寬 60～75cm〔註20〕。與之相配的石板產自德國，爲 6～7cm 厚的專用石灰石〔註21〕，有一系列固定幅面尺寸：80×60cm、60×48cm、54×38cm、40×28cm 等〔註22〕。印刷用石板多數爲對開，即 80×60cm 的規格。在固定尺寸的石版上印出的統一的頁張就像在統一規格的木版上鐫刻印刷的書頁，便於冊頁裝訂。

　　石印畫報使用的紙張爲一種以毛竹爲原料的手工紙——中國連史紙（當時許多中文報紙也使用這種紙張，如《申報》）。清代最著名的連史紙是鉛山連史紙，其規格爲 1.8×3.2 市尺，相當於現在的 60×110cm。連史紙因其紙質潔白、柔軟精細、薄而均勻、防熱耐久，歷來用以印製書籍、碑帖、契文、書畫等，但缺點是比較薄而透明，所以只能單頁印刷，採用線裝書的方式對折裝訂。

　　雕版書籍尺寸由木版尺寸和紙張尺寸共同決定，也有對既往通用規格的繼承，而石版印刷品則在版子上沒有太多限定，石料提供了寬裕的製作餘地，所以產品尺寸主要取決於對特定規格的原始紙張最少浪費的合理剪裁。《點石齋畫報》爲 16 開，25×15cm 左右〔註23〕，跨頁展開接近正方形，這應該是最省料的印法，保守計算，一張連史紙可以印 16 頁而沒有過多邊料損失。對於圖像來說這樣的大小也比較適中，便於隨手把玩端賞，對於《申報》館的發行策略來說，也便於夾帶在《申報》中隨報附送〔註24〕（《申報》，每版廣約二十五公分餘，在每兩版之間中褶，成書冊式。）

### ii 繼承和借鑒

---

〔註20〕臺灣國防大學理工學院提供的手搖石印機規格爲 130×75×115；瑞金中央革命根據地紀念館的金屬手搖石印機長 120cm，寬 61cm，高 120cm；另有記載石印機通高 123.3cm，長 119.6cm，寬 73.5cm。

〔註21〕徐志放著：《我國彩色圖像平印製版的歷程》，《印刷雜誌》，2006 年第 4 期，P78。

〔註22〕蘇新平主編：《版畫技法（下）》，北京大學出版社，2008-8，P306。

〔註23〕拍賣市場上所見的《點石齋畫報》所標尺寸有 26.1×15.1cm，23×14cm，24.6×15.8cm，25×16cm，20×12cm，24.5×14.5cm 不等。

〔註24〕《申報》的規格爲 30×30cm。

其次，《點石齋畫報》是石印圖像的集成，也是時事新聞的補充，其版式屬於一種晚清特有的「冊報」形式，類似於書籍，便於翻閱。這種版式的由來需從兩方面考察：一個是傳統雕版書籍的版式，一是晚清新聞紙的版式。

（i）雕版書籍的版式

雕版印刷是中國古代的主要印刷工藝，最初用於印製宗教圖像，如佛經中的扉畫等，後逐漸推廣到文字領域，於是產生了雕版書籍。在經過千餘年的發展，雕版印書工藝已相當完備，包括製版、謄寫、鑴刻、印刷、裝訂等一系列工藝組成，各個環節緊密相扣，工藝和材料彼此制約，每一道工序的疊加決定了書籍的最終面貌。

手工造紙技術決定了中國紙張的基本規格，對紙張的合理裁剪決定了書籍的基本形制和規格，也決定了版子的規格。雕版用的版子一般製成 2cm 厚，30cm 寬，20cm 高的長方形梨木或棗木雕版，這尺寸最合理地適應了書頁大小（後來的清末報刊也基本接近這個規格）。隨後用中國毛筆和中國墨以適於刻印的專門字體（往往是宋體）謄寫所需印製的文章或繪製畫稿，此為寫樣。這種寫樣用紙有固定格式，基本與成書格式一致，紙上「用紅色印製行格，稱為『花格』，兩行之間留有空白，每行三線，正中有一中線，作為每行之中準」〔註 25〕，並留有「天頭」用以校對。然後把這種薄的稿紙黏貼在木版上加以轉印。刻版則遵照寫樣所用「花格」的規範，在木版上鑴刻文字和圖像。隨後將文字和圖像轉印到連史紙、毛邊紙或宣紙上。雕版印書技術被廣泛使用之前，手抄書籍的開本和制式即已成形，雕版印書工藝根據技術特點對成書版式進一步調整並規範化，使傳統版式成為一種固定模式，以便批量生產。書籍的規格經由每一道工序被固定下來。如：每一單頁包括版框；界行；行款；版心；版心有魚尾、象鼻；天頭；地腳；書耳；正文首頁有小題指篇名，大題指書名；序目之後或卷末鑴刻有關刻書家信息的版記；書冊最下端的側面部分刻有書根，表明書名、卷冊數等等。（圖 88，圖 89）〔註 26〕印刷好的單頁的格式決定了下一步的裝訂方式。線裝書成為基於雕版印刷技藝的最合理有效的書籍裝幀形式。通常是將單頁印刷的書頁有字的正面沿版心正折，書口向外，後背用書衣包裹，或打孔穿線裝訂。

由於「重文輕圖」的傳統文人觀念，圖像在雕版印書中也處於從屬地位，

〔註 25〕楊永德著：《中國古代書籍裝幀》，人民美術出版社，1982-1，P225。
〔註 26〕圖片來自：韋力著：《古書的版式與裝幀》，《收藏》，2007 年第 9 期。

其格式與文字同一。繡像本圖多爲半頁（即半個版子大小，呈長方形豎構圖）（圖 67，圖 90），偶有跨頁，圖版上有與文字頁相同尺寸的版框，天頭，地腳等規範。若一張畫占兩個幅面，則在中間折疊處不以版心分割（圖 91）。

　　這樣，雕版印書的版式和裝幀通過大量的複製和流通逐漸成形並完善，最終形成固定模式，表現爲特有的縱長橫短的長方形冊頁形制的中國雕版書籍（最常見的是線裝書，通常尺寸爲 16 開或 32 開），並逐漸發展出一套相應的裝幀文化。〔註 27〕無論是經典的經史子集還是通俗的繡像小說，以及純圖像的畫譜，都以這種方式裝幀。（圖 92）基於模仿雕版書籍的石版印刷品也多沿襲了這樣的版式。（圖表 7）

### （ii）晚清新聞紙的版式字報的版式

　　書報本同源，人類社會首先有書籍，後來才有了專門記述時事、新聞的報紙。最初的報紙在文字體裁和裝幀排版形式上和書籍幾乎沒有什麼差別，尤其在手抄書和手抄報時期，這種相似性並沒有隨著新式印刷術的應用而改變，如中國清代的邸報版面就和書頁的版式無大區別（圖 93）。「在西方，也是直到人們發明了以蒸汽爲動力的印刷機後爲適應機器的規格和印刷工序，報紙才開始出現相對獨立的自己的版式。」〔註 28〕

　　到了晚清，報紙、雜誌和相應的新聞意識傳入了中國。當時的多數中國人還沒有讀報的習慣，報紙主要是爲在華外國人準備的。後來，出於教會吸引教眾和傳播西學的需要，才逐漸將之推廣到普通百姓中，讀報的人群隨之迅速壯大，閱讀報紙也很快成爲了幾個通商口岸普通中國市民日常生活的組成部分。作爲舶來品，報紙這樣的新事物在一開始也需以舊瓶裝新酒，才能消除陌生感。在 19 世紀上半葉清廷「禁教」時期，倫敦教會的米憐、馬禮遜等人即在馬六甲發行中文報刊，這些報刊如：《察世俗每月統計傳》、《特選撮要每月紀傳》就放棄了英國本土報紙的版式，而是採用了中式的經摺裝或線裝的形式，封面和書頁也設計得極具中國特色，類似中國的傳統官報邸報，以吸引中國讀者，這也可算作這些西方人對中國雕版印書悠久傳統的一種尊重。也在於「保存明末來華的傳教士利瑪竇等人的傳統，寓有『力求不牴觸

---

〔註 27〕楊永德著：《中國古代書籍裝幀》，人民美術出版社，1982-1，P123。

〔註 28〕〔法〕皮埃爾・阿爾貝（P・Albert）、〔法〕費爾南・泰魯（F・Terrou）著：《世界新聞簡史》，中國新聞出版社，1985-5 年，P38：第一張用機器打印出來的報紙（即打印用輥筒）是倫敦版的《泰晤士報》，於 1811 年由弗里德里希・柯尼格（1774～1833）完成。

中國人的風俗習慣,和儘量避免引起摩擦』的深意。」〔註29〕

當然,這些早期的中文出版物在內容和發行方式上與眞正的報紙尙有距離,可以說是報和刊的合體,直到鴉片戰爭之後,外國人被允許在中國境內興辦報紙,上文提到的相對成熟的西方新聞紙形式才開始在中國出現。

最初的現代意義上的中國報紙也是洋人所辦〔註30〕,其中包括西文報紙和早期中文報紙。可能是成功地通過炮火打開中國國門帶來的激動鼓舞情緒使得這些西洋人忘記了早期傳教士的謹愼作風,在開埠口岸興辦的首批中文報紙在版式上完全採用西方報紙模式,只是文字採用中文。如寧波的《中外新報》〔註31〕以及後來上海的《上海新報》(圖94)〔註32〕。《上海新報》每一號發行一張,高約四十公分,廣約二十九公分(相當於現在的半張小報)〔註33〕。與此前在上海發行的近代上海最早英文報紙《字林西報》(圖95)〔註34〕比較,可見兩者在版面設計上的相似性。在剛開埠不久的中國地區,一下子湧入的新事物顯然來勢過猛,一時無法被廣大民眾接受,西式的新聞紙也是如此。辦報人很快意識到這一點,於是後來的報紙便在報刊版式上做了調整,

---

〔註29〕〔日〕實藤惠秀著,譚汝謙、林啓彥譯:《中國人留學日本史》,三聯書店出版,1983-8,P253。

〔註30〕王炎龍:《西學東漸:中國近代報業發展的歷史闡釋》,《廣西師範大學學報》(哲學社會科學版),2003年第4期,P139:從19世紀40年代到90年代,以教會或傳教士個人名義創辦的中外文報刊多達170種,約占同時期我國報刊總數的95%,幾乎壟斷了我國的新聞事業。

〔註31〕周律之著:《寧波最早的一份近代報刊──〈中外新報〉》,《寧波文史資料第十四輯‧寧波新聞出版談往錄》:19世紀中葉面世的《中外新報》,是寧波最早出版的一份近代報刊,也是鴉片戰爭後外國傳教士在我國首批出版的中文報紙之一。……《中外新報》(原名 Chinese and Foreign Gazette)……所載爲新聞、宗教、科學與文學……始由瑪高溫主持,後彼赴日本,乃歸應思理(E‧B‧Inslee)主持……據1992年第一期《復旦學報》周振鶴著文介紹:1890年5月,在上海召開了在華新教傳教士大會。會上美國傳教士范約翰(John Marshall Willougby Farnham)提出一份《中文報刊目錄》,這份《目錄》記載了1815~1890年間出版的76種中文報刊的名稱、主編、出版地(包括中國各地、美國、英國及東南亞等地)、創刊年月、發行份數、性質(宗教、世俗)、售價、形制和其他有關內容,其中第8號爲寧波出版的《中外新報》,創刊於1854年5月,1861年停刊。這是迄今爲止發現的最早提到《中外新報》的歷史文獻。

〔註32〕上海圖書館網站 http://www.library.sh.cn/特色館藏:《上海新報》:近代上海首份中文報紙。出版於1861年12月(清咸豐十一年十一月)。傅蘭雅(John Fryer,英),林樂知(Young John Allen,美)曾任主編。由英商字林洋行(North-China Herald Office)印行。1872年12月停刊。

〔註33〕《舊上海史料彙編》上冊,北京圖書館出版社,P三八五。

〔註34〕初名《北華捷報》(North China Herald)。創於1850年8月3日(清道光三十年六月二十六日)。週刊。1864年6月(清同治三年四月)改名並更爲日刊。1951年3月31日終刊。出版時間長達101年。

使報紙的面貌更貼近中國傳統雕版印刷書，以照顧中國人的閱讀習慣。其中最成功的是《申報》（1872 年 4 月 30 日（清同治十二年三月二十三日）創刊）（圖 96），不同於《上海新報》採用昂貴的白報紙，《申報》使用中國連史紙，裁剪前應爲 60×110cm 的整張連史紙。《申報》的版式前後經歷了幾次改版，但其最常見的版本爲「每張高約二十七公分，廣約一百零四公分，成爲橫長的形狀，分爲四版，每版廣約二十五公分餘，在每兩版之間中褶，成書冊式。」〔註 35〕版面接近正方形，文字周邊有版框（也像書籍中每一單頁的格式），報頭以大字橫寫居於第一版上方正中，文字縱向排列，密集整齊，字號無明顯大小變化，文章之間也無分欄〔註 36〕，基本無插圖，形式較單一，類似於將原雕版書籍中的頁面，上、下平鋪排列，閱讀時仍需要從右向左，自上而下，適合像閱讀書籍一樣規規矩矩地順序觀看，不便以現代閱讀報紙的習慣跳躍式觀看。這種版式與傳統書頁有相似性，只是由原先的單頁印刷再冊頁裝訂改爲在一整張紙上連續印刷再折疊，類似於古代的經摺裝書籍。報紙的每一版在外形上接近雕版印書的一版兩面書頁，縱向長度在一尺上下，與 16 開書籍的單頁基本規格一致。在上海報業興起的初期階段，《申報》與《上海新報》展開激烈競爭，《申報》的最終勝出一方面出於價格優勢，在版式上更貼近中國民眾的閱讀習慣也是重要原因。這種版式後來成爲一種流行，如《叻報》（1881 年創刊，新加坡華文報）8 開紙 11 張（每版接近 26×37 cm 的長寬接近的長方形，圖 97）。後來在此基礎上也有紙張橫向縮短的，但折疊後每版基本模式相似。如《中外日報》、《同文滬報》等（圖 98）。

　　這種帶有明顯過渡色彩的報刊版式盛行於晚清，尤其是一些文藝小報，普遍採用了類似的版式。如：《遊戲報》：8×10 inches（20.32×25.4cm），4pages；《寓言報》：28×28cm，6 pages；《笑林報》：original paper 27×60 cm，later changed to 30×27 cm；《繁華報》：27×27 cm，4 pages，later 6 pages；《采風報》：29×55 cm，4 pages。〔註 37〕直到光緒末年，多數報紙開始採用白報紙

〔註 35〕《舊上海史料彙編》上冊，北京圖書館出版社，P 三八六。

〔註 36〕《舊上海史料彙編》上冊，北京圖書館出版社，P 三八六：在起初三十餘年中，上海各報紙都不分欄。因爲所採用之紙張爲橫長式，版框高度不過二十五公分，且係用四號字印刷，不分欄在當時或以爲無礙；可是照我們現在看起來，已經很不便當了。1905 年（光緒三十一年）申報始分兩欄排，每欄高十二公分五。至一九一二年採用直長式印法後，勢非增加分欄不可：此時每版分爲六欄，每欄高八公分五。同時各報均然。其方式維持至十多年之久。

〔註 37〕見海德堡大學（Heidelberg University）網站資料，http://www.sino.uni-heidelberg.de/xiaobao/index.php?p=bibl。

印刷，版面經過改革，才再一次與西方報紙規格基本統一，而接近於現代報
紙。並且與上述小報版式拉開差距。

### 畫報的版式

　　石印畫報屬於一種報紙雜誌，這種報紙雜誌隨正規大報贈送，或定期隨
報發行。有以文章爲主的，也有以圖爲主或二者兼備的。報紙雜誌上的文章，
多描寫當地的特殊人物或特別事件，談文論藝，還有篇幅稍短的書評、詩文、
居家、常識等專欄。有時報紙雜誌也會對當地生活中的重大新聞或者某一時
期的重大國際事件，也即普通市民的熱議話題進行深入挖掘。由於報紙雜誌
在製作方面對形式更講究，印刷更精良，視覺效果的總水平略高於報紙。以
內容上的趣味和貼近生活以及視覺上的美觀來吸引更大讀者群，尤其是平日
裏不太閱讀新聞報紙的婦女〔註 38〕，以擴大此類副刊所依託的正規報紙的知
名度和影響力。所以，石印畫報更接近休閒性的書籍或雜誌，理所當然地在
版式上被設計得更接近中國線裝書籍，所以當報紙經過改版而越來越接近現
代報紙形制時，畫報仍然保留了「冊報」的樣式。

　　《點石齋畫報》是隨《申報》附送的一種報紙雜誌，每期八頁，集齊一
年可線裝合訂成頗具規模的一本書，這一點頗有吸引力，滿足了多數中國人
對藏書的嗜好，是爲一頗爲成功的營銷策略。《點石齋畫報》的尺寸規格適
應《申報》，縱長略小於《申報》版面，畫幅展開呈橫向略寬的近似方形。
有封面（封面的紙張爲一種當時進口的有色紙，以顯示該畫報的特殊性），
每一頁畫幅的版式類似於雕版書的插圖：有版框，有作爲折疊記號的版心，
若兩個半頁爲一圖，則中間不留邊框，以保持圖像的完整等等。這種畫報的
形制與傳統章回小說的繡像合集十分相似，令中國讀者倍感親切。所不同的
是畫報以圖像主導，圖像敘事，又兼及簡要文字說明，文字不再與圖像分開，
而是出現在畫幅中，固定位於圖框內上方。《點石齋畫報》因其內容新穎好
看，貼近生活，繪製生動，印刷精美，深受歡迎。很快成爲最流行的報紙雜
誌。（圖 99）

　　隨著《點石齋畫報》的巨大成功，這種獨特的類似於 16 開本傳統雕版書
籍的畫報裝幀形式也流行開來，其後的石印畫報基本都是採用這種版式（圖

---

〔註 38〕趙鼎生著：《西方報紙編輯學》，中國人民大學出版社，2002-9-1，P247：在一
　　　項西方報紙雜誌讀者調查中發現，59%的女士、48%的男士，經常閱讀報紙雜誌對有關領域
　　　的深入分析。

表 5）。另外也有些畫報採用經摺裝（圖 100，60×25cm），但折疊後在形制上與線裝畫報相似。

### iii 版式說明的問題

經由上述分析，我們看到晚清石印畫報在版式上融合了傳統雕版書籍和西方報刊特點。但是，這樣的版式呈現出過渡色彩，它與石印技術的表現力並不完全契合，尚無法充分發揮石印的技術優勢。

比如，就石印畫報的版面設計來說，每一版面的圖像周邊常有一圈邊框包圍，就像雕版書籍一樣。（見圖 99）這邊框在雕版印刷以及活字排印中是必不可少的，但在石印刊物上則成為純粹的形式，是一種來自早期另一種技術的遺留痕跡。

中國雕版工藝強調的是規矩和完整。雕版書頁版式中的每一組成元素的存在都是必要的，這些元素各得其所，又交織配合，並折射出一個更大的相互關聯的體系。雕版上的版框同行款、版心等一樣，起到的是規範書頁，限定文字大小，標明區域的作用，如果使用泥活字或木活字印刷，排字區域就在這個框架內。所以，版框是雕版工藝的具體組成部分，是技術過程在產品形態上的體現。這種最初由技術帶來的痕跡經過以後的進一步形式化，形成不同的版框樣式，以及圍繞版框的裝飾和設計。版框逐漸成為中國雕版印刷版式的視覺符號之一，並與版面的其他組成元素相結合，形成一套固定模式，併發展出相應的文化解釋。〔註39〕

一旦某種形式為人們所熟悉，便成為一種習慣，隱藏在其後的最初的與技術相關的形成原因便被淡忘，於是成為一種帶有文化意味的裝飾，即便技術不在了，曾經的痕跡仍被保留了下來。這也就是為什麼即便石印工藝完全不同於雕版工藝，但石印畫報上仍然保留了雕版書的邊框形式，甚至包括界行；行款；版心；版心上的魚尾、象鼻；天頭；地腳；書耳等與雕版印書技術相關的元素。這些來自傳統雕版書的版面設計對圖像面貌實行了限制，為

---

〔註39〕楊永德著：《中國古代書籍裝幀》，人民美術出版社，1982-1，P122～P123：版框即「邊欄」，單欄的居多，即四邊均是單線。欄線十分重要，沒有欄線也就沒有天頭、地腳，也就無所謂限制了，所以，欄線是必不可少的。它不只是實用和美學的需要，更包含有哲學的內涵。也有一粗一細雙線的（外粗內細），稱「文武邊欄」；還有上下單線、左右雙線的，稱「左右雙邊」。這些變化，從形式上看是為了美觀，從內涵上講是強調封建制度和封建通知的堅固，上下有天地限制，左右有文人統治、武士控制，只能在有限的範圍內活動，不得逾越。
另見：第四章　古代書籍裝幀與文化。

了適應這類傳統版式，畫面造型和構圖也必須向傳統靠攏，圖像以白描來表現，透視、明暗等西方因素的應用被限定在一定範圍內，這樣，石印豐富的表現力便無法被充分利用和展現。

另外，在雕版書籍中，圖和文往往是分開的：「圖文混排」的情況很少，基本是一頁圖，一頁文，或上圖下文，前圖後文，條理清晰。這樣一種涇渭分明的版式也造就了中國人的讀書方式，在觀看時依照一種線性的秩序，文字歸文字，圖像歸圖像。

畫報以圖像為主，文字為輔，雖然圖中有文，但每一幅圖的文字說明都安排在圖像上方固定的位置，篇幅長短也統一，所以所謂圖文混排是有限的。觀看秩序仍然來自線性和順序的文字經驗。因而，石印畫報呈現的效果更像單獨裝訂成冊的繡像圖集，從整體裝幀到局部的設計符合線性的視覺經驗，節奏舒緩，眉目清晰，風格統一。

最終，我們看到的石印畫報更像是用石印技術轉製的雕版圖集，而不是唯石印技術才能呈現的特定美術產品。因而，雖然石印技術在晚清已被廣泛運用，石印圖像也依託石印畫報大為流行，但總的來說，國人對該技術的認識和應用仍然停留在出自實用目的純複製生產領域，而沒有專門就其技術的獨一無二的特性加以開發利用。石印畫報的版式一方面是西洋報社對中國印刷傳統的表面模仿，另一方面也是中國人固有觀看習慣的延續。這樣，經由多方面元素的折衷，原本靈活的石印術被納入到了舊有的框架中，新的技術被套用在了舊的版式中。當然，與此同時，這種現象也提示了石印畫報的這種制式並不是石印技術的必須，石印畫報的版面和裝幀隱藏著將來的變數。

### （4）內容

畫報內容包羅萬象，不同的報紙和畫報又各有側重，但最主要的兩大類為時事和新知。時事包括：新聞、趣聞、傳聞等，而新知對於當時的人們來講都是新鮮事物，也算是新聞。

以《點石齋畫報》為例，其創刊初衷和前幾期的表現內容就明確了該刊物的新聞性質。《點石齋畫報》創刊時，正值中法戰事在越南激烈進行，《點石齋畫報》第一期著重報導了這場戰爭，前四幀圖所繪「力攻北寧」、「輕入重地」等，如實報導了當時戰況。其後的「水底行舟」、「新樣氣球」則是對海外新科技的報導，雖然畫面摻雜了畫者的想像，不甚真實，但體現的是畫報對最新科技成果的關注。再其後的六幀圖為「演放水雷」、「觀火罹災」、「風

流龜監」，則是對國內新聞事件以及社會新聞或趣聞的報導，最後一幀《刮肝療父》則是對傳統孝道的宣揚。

此後每冊基本上都是按照這樣的格局安排內容。對於重大新聞，尤其是涉及外交和戰局的，在申報上有報導的，表現得嚴謹真實。對新聞人物的描繪力求真實，有「曾襲侯像」，「動舊殊榮」等（圖 101），重大新聞則選取事件發生的主要場景以及關鍵情節來報導，比如「中法戰爭」，「吳淞形式」等（圖 102）；而對於社會新聞，尤其是趣聞、奇聞，由於其本身不實，畫師在表現的時候限制更少，便依據圖像優勢盡情發揮，像在為戲曲小說做插圖那樣盡可能使畫面生動有趣，引人入勝。這類畫作特別出彩，畫面往往帶有戲劇性衝突，人物生動，情節緊湊，傳承了中國民間繪畫的活力，如「盜馬被獲」（見圖 11），「見財起意」等（圖 103）；對於西洋風俗、海外新知等則毫無芥蒂地接納，滿足了當時的人們對域外事物的獵奇心態以及強烈的求知欲望。如果該新事物為畫者親見，或有參考圖樣，則詳實地具體描寫，如「氣球破敵」〔註40〕（圖 104），如果只憑文字，則發揮天馬行空的想像力，如「飛舟窮北」（見圖 64）。

由於畫報畢竟是大眾讀物，其創辦宗旨也是為了吸引更多讀者，以擴大銷售市場，帶有明確的商業目的，利潤第一，而所謂開愚、啟蒙等並非商家最終目的。所以，畫報的趣味也是迎合普通讀者的，《點石齋畫報》發展到後期，對時事新聞的報導力度相對減小，而集中筆墨表現奇聞異事、趣談雜俎等，內容變得瑣碎粗俗。

由於《點石齋畫報》開新聞畫報之先河，後繼各類畫報也都遵循相似的模式，內容與之接近。並逐漸增加中外名人畫像、各國風情、地圖、諷刺畫等，使之更符合報紙的性質。著名的有：《飛影閣畫報》、《時事畫報》、《燕都時事畫報》、《申報圖畫》、《新聞畫報》、《神州畫報》、《圖畫日報》等……。

---

〔註40〕 全岳春著：《上海陳年往事：〈新民晚報・上海珍檔〉選粹》，上海辭書出版社，2007，P67：1890 年上海的英文報紙《字林西報》報導：有西人那里製成新式氣球一具，能載八千五百磅之重，升放空中，每點鐘行二十五米，各國苟製造此球為行營之用，水陸之兵可以廢；況配大炮於球中，居高擊下，凡鐵橋、輪艦、炮臺、火藥庫、電局及水陸兵弁，皆不可恃。此氣球之善於摧敵也。
　　這是一則關於熱氣球研製及其在戰爭中作用的設想。由於《字林西報》上繪有熱氣球的形狀，所以畫師朱儒賢描繪的熱氣球與真實的十分接近，而利用熱氣球作為攻擊性武器只是一種想像，所以畫師繪畫的熱氣球下懸的「籃子」也純是憑空想像。

（5）意義

19 世紀末 20 世紀初正是全球範圍內新聞事業大發展的時代，新聞信息獲得的廣度和深度以及時效性極大程度影響著一個國家或民族與外部世界的交流與接軌，決定了國民的眼界和思想，以及都市文化的建構。新聞事業的建立和民眾視界的打開對於本已在技術和觀念上滯後於以西方工業革命開啓的時代浪潮的晚清中國來講尤其重要。

在這方面，晚清社會出現的形形色色的報紙無疑起到積極作用。而作為一種特殊報紙雜誌的畫報更是對新聞紙起到了重要的補充作用，在一定的民眾階層，其重要性甚至超越了字報。也正是晚清社會的兩大特點決定了石印畫報存在的必要性：

晚清社會正處在從農耕經濟以及農耕文化向城市經濟以及城市文化的過渡階段，雖然工商業城市以及現代民主社會的建構是大勢所趨，但剛從耕織的土地上解散來到城市的新市民在思想觀念上還未跟進，新聞字報這種新的信息載體還不能很快為廣大民眾適應，相比較，在面貌上更接近傳統繡像圖集並在內容上記載市井雜俎的石印畫報更顯親切，更易於為剛剛成長起來的普通城市居民接受，並由此逐漸開啓市民對所處時代的認知以及對外部世界的好奇。

晚清社會還有另外一個重要特點，就是數量巨大的文盲群體。而科舉制的廢除進一步阻斷了鄉村文化教育的渠道，清末民初開始推廣的新式教育也未獲得積極成效，使得民國初期的文盲率進一步提高。在這樣的背景下，圖像無疑是一種最有效的新聞和知識載體，圖像新聞在清末民初的新聞傳播事業以及民眾的開化教育中做出了積極貢獻，使得不識字的弱勢群體也能夠獲益於資訊和信息。石印畫報成為除新聞報紙以外，晚清普通百姓獲取文化信息的重要渠道。

## （二）石印小報——傳播民主進步思想

「報刊業從它誕生之日起，就具備了三種職能：報導重大時事新聞，描述各種日常社會新聞，表達輿論。」〔註 41〕功能和側重點不同的報刊勢必遵循不同的發行策略，針對性地服務不同的社會階層。如以新聞報導為主的正規報紙，專載逸聞瑣事與小品文；在內容和形式上更輕鬆的報紙雜誌；以及

---

〔註41〕〔法〕皮埃爾・阿爾貝（P・Albert）、〔法〕費爾南・泰魯（F・Terrou）著：《世界新聞簡史》，中國新聞出版社，1985-5 年，P6。

常常被用來表達某一社會群體政治文化主張的文藝小報或黨報等。後兩種報刊形式在面貌上區別於普通日報，尺幅小於同時期的大報，在內容上或者以雜談爲主，或者帶有專項性，我們稱之爲小報。這些小報或者以鉛印爲主，輔以石印，或者完全以石印印刷。由於內容的不拘與靈活，版面也多有變化，比大報來得活潑生動。本節我們就討論一下這種石印文藝小報的特點及其在新聞業和民主思想傳播方面的貢獻。

戊戌前後，即 1896～1898 年間，社會上興起了一股小報、副刊創辦熱潮：「光緒二十三年五月二十五日，李嘉寶創辦上海第一種消閒小報《遊戲報》……（光緒二十五年）先後有《笑報》《消閒報》《青樓報》《趣報》《采風報》《通俗報》《時新報》《暢言報》和《覺民報》等創刊。光緒二十六年後，再次形成小報辦報高潮，是年新辦 1 種，光緒二十七年新辦 7 種，光緒二十八年增 5 種。光緒二十八年，上海日出小報 10 餘種……光緒二十九年起，新創刊小報逐年減少……」〔註 42〕石印小報作爲一種獨特的小報品種，也在此期間蓬勃發展了起來，迎來了其黃金期。（圖表 6）

### 1、內容激進，觀點鮮明

在世紀之交，變法維新思想活躍，社團活動頻繁的戊戌年間，各類石印小報紛紛湧現。石印小報多爲機關社團的專門刊物，用於宣傳某一團體的觀點和立場，就某一時事發表社論，並且譯印各種海外相關思想專著以及最新科技成果。尤其是一些政論性小報，往往是持不同政見的知識分子討論時局，交換觀念，思想交鋒的場所，匯聚了該時代最激進的各種思想。

這些報紙多由重要社團支持，或與進步報紙有關，如：《時務報》，由強學會專刊《強學報》餘款開辦；《富強報》，由上海《蘇報》館出版；《農學報》，曾得到《時務報》的支持和協助；《新學報》，由新學會所辦；《萃報》，得到梁啓超在《時務報》上發表《萃報敘》予以推薦；《經世報》，由興浙會創辦等等。

參與辦報人員多爲維新集團中的積極分子或中堅力量，如：《時務報》總理爲汪康年，早期主編爲梁啓超；《實學報》總理爲王仁俊，總撰述爲章太炎；《經世報》的主要撰稿人爲章太炎、陳虯、宋恕等等。

內容以記述國內外大事和介紹新學術、新知識爲主，並常有譯載英、法、日等外國報刊上的文章。一些專門機關刊物也藉由介紹新知，以期振興民族，

---

〔註42〕《上海通志》9，上海人民出版社，2005-4，P5849。

如：《農學報》，所刊內容並不限於農業知識，而是藉此結集團體，推動農業經濟變革；《工商學報》，則宣稱以振興工商業為宗旨，詳細介紹中國商政及各種工藝商務情形，內容還包括對「各國商務律例」的譯編等。《新學報》，著重傳播自然科學知識，內容分算學、政學、醫學、博物 4 科。它傳播自然科學知識的宗旨，也在於「苟非興學、民不能立；苟乏人才，國無自立」。

相較以客觀新聞報導為主的大報而言，這些石印小報具有更鮮明的革命立場和思想指向性，作為維新革命派的喉舌，宣揚變法救國，科教興國，是各類激進思想的領跑者，推動時代的潮流，指引社會變革的方向。

### 2、印刷便捷，售價低廉

這些小報多採用石版印刷，綜合起來有幾方面優勢：

首先，節約成本。正規大報社資金雄厚，印刷設備齊全，強調印刷品質，一般採用鉛字排印，兼用石印或銅版插圖。而小報社則多由個人或社團承攬，實力相對弱，故多採用廉價的石版印刷機生產，版面自不比大報精美規範。另外，有些小報像石印畫報一樣，屬於某些大報的副刊，利用報社餘款承辦，開支有限，所以就採用不同的印刷方法和發行方針以區別於大報。

其次，特徵鮮明。由於單一採用石印印刷，技術相對統一，使整個生產過程變得簡略，部門分工合作的環節減少，人員更精簡，生產過程中的調整和變動更靈活，最終作品的內容和面貌也更能體現辦報者的個人意志，從而具有鮮明的特徵，展現特定機關或社團的文化面貌和觀念立場。

再次，加快速度。由於生產過程精簡，減少不同工種的分工和磨合，生產速度也大大加快。石印小報雖然多為週刊或旬刊，但容量並不比大報少，每冊多為 30 頁上下。又因石印報刊內容多為評述、時論等文章形式，直接抄寫、石印或影印，相比較排版、鉛印在降低成本的同時也大大加快了速度，使每周出三、四萬字的冊子成為可能。

縮減成本，加快印速的結果就是降低售價，使小報得以在民眾中普及，其所載的進步思想觀念也更易於廣泛傳播；清晰的面貌使得每一種冊報保持鮮明特徵，代表不同立場，為知識和精英階層所關注。

### 3、出版面貌，內外一致

我們已經瞭解到石印小報產生於小報盛行的 19 世紀最後十年，但它又不同於一般意義上的報紙雜誌類小報：普通小報因其內容的輕鬆和閒逸而區分於嚴肅的大報，而謂之「小」，石印文藝小報的內容卻往往比大報更有分量，

針砭時事，警醒國民；普通小報的內容更雜，帶有休閒性和娛樂性，而文藝小報的觀點更鮮明集中，是社團的喉舌，所以雖稱爲「報」，實則更接近於「刊」；普通小報在版式上基本同於大報，只是尺幅略小，以示內容上的謙抑和形式上的附屬地位。「光緒末年，各大日報改變版面，對開新聞紙雙面印刷，消閒性報紙仍多爲四開小版面報，始有大報小報之分，」〔註43〕而文藝小報則刻意需要以另一種出版形式呈現其不同於大報性質的內容。

石印文藝小報的出現晚於石印畫報，其沿用了畫報的版式和發行策略。在版式上繼承了畫報的格式——「冊報」〔註44〕，只是在內容上，以圖說爲主變爲以社論爲主；這些報刊的出版週期也類似於畫報，一般較長，常爲5日刊、週刊、旬刊、或半月刊。由於每期內容較多，採用類似於書籍的「冊報」形式也更合適，一頁頁的線裝本也便於翻閱。只是這些「書籍」的內容爲當下時事或時評報導，以及各種文藝雜談。

冊報式的裝幀以及明確的觀點使石印小報更像是一部書籍，手寫的文字和略顯粗糙的印刷質量使小報的面貌帶有某種情緒色彩和時效性。小報的內容表達了某種時代精神，其書籍式的樣貌與內容的統一則強化了這種精神，體現了辦報者的意志。不同期的冊報匯聚起來就相當於某一社團的政論集錦。

石印技術在新聞領域的應用有力地促進了晚清新聞業的發展。

石印技術的便捷和成本投入的低廉使得該技術很快和強調時效性和規模性的新聞業相結合，引進石印術的晚清各新聞報館和印刷書局得以迅速擴張，促進了新聞業的勃興。石印技術與圖像相結合，使得圖像具有描述性和敘事性，得以表現複雜的新聞事件和即時信息，新聞畫的形式應運而生。石印圖像和文字的靈活結合，產生更豐富多樣的圖文面貌，豐富了新聞刊物的形式，進一步擴大了出版業的領域。作爲一種重要新聞報刊的石印畫報豐富

〔註43〕《上海通志》9，上海人民出版社，2005-4，P5849。
《舊上海史料彙編》上冊，北京圖書館出版，P三八六：（1896年）《蘇報》始用白報紙印刷，每天發行二張合計之與現在的對開紙一樣大小，它依然是採用當時的橫長式，每張高約二十七公分；但是廣度減至七十八公分，而只分作三版每版則依然廣約二十五公分餘，正反兩面得六版，二張合計得十二版。申報改用白報紙印刷時，模樣亦如蘇報。同時之神州日報、民呼、民吁、民立等報，則已將此二張白報紙合併一張而用直長式印刷，每張分四版，每版高五十六公分五，廣三十九公分，和現在的大報形式無殊。申報至一九一二年乃採用當日的神州日報等式而成了與現在相同的樣子。
和對開紙的大報相對的是四開紙的小報，它也用直長式印刷，也是每張分四版，惟每版高約三十八公分，廣約二十七公分。

〔註44〕見表6。

了新聞紙的表現形式，使之更具閱讀性，用圖像注解文字，說故事，講新聞，有利於民眾對新聞內容的理解，使得中下層平民及教育不足的絕大多數人口也獲益於晚清新聞業的勃興，有機會獲得等同的文化信息，而閱讀人群的增加又進一步促進了新聞業的發展。另外，石印畫報用圖文並茂、通俗易懂的圖像語言記錄下了大量大報無暇顧及的晚清風俗民情，為我們展現了一幅幅生動有趣的風俗畫，成為一份珍貴的視覺新聞遺產。革命時期的石印小報更是成為該時期各種激進思想觀念的交流平臺以及傳播和獲取渠道，在民間啟蒙了民主主義思想，為新文化運動的蓬勃展開做了鋪墊。

## 二、商業美術領域——參與商業文化的建立

在兒時的記憶裏，上海弄堂裏的小孩子都喜歡收集香煙牌子，孩子們還會拿自家的藏品來玩一種遊戲叫「拍香煙牌子」，這個遊戲也是一個向夥伴們展示自己收藏的絕妙機會，如果誰的藏品數量多，內容稀奇，往往受到其他孩子的追捧。在這裡，不是要向大家介紹這種風俗，而是說明兩點，一是人們喜歡收藏某類規格統一，但內容多樣的漂亮畫片；二是作為一種商業美術的香煙牌子符合這種收藏標準。至少在我小時候，民眾之中收集圖片的嗜好還頗為流行，從剛才說到的香煙牌子到火花、郵票、糖紙、商標等。這種收集印刷圖片的愛好在上海特別盛行，我想，這與上海由來已久的商業文化有關係，正是商品社會豐富的商業圖像資源促成這種興趣愛好的養成。雖然，兒時的記憶只是追溯到晚近的八十年代，其時與 19 世紀末商業文化初步形成的早期上海已相隔近百年，期間這個城市早已歷盡滄桑，幾經變革。但文化是連續的，雖然經歷斷層，但曾經的東亞大都市的特質還是在市民文化中保存了下來，在上海人的生活習慣、處事態度以及文化生活中隨處可見。對商業圖片的喜好可以追溯到早年在石印技術的支持下商業美術初步形成，廣告圖片風行的時代。

隨著石印技術在圖像敘事功能方面的日臻完善，石印畫逐漸脫離文學領域和新聞領域，開始以其特有的視覺語言開發圖像獨立表達的潛能，而這一特質與商品的結合形成了商業美術。商標、廣告等等形形色色的印刷圖像成為各類商品的最好代言和宣傳，並潛移默化地影響著城市居民的消費理念和生活習慣，並在生產商和消費者之間搭建起信息紐帶，有效促進了商品經濟的繁榮。商品經濟的繁榮反之也促就了商業美術品質的提高，種類的進一步多樣化和數量的大量增加，形形色色的商業圖像成為清末民初繁華都市的名片。

在第三章中已經談到圖像時代的到來，當圖像廣泛運用於商業領域時，在畫報圖像中已顯山露水的石印畫特質進一步發展成為商業美術的要素，如精美、強烈、概括、醒目、標識性等。在商業領域，圖像的重要性超過文字，愉悅視覺的圖像在消費者心中留下深刻印象，誘發潛在的消費欲望。另一方面，設計的觀念使得商業美術與早期的石印插圖徹底拉開了距離。在月份牌廣告以及同時期的其他商業美術的發展過程中，可以看到藝術家對現代設計意義上的裝飾和構成等概念的逐漸應用和強化，使商業美術的製作進一步脫離了中國傳統繪畫，呈現現代設計意味，而圖像的角色由原先承載文學，敘述事件轉變為對視覺規律和造型語言的實驗，以便巧妙地通過圖像要素推廣概念，誘導消費。此外，商業美術的最早服務對象是外來商戶，所宣傳的商品多為舶來品，因而在形式上也借鑒同時期的西洋商品廣告畫，著名的月份牌就是一種外來廣告畫與中國傳統年畫和掛曆的結合。在造型和表現方式上也多外來特點，相較內容和形式還是「中國味」十足的石印畫報來講，這些商業美術帶有更多的西洋元素。此外，石印商業美術在形式上還受到攝影術的直接影響，其追求真實的角度與石印畫報不同，後者通過敘述故事表現真實生活的一角，而廣告畫則通過接近攝影效果，力求還原視覺的絕對真實。

當年最具代表性的商業美術就是「月份牌」廣告。月份牌廣告是中國傳統年畫和西洋廣告畫的某種奇妙結合，清末發端，民國時期風靡一時。月份牌採用石印技術印製，最早參與製作的畫師就包括了一些早年的石印畫報創作者，在風格上與石印畫報有承繼關係，進一步發展了畫報上已經出現的技術手法和設計元素；石印畫報開啟的圖像流行趨勢也為月份牌的風行做足了鋪墊。這節將主要以月份牌為例，分析晚清的石版印刷技術在商業美術領域的應用，瞭解其如何成就商品圖像的繁榮。

## （一）石印商業美術的主要門類及其形成和發展

### 1、石印商業美術的形式和種類

當工商業城市建立起來後，城市商業活動變得日益頻繁，形形色色的商品以及五花八門的廣告營銷成為了典型的都市景觀，商業美術也相應變得繁榮。（圖105）商業美術涉及面廣，石印商業美術多應用於商品包裝和商品推廣。

上文提到的香煙牌子，就是一種香煙殼上的包裝設計，此外，火柴盒、藥品、肥皂、牙膏、香料、布匹、酒類和食品等等各類已經進入生產線統一批量生產的日用商品都有各自的外觀包裝，並且在包裝上設計有專門圖案以

區別於同類品牌。各類大小商號和百貨公司，品牌門店也有各自醒目的商標和招牌。這些不同質地（紙、棉、絲、紗、布）的商標和外包裝充分利用石印，特別是彩色石印技術的低成本、高品質特點，生產出效果豐富，形式多樣的商標圖像和軟硬包裝，代表各自所代言的品牌，直接或間接地傳遞圖像背後暗含的產品概念和倡導的生活態度。

而對商品的宣傳和促銷更是需要鋪天蓋地的廣告圖像，從報紙的夾縫到書刊的末頁，從商場的促銷海報到產品的推廣傳單，從公共場所的招貼到居家裝飾的月份牌，人們視線所及處處充斥著這些廣告圖像，氾濫的圖像通過壓迫式的視覺轟炸將商品的概念印入消費者的腦海，作用於潛在消費者的認知。

### 2、石印商業美術的表現內容和圖像面貌

商業美術的品種豐富，圖像面貌也具有多樣性：既有非常傳統的，又有洋味十足的。其圖像不同程度受到同時期石印新聞畫的影響，但又由於在視覺傳達上前者的要求比後者更純粹，石印商業美術的表現內容和面貌就變得更爲豐富。主要分爲以下三類：

**傳統圖式**：古裝美人、娃娃、吉祥圖案……有時候這些圖像與商品並無大關係，但因爲是民眾喜愛的傳統圖式，並帶有美好寓意，於是將之與宣傳商品的文字相結合，作爲一種產品商標。（圖 106）

**時裝美人**：多出現在香水、肥皂、布料等與現代都市女性有關的商品廣告中，光鮮亮麗的時髦女郎代表了產品所倡導的時尚生活理念和物化的消費態度。（圖 107）

**現代設計**：運用現代的平面構成設計技巧，展示強烈的視效，畫面銳利、簡約，另有一番現代感。從此類作品中也可以看到當時的口岸城市在繪畫與設計領域與西洋現代藝術流派的銜接。（圖 108）

不過無論何種形式的圖像，終究會以文字或細節暗示所宣傳的商品，所有的工夫都是圍繞產品推銷展開的。而且爲了吸引顧客，畫面採用多種手段以達到愉悅視覺、引人注目的效果：立體感；細節處理；情節性；說明性；色彩使用；刺激性；設計感等，這些在石印新聞畫裏出現的新圖像元素在商業畫裏得到充分發掘，產生豐富多彩的效果，爲商品促銷服務。

### 3、月份牌的興起

月份牌是一種中國特有的商業美術，是年畫、掛曆和廣告的奇妙結合，以精美的畫面以及實用的中西月曆，免費贈送的策略來吸引消費者，進而宣

傳畫面上所附載的商品信息，以達到商業廣告的作用。後來有些月份牌已經沒有月曆，但這個名稱一直保留了下來。下面我們從三個方面來分析月份牌的興起原因：

### （1）西洋廣告

首先，以廣告畫作爲商品宣傳手段這一策略發端於西方成熟的商業運營系統，並被外商帶到中國。（雖然，此前中國古代社會也有商業美術，如招牌、商號等，但並不成氣候，並非出自於近代產業革命和現代商品經濟的規模化效應。）19 世紀，商業廣告畫已在西方盛行，石印術的運用更是加速了這一類造型藝術的發展。

除了海報、招貼、包裝等最常見的商業美術以外，還有一種形式是將廣告畫印製在日常生活用品上，使得廣告商對產品的宣傳無孔不入地滲透到消費者的日常生活中，使產品在無形中深入人心，達到商業促銷的作用。比如 20 世紀初在北美流行的一種針對黑人社區居民的扇面廣告，正面印製一種溫馨理想的家庭圖景，時裝美人或母子像，背面印製廣告或選舉信息，扇子本身又很實用（圖 109）。這類與廣告畫相結合的實用物品在廣告效應上比起單純的商業宣傳畫有著特殊的優勢，即：有實用性，接觸人群廣，作用時間長，能更有效地宣傳產品，推廣概念。爲了吸引群眾，此類廣告畫在表現內容和畫面效果上也多迎合民眾口味，特別注重裝飾和外在的美觀。這類商業美術在中國移植的最成功案例就是將廣告畫與月份牌相結合，同時投合中國人喜歡張掛年畫、裝飾畫的習俗而產生的中國特色的月份牌廣告畫。

### （2）圖像流行

月份牌出現之前，石印畫已經在中國流行，國人對石印圖像的熱衷也早已形成氣候。隨著石印技術的精進，製作成本的降低，圖像被大量製作，晚清各大書局報刊開始隨報向公眾免費贈送石印圖片以吸引讀者，並漸漸成爲各大報刊的行銷策略和競爭手段，此時的圖片多爲石印精印的純粹娛人眼目的裝飾畫或帶吉祥寓意的民俗畫，尚無廣告內容，贈送的目的也是爲了象徵性地回饋讀者，以便在書報行業的激烈競爭中爭取更多的用戶。

附送圖片成爲一種風氣，此後，上海的一些彩票行、輪船公司也開始向客戶贈送或出售帶有商業信息的廣告畫，並將之與月曆相結合，使得商業廣告得以懸掛入普通市民家中，持久地以圖像的形式影響消費群體。「月份牌」

這個名稱也正是出現在這個時候〔註45〕。

刊行《點石齋畫報》的著名的申報館擁有實力雄厚的點石齋石印書局，又有高水平的美編人員，常年製作石印畫，自然也成爲最早嘗試月份牌製作的商家之一。目前所見最早的月份牌是清光緒9年（1883年）由上海申報館印送的《中西月份牌二十四孝圖》，現收藏於上海圖書館。另外，依照該館的一貫行銷策略，申報館照例在自己的報刊上爲自己的附加產品做宣傳，該館從1883年起即刊登「奉送月份牌」的廣告，並申明由點石齋石印，承諾畫面精緻，不取分文。

### （3）本土年畫

早先民間流行懸掛木版年畫、曆畫，但這一傳統在清末民初受到了石印畫的衝擊。於是，這些年畫或者在內容和面貌上向石印畫靠攏（如上海小校場年畫中的許多表現口岸城市新風尚的新年畫，以及參考石印時事畫的作品），顯得「洋派」、「時尚」，以迎合城市居民的趣味；或者逐漸被淘汰出口岸城市（如桃花塢年畫在上海市場份額的銳減），退回到內陸鄉村並繼續存在。與此同時，在城市，石印畫則逐漸代替木版年畫成爲城市居民時髦的居家裝飾畫，各大報館贈送的圖片以及影印的古典名畫是這類石印裝飾畫的主要來源。

雖然年畫這一形式在城市逐漸被淘汰，但作爲某種替代形式的民俗藝術，石印裝飾畫在趣味上仍然是符合民間藝術的平民性和大眾性特點的。新創作的石印畫的內容和題材也多選取都市日常生活中喜聞樂見的事物，只不過與傳統年畫不同的是，這其中強調了一種「流行」、「時髦」的概念。尤其是一些新鮮事物，包括外國風俗和洋派生活，常常作爲一種都市風尚加以著重表現。這些「時裝美人」，「城市風光」，「幸福家庭」等畫面題材所營造的

---

〔註45〕關於「月份牌」始於何時，據目前找到的最早記載是，清光緒九年十二月二十八日（1883年1月25日），《申報》在頭版二條的顯要位置，以「申報館主人謹啟」的名義刊出公示，文中有：「本館託點石齋精製華洋月份牌，準於明正初六日隨報分送，不取分文。此牌格外加工，字分紅綠二色，華曆紅字，西曆綠字，相間成文。華曆二十四節氣分列於每月之下，西人禮拜日亦挨準注於行間，最宜查驗。印以厚實潔白之外國紙，而牌之四周加印巧樣花邊，殊堪悅目。諸君或懸諸畫壁，或夾入書氈，無不相宜」等字樣。此後的1885年12月24日（清光緒十一年），上海的兩家彩票行在《申報》登載發行彩票的廣告，亦都標明隨彩票附送「月份牌」。由此說明在清光緒年間上海流行「月份牌」畫已蔚然成風。

都市氣息，其倡導的物質文明，享樂主義精神對於口岸城市的居民來說無疑具有強烈的誘惑力和認同感。而其時鄉村日益凋敝，經濟和文化中心正在由村鎮迅速向口岸城市轉移，新型都市成爲離鄉背井的各地移民的謀生場所，城市生活習慣的養成也爲城市新移民獲得新的身份認同，十里洋場成爲「先進文明」的展示標杆。在這種情況下，無論眞實反映還是粉飾造作，內容新奇的石印畫既是對城市居民日常生活的觀照，也爲鄉村居民開啓了一扇一窺都市生活的窗戶。而當彩色石印術充分發展起來後，彩色石印畫豐富的色層，細膩的畫面進一步將上述內容表現得更加光鮮靚麗，生動逼眞。

當石印裝飾畫以其內容、形式的新穎和活力成爲民間裝飾畫的新寵之時，反過來，它又成爲很多民間年畫鋪的模仿對象，從某種程度上說，也促進了傳統年畫與新時代的對接。如蘇州桃花塢的很多作品受到上海小校場年畫的影響，甚至直接挪用圖像，而小校場年畫中又有很多參考自當時滬上流行的石印圖畫。（見第二章）。

石印畫逐漸取代年畫也爲今後石印月份牌廣告畫的流行做了鋪墊。及至月份牌廣告畫風行起來，原先的石印畫內容中又增添了五花八門的西洋商品，這些商品正是西方物質文明的直接呈現，是市民心中西方文明世界的象徵。使用，甚至只是張貼這些畫有洋貨或穿戴使用洋貨的時髦女郎的圖片也足以滿足市民對於所謂洋派生活的想像。這些廣告畫描畫出早已浸淫在一派洋事洋務、外來風俗的口岸城市普通市民心目中嚮往的「泰西文明」。不同於木版年畫中表現的吉祥圖像，月份牌廣告畫中所展現的理想化的都市生活、愜意的中產居家、時髦的現代女性成爲了一種與都市生活更貼切的新民俗。

## （二）商業美術圖像與石印技術的關係

### 1、商業美術的產生是石印圖像流行的結果

隨著印刷領域圖像的廣泛使用和新技術支持下藝術家對圖像表現力的開發，印刷圖像的信息容量進一步擴大，獨立價值日益彰顯。石印圖像利用其製作的效率和更新的頻率加入到信息和新聞的傳播行列，新興都市的快節奏生活以及信息的氾濫使圖像成爲一種有效的信息載體，並且以其特有的視覺語言對民眾的觀念發生著作用。圖像訊息充斥著人們的生活，「讀圖」成爲了一種新的公共閱讀習慣，並融入到城市居民的日常生活中，圖像成爲都市文化的組成部分，爲西洋商業美術在中國的成功移植做好了準備。

### （1）石印技術保障了圖像的流通和傳播

在晚清的早期報紙上就有配圖，如前文提到的《教會新報》中的《聖書圖畫》，以後出現的畫刊如《小孩月報》和《畫圖新報》開始嘗試使用圖像結合文字，但由於這些刊物的讀者群有限，圖像供應也無法保障，質量參差不齊，又由於是月刊，圖像的更新週期過長，無法對視覺產生持續的刺激和引起讀者長期的關注，對圖像的流通不能產生積極有效的作用。

圖像真正的流行則要等到之後一系列中文日報的創辦。如《上海新報》（首發於 1861 年 11 月），初為週報，1872 年 7 月改為日刊；《申報》（首發於 1872 年 4 月 30 日），初為雙日刊，從第 5 期起改為日報；《字林滬報》（首發於 1882 年），初每逢星期日休刊一天，後取消休刊。後來國人自辦報刊也多為日刊。日報依託其每日一期的更新速度和發行量，以及低廉的價格打開了市場，在晚清中國的新興城市培養了人數眾多的讀者群，閱讀新聞，瞭解每日諮訊成為了一種都市人的重要生活習慣。

配合快捷、廉價、操作靈活的石印技術，此時的圖像製作也進入到規模化生產階段，圖像能夠像文字新聞一樣短週期地發行，出現在報刊上的新聞圖像開始為人們熟悉。而前一階段字報的成功發行也保障了石印畫報的推廣，使得石印畫報在產生伊始便擁有相對穩定的讀者群。如《點石齋畫報》就由申報館發行，每隔十日隨報附贈，也有單獨銷售。配合《申報》的親民性特點，《點石齋畫報》除刊登社會新聞畫和戰事新聞畫來和《申報》的文字報導相互補充，還有大量市井俗文化的特寫，內容豐富，輕鬆直觀。吳友如等一批思想活躍、才能卓越的畫家通過新穎的，再現性的石印圖像紀實地表現民眾所熟悉的身邊事物，街談巷議，里巷瑣聞，深得市民喜愛，也進一步增加了《申報》的人氣，不失為一大成功的營銷策略。

《點石齋畫報》取得的巨大成功吸引了其他報館競相倣仿，紛紛推出自己的石印畫報。再不久，有些畫報社在發行畫報的同時還開始隨報免費贈送單幅石印圖像〔註 46〕。顯然，印刷圖像不再稀有珍貴，這與不久之前報館書局還艱難地試圖通過各種渠道獲取銅版畫和木版畫的情形形成鮮明對比。（圖110）這些附贈圖像包括年畫、日曆、裝飾畫等。贈送的風氣很快流行起來，

---

〔註 46〕據阿英推斷，報刊開始附送單頁年畫和日曆，也是從石印術傳入後開始的，「約光緒十年（1884 年）前後」。見：《漫談初期報刊的年畫和日曆》，《阿英全集》（八），阿英著，安徽教育出版社，2003-7，P701。

如隨《飛雲館畫報》附贈畫有著色《廣寒圖》立軸、《吳王西施採蓮》中堂、《牛郎織女》中堂等；隨《飛雲館畫冊》亦有附贈，爲著色《楊妃立軸》和《仕女掛屏》；隨《舞墨樓古今畫報》每期附送五彩石印畫，如《天官賜福中堂全幅》、《仕女立軸》、《八美圖屏條》等，蓋亦當時時尚也。〔註47〕這些贈送的圖像被作爲裝飾畫掛在普通市民家中，增添生活色彩，而這些裝飾畫的前身則是過去只有富貴人家才買得起的精印木版裝飾畫或普通人家逢年過節才會購買張貼的「畫張兒」（圖111）。

贈送石印裝飾畫這一策略無疑與報社開辦畫報有異曲同工之妙，仍然是從老百姓的喜好出發，以圖像吸引顧客。畫報的發行已建立廣泛的讀者群，並培養了讀者圖像閱讀的習慣，同時，報社要在日益激烈的行業競爭中站穩腳跟，就必須不斷推陳出新，以滿足讀報群體不斷增長和變化的圖像需求和對圖像日益苛刻的品質要求，這些免費贈送圖像多有較好的品質保證〔註48〕，有利於吸引讀者並且留住讀者。贈送日曆最初也出於同樣目的，起始年代不詳，但發展勢頭迅猛，隨後，這些日曆上出現商業廣告，這就是後來民國初年街道里巷流行的「月份牌」的早期形式。

這樣，在石印技術的支持下，石印新聞畫、石印圖片相繼問世，直到發展到月份牌，出版商發行石印圖像的目的不再僅僅是傳播新聞和「討好讀者」了，而是開始與商業廣告結合在一起，利用石印圖像的敘事能力和視覺表現力來向讀者滲透廣告訊息和推銷產品，商業美術由此產生。

### （2）石印圖像逐漸脫離文學而變得相對純粹

石版印刷術的應用促成了印刷圖像的流行。而圖像的內容和表現形式也日益擺脫文字，開始獨立敘事。

用傳統方式刻印的雕版小說傳奇中往往附有精美插圖，特別是一些著名版本，更是請名家能手製作圖像，有些圖像還集結成冊或單獨印行。同時，雕版裝飾畫（包括獨幅木版年畫）也於明清之際在民間普遍流行。歷代各類優秀版畫成就了中國古代深厚的木版畫傳統。但這些文學插圖雖然精美，卻脫離不了文本，儘管成熟，仍是文字的附屬。有關圖像依附於文字的特點我們在第三章

---

〔註47〕阿英著：《晚清畫報志》，《阿英全集》（八），安徽教育出版社，2003-7，P722。
〔註48〕阿英著：《晚清畫報志》，《阿英全集》（八），安徽教育出版社，2003-7，P722：
如一八八四年創刊的《點石齋畫報》，新年附送的單頁大年畫……《歲朝清供圖》……（有）《人民日報》半張大小，高度還要超過二寸，單色，本紙印。到《飛影閣畫報》刊行，才進一步有著色套印本。

中已討論，這裡就不展開了。並且，書籍一度掌握在少數人手裏〔註49〕，書籍插圖同文字一樣，只能成爲少數人把玩的稀罕物。至於在平民階層流行的獨幅版畫，除少數寫景的純裝飾畫外，最流行的木版年畫也多爲「圖必有意、意必吉祥」的程式化風格。對此類作品的欣賞是建立在特定的圖像學知識基礎上的，圖像的表象下是約定俗成的觀念，而非單純的視覺欣賞。

由於上述原因，雕版印刷時代的圖像首先脫離不了文學解釋，無法獨立存在並眞正發揮圖像之異於文字的特殊視覺表達功效；其次無法大量流行，因而不能向大眾廣泛傳播信息和普及視覺經驗。也就是說視覺語言受到了文字和印刷技術的限制，不能充分發揮圖像信息作用。

只是到了清中、晚期，隨著印刷技術的改良和商業印刷的再次繁榮，被反覆複製模仿的名家插圖才開始在民間更廣泛地流傳，逐漸形成特定的圖像風格，並成爲流行。圖像從由精英階層獨享，開始面向普通民眾，其信息承載力和傳播力得到釋放；民眾對圖畫的單純的喜愛，又令圖像進一步脫離文本，開始以視覺藝術的自身規律演進，並建立了流行圖像在純視覺欣賞領域的價值。

石印術的運用加速了圖像的複製和在民間的流行，石印術流行的時段也是開埠城市市民階層的形成階段。石印的廉價與快捷使圖像被大量複製並迅速進入流通領域；石印畫的繪畫性和豐富的塑造表現力，以及其外來性使畫家能以「拿來主義」的精神更自由地進行各種大膽的嘗試，並縮短從設計、製作到應用、推廣的週期。充斥著各色圖像的都市培養了市民階層的「觀圖」習慣，「讀圖」和「讀報」成爲了新型都市生活的組成內容。

我們以《紅樓夢》小說版畫爲例，其不同階段的一系列演變爲我們圖解了印刷圖像脫離文本並形成自身語義系統這一過程。多種版本的《紅樓夢》版畫中影響最大的要數程偉元木活字本《紅樓夢》（刊於 1791），以及改琦的《紅樓夢圖詠》，畫家根據自己的理解創造了紅樓人物形象以及大觀園的場景，對後世畫家產生很大影響。尤其是後者，曾有光緒五年（1879）淮浦居士刊本，後又印行有《紅樓夢圖詠》、《紅樓夢圖》及《紅樓夢臨本》三種，20 世紀初還有珂羅版精印本〔註50〕。多次翻印說明該圖詠的市場需求量之大，也能推斷該圖像在民間的流行度和對同類作品所可能產生的影響力。如

〔註49〕〔美〕周紹明（Joseph P. McDermott）著，何朝暉譯：《書籍的社會史》，北京大學出版社，2009-11，第四章 中國學術世界中獲取書籍的難題，P103。

〔註50〕阿英著：《漫談〈紅樓夢〉的插圖和畫冊——紀念曹雪芹逝世二百週年》，《阿英全集》（八），安徽教育出版社，2003-7，P710。

吳友如的金陵十二釵圖就在人物、場景等設計上多處借鑒了改琦的《紅樓夢圖詠》（圖 112，圖 113）。改琦的紅樓夢插圖已經把《紅樓夢》界定為才子佳人範疇，畫中人物已模糊了個性而顯得雷同。以後的王希廉評本《紅樓夢》（1832），王墀的《增刻紅樓夢圖詠》專冊（1882），（姚梅伯）評鉛排本《石頭記》之石版插圖（1892）等，進一步發展了這種風格，形成一種模式化的仕女畫。之後，石印畫報頻繁刊印和轉載，使這類圖像進一步流行，並幾乎完全脫離小說，文學色彩進一步減退，從而成為一種賞心悅目但內涵模糊的通俗圖畫。如吳友如的《紅樓金釵》（1893 後，《飛影閣畫冊》），周權（慕橋）的《十二金釵圖》（1894，《飛影閣畫冊》），何元俊的《金陵十二釵圖詠》（1900，《求是齋畫報》），這些大量湧現的紅樓夢人物圖同該時代的其他類似作品一起，通過大量複製和傳播，很快形成一種流行於晚清的通俗、直觀的「美人圖」，其最初的文學標籤已變得非常淡了。

「美人圖」式的圖像已脫離文本，成為一種獨立的視覺產品，其功能不再是解釋和說明，而是增添視覺上的樂趣，成為一種民眾喜愛的漂亮畫片，畫面的人物造型、眉目、姿態、著裝和背景設計、表現手法傳遞的是一種時代趣味和時尚風氣，自成體系的圖像語言直接訴諸觀眾的視覺。這種圖式也是以後月份牌式「美人圖」的來源之一，是同一種趣味的延續。

月份牌廣告畫雖然屬於商業廣告，但只是將產品廣告攀附在此類「美人圖」上。主要畫面基本是古今各式美女，上端是公司或產品名稱，下端是日曆和商品，有時候商品圖標連續編織成美人圖四周的外框。（圖 114）「預先畫好的美女畫，會應用在不同廣告上，因此在部分畫稿上，可以看到鉛筆定位和周圍剪貼不同產品模樣的痕跡。有些較熱門的題材，如木蘭從軍等，會反覆使用，出現在不同的月份牌上。」〔註 51〕所以，從本質上，月份牌是脫離文本的「美人圖」在新時代舊瓶裝新酒式的產物。（圖 115，圖 116）

而隨著石印技術本身的發展，其所承託的圖像表現力也日漸豐富。19 世紀 80 年代，五彩石印已經傳入中國，及至國人創辦五彩石印書局，彩色圖像都可以託付國內印書局印製，其時圖像的表現力較之黑白石印已大為豐富。而當文明書局、商務印書館等聘請日本技師並從而將更為細膩的分深淺的彩色石印技術帶入中國後，石印技術在複製、再現彩色畫稿的能力方面又進了

---

〔註 51〕「花樣的年華——關蕙農家族捐贈文物展」——導言，香港文化博物館 http://www.heritagemuseum.gov.hk/chi/attractions/attractions.aspx。

一步,除了疏密、黑白以及細節的表達以外,色彩的明暗變化,微妙的過渡、暈染效果也可以在石印複製上得到再現。正是有這樣一種強大的圖像複製技術作為保障,藝術家或設計師無需過多顧及複製工藝的限制而犧牲繪畫性,可以更自由地發揮創造力,發掘圖像的表現力。這樣,圖像可以用多種造型語言傳遞信息,也因此進一步脫離了對文字解說的依賴,印刷圖像本身就具備了完善的形象表達力。

需要補充一點的是,彩色石印術的運用還引導了石印圖像的一個新的運用方向,即對攝影效果的追慕甚至趕超。石印新聞畫最風光的時候,攝影術也在不斷完善,最終,技術成熟、成本降低、效果出色的新聞攝影圖片基本取代了新聞領域的石印畫,石印畫報也在民國年間逐漸被淘汰,代之以內容和形式都更為豐富的攝影畫報。石印畫由時事新聞畫的主角轉變為配角,出現在報刊雜誌的漫畫欄目,或小說連載的插圖部分,或者僅應用於版面設計和圖案裝飾上。攝影術的威脅迫使石印畫拓展新的領域,一方面開始向繪畫的表現性探索,如誇張、變形、多手段運用以表達更強烈的情感或明確的觀點,如漫畫、諷刺畫。在這一點上也說明了石印圖像開始挖掘造型語言的自身規律,從而進一步豐富圖像表現力。另一方面,就像早年的石印新聞畫多參考攝影圖片一樣,某些精印的石印圖片也開始模仿攝影的三維錯覺,以追求絕對的寫實感。此處的攝影指的不是新聞圖像式的事件記錄,而是那種以人像為主的對具體事物的寫真還原。石印在這方面對攝影的模仿體現的是一種純粹的造型遊戲,是訴諸視覺的,與文學更無瓜葛。石印畫模仿攝影這一點,隨著五彩石印術的發展而逐漸顯露優勢。五彩石印使其在寫真圖像上能夠創造出同時期的攝影術所無法達到的效果,即豐富的色彩和細膩的過渡。後期的石印技術對畫稿階段的技巧和形式的限制已經很少,已經能夠配合多種西洋繪畫表現技巧,在印刷圖像上模擬攝影,而五彩石印技術的運用賦予了這些作品更加真實和賞心悅目的效果。五彩石印還能進一步對圖像美化加工,單純唯美的畫面深受普通百姓的喜愛,並且,石印圖像的價格也比照片低廉。而彩色攝影發明於 20 世紀初,當時的彩色照片的色彩關係還十分簡單,價格也昂貴,種種方面無法與五彩石印相比。因而彩色石印圖片很快在圖像市場上站穩了腳跟,隨即被運用於商業領域並大獲成功。有關五彩石印對照片的利用和模仿可參見香港文化博物館「花樣的年華——關蕙農家族捐贈文物展」導言中的一段描述,以瞭解當時二者之間的關係:「早期月份牌中的美

人兒多是男性反串，後期則改以書刊照片作參考，以求展現女性形態。關氏父子經常在荷李活道一帶，買來各種各樣的書刊、畫報、時裝雜誌、明信片及明星照片，抽取一些元素拼合所需的形象。在構想造型時，會由家中女性協助，擺出姿勢協助描繪，關祖良太太便曾當過他的模特兒。」許多從事月份牌廣告畫創作的畫家都曾以家眷為模特兒作畫，著名月份牌畫家杭穉英的一些重要作品就是以其妻王蘿綏為形象創作的。這也說明了月份牌廣告畫在創作時所追求的「能肖」，「求真」要求，單純的表象的逼肖和悅目重於對內容的設計，其創作方式不同於傳統繪畫，也與石印新聞畫拉開差距。

### （3）石印圖像在商業領域得到廣泛應用

在晚清，以雕版印刷的告示、票據、招貼等圖像漸為石印替代。過去此類印刷物因其應景性和臨時性多印製得較粗糙，很少會專門雕版印製圖像配合文字，即便是相對容易些的文字部分也只考慮快捷而非美觀。〔註52〕相比較，石印在此領域的優勢是顯而易見的，它在保證效率的同時還提高了質量，且不會產生如何處理使用後的大量臨時性版子的後續問題。宣傳和告示除了傳達信息以外，還需要醒目美觀，石印圖像精美，形式豐富，表現力強，加強了宣教的功能和告知的印象；同時，石印畫具有更強的圖像敘述功能，使此類圖像不再僅是文字的簡單配圖，而能夠包含更多信息，在一定程度上甚至可以替代文字傳達內容。所以石印術的運用，使圖像在宣傳領域變得日漸重要。於是，石印海報、廣告、招貼、票據、包裝等等逐漸盛行起來。

### 2、商業美術的設計感來自石印技術的支持

商業美術也可以說是在中國出現的最早的現代意義上的平面設計藝術。平面設計的產生與發展與印刷技術密不可分。「所謂平面設計作品，基本都是特指印刷批量生產的作品，平面設計因此也就是針對印刷的設計，特別是書籍設計、包裝設計、廣告設計、標誌設計、企業形象設計、字體設計、各種出版物的版面設計等等，都是平面設計的中心內容。」〔註53〕現代印刷技術，特別是石印技術解放了印刷圖像語言，使之完全適應繪畫和設計的要求，藝術家和設計師

---

〔註52〕〔美〕周紹明（Joseph P. McDermott）著，何朝暉譯：《書籍的社會史》，北京大學出版社，2009-11，P13：『……當來了一個急活，就叫來一些工人，每人給一小片木頭，上面留有一兩行或更多的空白。他們以極快的速度刊刻，當所有的版片都刻好後，就用小木楔把它們拼起來。』這種印刷方式用來印刷新聞及招貼、方志、告示等其他臨時出版物，很顯然不需要使用高水平的刻工。
〔註53〕王受之著：《世界平面設計史》，中國青年出版社，2002，P10。

對平面要素的開發、設計、布局等都能通過石印技術得以實現，並通過批量複製在大眾中流傳，形成圖像的流行和設計理念的推廣。傳統雕版技術的衰敗也使得設計擺脫了舊有規矩和各類「原則」的制約，新的技術成為設計的保障，以石印技術為主的印刷圖形與以鉛活字技術為主的印刷文字靈活配合，激發起各類嘗試與創新，設計思維得到解放，現代設計由此誕生。

商品的包裝需要美觀，商標設計需要獨特，廣告招貼需要醒目、強烈……總之商業美術要運用多種現代圖像語言和平面因素達到明確的視效，以起到宣傳產品的作用。進口洋貨需要有與之匹配的包裝設計和產品宣傳；而傳統商品也需要對其加以重新包裝設計，改變營銷策略以順應日益激烈的市場競爭。商業美術發達的民國初年，各式商業圖像充斥著人們的生活，琳琅滿目，好不熱鬧，設計上呈現出東西合璧、華洋雜呈的獨特面貌。

商業美術的繁榮無疑與商品經濟的繁榮密切相關，但是單有經濟的支持還不夠，中國美術與西洋美術不同質，從悠久的線性的東方圖式傳統到現代平面設計概念的轉變是一種巨變，並非一朝一夕，群眾的接受也需要數量的積累以便形成對特定形式的熟悉感和認同度。形式的改變還需要有特定技術的支持，平面設計的表現方式是以現代印刷技術達到的。我們在這一節就來研究中國石印圖像上的設計因素是如何逐漸形成的。

## （1）變革因素

早期的石印術只是被作為雕版印刷術的替代和補充，人們並沒有充分發掘該技術的獨特性，也沒有意識到其對圖像世界的改變所具備的巨大潛力。早期的石印被雕版印刷技術以及傳統圖像規範所限制，（見上文對石印刊物關於版式和裝幀的討論）。石印圖像除了在線條表現方面比過去豐富以外，並沒有產生根本性的改觀，立體效果和明暗表現的呈現也是相對的。

但根據造型藝術的發展規律，技術和形式終會統一，初期的拘束很快就會被打破，印刷複製技術的靈活性和多樣性終將作用於圖像，引起圖像面貌的改變。我們觀察到在石印刊物上逐漸出現了一種早期的現代設計意識：報刊和畫報開始注重對文字的美化，變得更具裝飾感；圖像開始靈活地滲透到文字中，圖和文的界線變得模糊（見圖 78，圖 79，圖 81）；版面的設計意識變得強烈，報刊原本中規中矩的面貌被一種更活潑的強調視覺觀感效果的版面所替代；閱讀經驗則由順序的線性的觀看讓位於一種整體的視覺印象與選擇性、跳躍性的信息抽取相結合的過程。見《申報》與《同文滬報》在版面

上的差異（圖 96，圖 117）。當然，變化是需要具備一定條件的，分析早年石印領域，我們會看到一些引起變革的因素：

### i 形式源於技術

我們曾經考察石印圖像與傳統雕版圖像的差異。雕版限於技術，只能以線條表達，而石印能夠表現更豐富的畫面效果。一位雕版畫的設計者需要顧及雕版的特殊性，在設計畫稿的時候必須對形式做調整以適應雕刻的語言，而石印畫的設計者較少受到這樣的限制，其設計帶有更多自主性，使得印刷圖像跳出千篇一律的線描形式。

相對於雕版，石印更易於處理細節和以黑白灰來鋪陳豐富的層次。黑白和立體是一種「塑形的」再現性美術語言，源於西方繪畫傳統，與東方的線性的象徵性表現相對。這種表現方式給畫面帶來豐富的細節和由明暗色層構成的凹凸起伏感，還有藝術家不受版刻等工藝限制的隨性的筆頭發揮。這種黑白灰的整體概括以及另一方面的對細節的關注體現了現代設計的一些基本觀念，包含著平面設計中所強調的黑白構成感和圖案裝飾性等元素，而創作手段的解放更是激勵了藝術家對形式的大膽探索和創新，以及對外來圖式的借鑒。

另一方面，雕版印刷有嚴格的程序，需要不同工種次序井然的分工合作，最後的完成品可以說是一種集體創作的結果。雖然優秀的刻工也能在作品中留下自己的風格痕跡，但畢竟有限；至於設計者，也就是原畫創作者，他們的作品最終能保留多少原貌就要看與刻工的合作默契程度，刻工的能力和刻工個人發揮的比重了。而石版印刷不受太多工藝限制，程序也更精簡，如果人員有限，一個人也能完成。印刷工人在轉繪和印製藝術家的畫稿時使用的工具材料和表現方法類似畫家繪製圖稿的工具，只要技術工人的技術到家，基本可以完全保留原貌，而不像雕版，是另一種語言的表述，需要繪畫和雕刻兩種工藝的協調和妥協。所以，從事石印畫創作的藝術家的作品從設計到最終完成，基本不會有效果的損失或變形，幾乎完全是個人創作的體現。

由於整個製作過程更加個人化，在作品中也可以傾注更多的個性化的東西，這樣，藝術家可以在最後的效果上最大限度保留自己最初的設計和想法。這種對設計理念的貫徹和對最後效果的掌控對於設計師來說是極其重要的，石版印刷技術爲這種更具現代意義的設計創作提供了條件。

### ii 藝術家的努力

由於是舶來品，石印的表達不受太多傳統工藝和固有觀念的束縛，只要

藝術家意識到這一新技術潛在的藝術表現力，便可以創造出全新的視覺效果。早期的石印藝術家具備後來所稱的設計師的素質。這些從事石印創作的人員並非文人畫家，也不是純粹的工匠，他們通過拜師，自學，或同僚之間相互影響掌握繪畫技能，他們各自出生、學藝經歷不同，但都通過個人努力，掌握了石印畫技術，且基本仰賴這種繪畫技能爲生。〔註54〕這樣不拘形式的學習經歷有利於形成個人化的創作風格和開放性的觀念。這批藝術家沒有傳統包袱，思維活躍，接受力強，創造力旺盛，就像那個時代的許多弄潮兒一樣，對新事物充滿好奇，又擅於模仿，從多方面汲取營養，兼收並蓄，創造出個人風格，形成獨具時代特色和區域特點的中國石印藝術樣式。我們可以將之類比19世紀二、三十年代的上海小說界。雖然是不同年代，不同領域，但由於時代背景的相似性以及藝術家的相似境遇，即面對西方文化與本土文化相融合產生的新文藝這一命題，這批文學界的精英與石印畫界的代表人物有著藝術創造上的共同點。〔註55〕

---

〔註54〕吳友如：……余幼承先人餘蔭，玩愒無成。弱冠後遭『赭寇』之亂，避難來滬，始習丹青，每觀名家眞跡，輒爲目熱心存，至廢寢食，探索久之，似有會悟，於是出而問世，藉以資生。……見：吳友如自撰《小啓》，《飛影閣畫冊》1893年（光緒十九年）八月望日。見：顧公碩著：《吳友如與桃花塢年畫的「關係」——從新材料糾正舊報導》，《題跋古今》，海豚出版社，2012-8。
周慕橋：張志瀛的入室弟子，但很爲吳友如器重，國畫功底很好。他在20世紀初推出了自己風格的作品，因在傳統畫的基礎上採入了西畫造型與透視，視覺效果在普通民眾眼裏非正宗古畫可比，加之色彩也比傳統仕女畫豐富，印成月份牌隨商品贈送顧客，很受歡迎。周慕橋因此名聲大振，訂畫者絡繹不絕。
鄭曼陀：曾師從王姓民間畫師學畫人像。後到杭州設有畫室的二我軒照相館作畫，專門承接人像寫眞。他把從老師那裡學來的傳統人物技法與從書本中學來的水彩技法結合起來，慢慢形成了一種新畫法——擦筆水彩法。
杭穉英：土山灣畫館學員，13歲隨父進商務印書館，後自立畫室，出版月份牌，設計商品商標包裝，爲我國最早的商業美術家之一：早期學鄭曼陀畫風，後揣摩炭精肖像畫、畫法漸變，色彩趨向強烈、豔麗，形成了一種新型的上海美女形象：時髦豔麗，修長豐腴，略帶洋味，畫作之美，影響之大，史所罕見。……見圖表4。
〔註55〕〔美〕李歐梵著，毛尖譯：《上海摩登——一種新都市文化在中國1930～1945》，北京大學出版社，2001-12，第一部分　第四章　文本置換：書刊裏發現的文學現代主義　中國人的接受：翻譯作爲文化斡旋，P159～160：儘管和歐洲現代主義有所有這些表面上的相似之處，中國現代性的都會文化產物，就時空而言，也同時受著中國人的個性影響。……上海的通商口岸環境使他們能夠藉以營造文學層面上的一系列意象和風格並以此建構所謂的對現代主義的文化「想像」。雖然可資借鑒的資源基本上都是西方的，但所有的文化建構行爲都是用書面中文操作的。因此最關鍵的任務就是翻譯，這不光是把西文文本翻成中文的技術行爲，更重要的是，它是一個文化「斡旋」過程。……這些

　　這些藝術家出色的鑽研和自學能力使他們相比較文人畫家來說，能夠更順利地進入石印創作這個兼具西洋和民間色彩的領域，並且有所建樹。他們在這塊未開墾的土地上經年累月地耕耘，隨著對材料工具的不斷摸索和實驗，對石印技法的進一步認識和開發，技藝日臻純熟，並開始有意識地突破早期石印藝術的藩籬，進入自由創作天地。清末民初的這些石印藝術在表現技法和形式面貌上的嘗試可視爲中國近代平面設計藝術的早期探索。而第一批商業美術畫家也來自這一群體，如著名的月份牌畫家周慕橋最早就是從事石印畫報創作的。（圖表 4）

### iii 內容的作用

　　不同的題材和內容需要配合與之相應的表現技法，才能彼此相得益彰。商業美術旨在宣傳商品、刺激消費，其所表現的內容或者是商品本身，或者是與商品相關聯的事物或景象，以便使人聯想到該商品，早期的商業美術還包括一些純粹的美麗畫片，對產品的宣傳僅是畫面上一種毫不醒目的附屬，如月份牌畫，其目的在於以畫面吸引顧客，再順便推銷商品。無論哪一種，由於這類圖像以宣傳商品爲最終目的，所以需要表達明確、醒目、直白、強烈、具有時效性又需要一定程度的媚俗。這樣，婉約含蓄的傳統畫面便無法勝任，商業圖像需要使用到新的表現元素，如：黑白，對比，誇張，戲劇性，設計感，以及強烈的色彩等。這類手法在早期的石印畫報上已經有所呈現，在後來石印術進一步突破雕版印刷術的影響後，設計感和構成感成爲了石印商業畫作上有意識追求的畫面效果。（圖 118，圖 119）

### iv 外來圖式的影響

　　晚清的石版畫家除了自發研習出新技法、新造型以期適應新題材，還常常直接借用外來圖像。在晚清民初的這個求新求變，到處貫徹「拿來主義」的特殊時刻，在圖像模仿的過程中，藝術家進一步領會西方的線條和明暗塑造法以及透視構圖法，還培養了藝術家對西方圖像形式的欣賞力和表現力。並通過石印畫的推廣，使民眾也開始知曉並熟悉這些外來圖式，並進一步認可和接受，使對西式圖像的觀看成爲一種習慣。

　　任何圖像形式都負載著背後的技術和觀念的表達，對外來圖像形式的模仿必然同時帶來技術和觀念的輸入和對其或主動或被動的接納。如「程氏墨

---

　　原著被它們的譯者賦予了一個徹底的「新生」，以及在文化接受中的一系列文化意蘊。換言之，是譯者賦予了原著一個「來世」，譯者本人的聲名就足以讓讀者信任原著的藝術價值；實際上，這價值是被創造出來的而且可能和原著關係很小。

苑」中對西方圖式的模仿，雖然工具是傳統的，但刻畫手法完全是西方的，線條用來排線，以增加密度，而不是用有表現力的彈性線條來塑造形象（見圖71）。在晚清的石印畫中出現很多外來新事物，對於這些外來新事物的不厭其煩地詳細刻畫也體現出一種普遍存在於畫者和觀眾心中對域外世界的好奇心態。這類新事物的形象由於從來沒有出現在傳統作品中，在表現形式上缺乏參考，所以只能主動借鑒和大膽創新，有些直接引自外國報刊，也有相當一部分是參考外國插圖的再創作，並添加個人想像成分加以自由發揮。而對於海外新聞事件的圖像報導，畫家意識到重點是把事情交代清楚，傳統畫論強調的意境、空靈、含蓄等美學觀念全都不再考慮，此類畫面多是用西式的陰陽和透視法處理的，傳統線描痕跡已經很少了。完成的作品雖然不似用傳統手法表現的作品那樣風格鮮明、手法純熟、美學上完整統一，但我們可以感受到藝術家正在艱難地尋找一種新的更有效的技法以便更好地表現這一類非傳統的題材。這種打破傳統的手法也正預示了新的表達技法和審美角度的出現。

我們已經從早期石印畫中瞭解到這類題材的作品與表現本土事件的作品在技法上存在很大差異，差異體現在構圖，造型，動態，細節刻畫以及整體處理等各個方面，致使畫面整體氣息與中國傳統繪畫拉開了差距，而更接近西方繪畫體系。這樣就爲源自西方畫面處理傳統並且在19世紀末開始被一些西方藝術家關注並啓發了平面設計家的畫面構成感等設計元素在近代中國被接受和認可做了先行的鋪墊，爲下一階段迥異於東方傳統的西方設計藝術的樣式和觀念在中國的傳播和發展做了預熱。爲由西畫系統衍生的現代設計在中國的出現和立足提供了一個可能的環境。這個環境包含了創作群體、觀眾群體、以及大眾在觀念上對該系統的認可。這種對外來圖像的直接模仿和挪用也體現在了後來的商業畫領域，很多作品都可以看到某些西方圖像的影子，或在某一處細節上看到一種純粹的外來的元素。（圖120，圖121，圖122）

（2）設計感的具體體現

設計感和構成感最早表現在石印報刊雜誌上。當報刊雜誌的編輯開始有意識地處理文字和圖像的關係；開始增加字體的變化和圖案的多樣性；開始關注版面的整體黑白效果，以及裝幀和內容的統一性時，樸素的線性的傳統版式逐漸變得華麗和活潑了，印刷「規矩」被印刷「設計」觀念替代。

i 版面上的設計感——從功能到裝飾的轉變

早期的石印報紙、畫報也有清晰的面貌，可以說也是經過設計的形式。

但這種形式更多的是對傳統書籍模式的一種套用，並沒有主動從現代設計角度考慮「形式感」的問題。

我們仍然以報刊雜誌的邊框處理為例來瞭解這一設計觀念的變化過程。我們知道，邊框是雕版印刷遺留下的痕跡之一，哪怕以後的各類新型印刷技術中再無實質性的需要，這一痕跡也多少保留了下來，成為對傳統的一種懷舊性的紀念，關於這一點我們在上文中已經討論過。

由於邊框被當作「規矩」仍然被保留了下來，晚清時期用新方法印製的線裝書，如鉛印書籍、石印畫報，在形制上仍然保留了邊框，用以限定內容，確定版心，當時的報刊形制也與之類似。（見圖 96）

但當「洋裝本」開始流行〔註 56〕，新的印刷裝訂技術與舊有的書籍形式便再難結合，雕版書籍版面上的所有元素都被消解，邊框的存在更無實際意義，邊框變得可有可無。而保留下來的邊框則成為了對傳統模式的單純模仿和懷舊性的裝飾。任何事物一旦脫離功能，便給裝飾預留了空間，因為我們知道通常裝飾是游離於功能之外的。我們看到晚清到民國初年的一些書籍報刊中的邊框由原先的功能性的「版框」轉變成了裝飾性的「花邊」。這些邊框裝飾多為石印印製，帶有手繪感和設計感，圖案細膩，線條優美。（見圖 80）

邊框和分欄的這種功能到裝飾的變化代表性地說明了現代設計的概念和目的。此後，這種版面裝飾手法在商業美術中十分常見。

此外，最初功能性的版面逐漸也變成了一種有意為之的設計。我們知道，最早的報紙不僅沒有圖片，文字部分也缺少變化（如早期的《申報》），這些報紙在版面上通體文字，而且不分欄，閱讀起來頗為不便。早期石印畫報雖然有畫，但每一版在裝幀上也都相同，圖像大小、風格，文字在圖像上的位置等等都是一個模式，石印技術的靈活性沒有充分發揮。在之後，為了便於閱讀，報紙開始有分欄，將長篇的文字切割成更小的塊面，令版面變化更豐富，形成由大小塊面構成的整體效果。這種效果突出表現在廣告版面以及刊登小篇幅的里巷雜聞和市井故事的所謂娛樂版面。分欄的欄框也經過進一步美化，形成精緻的圖案，以突出或強調欄內的文字或圖像。外框形狀各異，

〔註 56〕由留日學生在日印製的教科書《東語正規》（1900 年 8 月）和雜誌《譯書彙編》（1900 年 12 月），可謂最早由中國人出版的洋裝本書籍，此後，洋裝本逐漸出現在中國大陸，漸取代線裝書，從而改變了書籍的裝訂面貌。見：《中國人留學日本史》，〔日〕實藤惠秀著，譚汝謙、林啓彥譯，三聯書店出版，1983 年 8 月第一版，第六章 對中國出版界的貢獻。

有方、圓、橢圓等幾何形；布局變化豐富，有的表現出上下層疊的立體效果，以增加版面的變化。而畫報隨著自身的發展和種類的分化（見第三章），也開始出現不同的圖文版式以順應不同的圖像應用，如規矩排版的圖像連載式的連環畫（回回圖），圖文形式多變的活潑的漫畫，諷刺畫，滑稽畫等。這樣，報刊的版面變得生動了，這種變化最初出於內容的需要，繼而成為了一種純形式的追求。就像前面提到的版框的變化一樣，報刊版面也由功能性變為裝飾性，出現設計感。這些來自報刊的版面設計也在後來廣泛運用於商業廣告中，特別是以故事性內容宣傳商品的作品。（圖 123～128）

### ii 文字處理

我們注意到早期報紙字體也較單一呆板，缺少裝飾，而後期的報紙更注重字體的變化以及對文字的裝飾。一個版面上往往出現多種不同字體，特別是在廣告欄，有的標題還通過黑底留白方式形成黑白反差，還有些文字用圖案加以裝飾，使之在視覺上更顯突出。更有一些文字本身成為裝飾元素，與圖像結合，相得益彰，多運用在商業美術中，這類帶有裝飾感的「花體字」或「美術字」多用石印手法印製，手繪感強，形式活潑。（圖 129～131）

### iii 圖像的設計感──描繪到表現的轉變

早期刊物上的圖像較稀缺，來源不穩定，所以編者沒有特別考慮同一刊物中圖像風格的統一，或圖像與行文之間在視覺上的呼應關係。當石印技術運用於印刷圖像領域，圖像的獲取變得容易，同時，借助於印刷手段的多樣性和靈活性，畫家的創造力也得到釋放。出版物中的印刷圖像在形式、尺寸、位置等方面變得靈活多樣，版面上的圖和文不再限定在各自區域內，而是彼此打破界線，互相貫穿，文字與圖像的配合不再生硬，而是開始考慮二者在設計上相配合所產生的美感。

就圖像形式來講，有繼承傳統的線描，也有來自西洋的明暗塑造；有宏大新聞場面的敘述，也有張揚個性的故事漫畫；有嚴謹的據實描繪，也有沒有實質內容的純粹裝飾。裝飾性圖案的風格也是多樣的，有帶有「工藝美術運動」特徵的線性裝飾風格（圖 132），也有構成性的簡潔明快的「現代主義」風格（見圖 108，圖 119）。多樣化的圖像增添了刊物在視覺上的豐富性，並且靈活地運用於各類商業美術中。我們來看一下（圖 133），畫面堆積了各種彼此不相關的手法和元素，中式人物和景致傳遞著傳統氣息；而背景上方的幾何圖案以及斜向插入的硬質線條和單純的色塊則是現代主義的構成元素；卷

葉花邊又帶有工藝美術運動的精緻優雅情調；而下方的如意紋又是純中式的裝飾元素；設計為紙卷型的條幅上印製文字，這一手法又很洋派……這幅廣告可以說是對當時流行的各種表現手法的疊加混合運用，目的顯然不在描繪，而在於表現一種醒目強烈，又具「現代感的」純視覺效果。我們不討論這則設計成功與否，但我們可以體會到設計者的用意——用最時髦的手法來創造出五彩雜呈的畫面，以便吸引消費者的注意。

圖像對文字的配合同樣變得更靈活，文字排版不再由圖像尺寸來定奪，就像早年教會刊物或石印畫報那樣〔註57〕；圖像也不單純是文字的補充說明，就像早年開愚科普讀物如《格致新報》那樣。圖和文字不再涇渭分明，各自為政，而是相互配合，互相妝點，達到真正的圖文混排效果。有時候圖出現在文字中，有時候文字出現在圖像中；根據字體選擇圖像，根據圖像設計字體；漂亮的字體經過進一步修飾成為圖案，圖案裏挾著文字以增添文字的生趣；文字和圖像為多樣化的外框規劃出多變的形狀，並被靈活地安置在任何位置上，這種排版布局的思路已經完全是現代意義的版面設計思路了。圖文的緊密結合形成豐富可觀的視覺效果。同時，圖和文的編排促成一種視覺上的吸引力，也更符合新聞訊息短、頻、快的特點。從圖文分離到圖文混排是種來自觀念，習慣和技術的影響，也有外來圖像的啟發。

### iv 視覺上的黑白構成

早年的石印畫報上已經在有意無意地強調黑白灰關係，當時使用這種手法意在表現畫面的層次和立體效果，以豐富圖像的敘事語言。但是隨著插圖藝術家向廣告設計師的身份轉變，隨著設計師對自我表達和個人風格的關注，黑白關係也成為一種有意而為的設計技巧。大黑大白的色層，在畫面上形成抽象的幾何塊面，產生強烈的裝飾感。此裝飾感異於線條穿插產生的裝飾效果，屬於西洋繪畫體系（所以也不排除許多作品上的構成手法源於對西方同類作品的借鑒和挪用）。黑白構成觀念也被應用於版面設計，利用字體的大小黑白變化，產生活潑的視效。同時，黑白效果也能表現某種強烈的情緒，或者暗含某種寓意，烘托氛圍。黑白關係在視覺上比線描更強烈，更容易在

---

〔註57〕陳平原著：《左圖右史與西學東漸——晚清畫報研究》，三聯書店（香港）有限公司，2008-10，P012：當初畫師鐫刻圖像時，參考了歷史上的名畫，故構圖上受到很大的限制。……而根據《使徒行傳》二十七章二十八章繪製的巨幅畫像，同樣讓編者感到為難，只好儘量壓縮文字，並提醒讀者：「此圖因圖大書多，故揀錄自二十七章三十九節起至二十八章十節止。」……

第一時間抓住觀眾眼光，這也符合商業廣告畫的要求。黑白構成也爲彩色石印時期的色塊表現打下基礎，使得色彩的表現有案可循，與畫面的構成達到平衡，強烈的色彩在紮實的平面構成中獲得秩序。這類結合的最成功範例就是法國吐魯茲－勞特累克的石印海報招貼畫（見圖 120），在民國時期很多商業廣告也擁有類似的形式。

　　黑白構成是現代設計區分於傳統插圖的一個重要元素，是設計師對作品理念轉變的一種表現。黑白構成以及其他設計要素使得作品的面貌煥然一新，構成主導著整個畫面，設計師開始更多地關注作品在視覺上的平衡和統一，追求一種更爲抽象的美學，而不像傳統插圖畫家那樣注重細節的嚴謹刻畫和故事的講述。

　　黑白構成脫胎於早期石印畫家在敘事功能上的技巧探索，意在擺脫傳統的線性裝飾和程式化表現，並加強畫面的層次感和真實感。但當黑白構成成爲一種設計元素被加以關照，卻使得印刷圖像脫離敘事，再次進入裝飾領域。只是此時的裝飾已經是一種現代意義的平面設計，其服務對象是一個全新的領域——商業畫。

### （三）月份牌體現的石印特徵

#### 1、技術

　　月份牌多數爲石印或膠印。起初也是黑白單色，面貌類似單幅石印畫，後發展出彩色。早先的彩色月份牌多由商家託付國外五彩石印所印製。〔註58〕此後國人自己開辦五彩石印書局，於是多在國內印製。待到文明書局和商務印書館聘請日本技師前來協助，彩色能分深淺，變化更精妙，進一步提高了月份牌製作的質量。1920 年代，月份牌多爲五彩石印製作，失真率低，可以保持原畫的韻味，既鮮豔明亮，又精緻美觀。

　　初期的月份牌畫仍以線條勾勒，略施明暗，手法類似石印風俗畫。後安徽來滬發展的畫家鄭曼陀通過悉心研究，於 1914 年自己摸索出了一種基於西洋擦筆素描加水彩的混合畫法：畫家在確定人物輪廓後，先以特殊的擦筆蘸些許炭精粉擦出淡淡的體積感，然後罩以透明的水彩色，使之產生豐潤明淨的肌膚效果與質地豐富的衣飾。這種手法表現的圖像細膩、甜美、俗豔，畫

---

〔註58〕潘建國著：《晚清上海五彩石印考》，《上海師範大學學報》（社會科學版），2001年 1 月第 30 卷第 1 期，P76：當時上海無彩色石印，市上發行之彩色石印月份牌，悉由英商雲錦公司以原畫稿送至英國彩色石印局代爲印刷。

面風格介乎中西，深受普通民眾歡迎，很快成為月份牌畫法的主流。西式的繪畫技術使得月份牌異軍突起，在表現手法上區別於石印時事風俗畫，在西洋畫法之路上走得更遠，並且在畫面質量上與其他商業畫拉開了距離，成為一種家居裝飾、饋贈親友的時髦商品，風靡一時。各商家也紛紛將自己的產品廣告與月份牌掛鉤，希望利用其大好市場為自己的產品做宣傳。

### 2、人員

月份牌發端於上海，其創作人員也多集中在上海。我們分析這些月份牌畫家，可以看到他們與石印畫家群體的關係，從中也可以瞭解到月份牌廣告畫與石印新聞畫之間的聯繫（圖表 5）：

第一批月份牌畫家中最著名的要數周慕橋，他早期從事時事新聞畫，既是著名石印畫家張志瀛和吳友如的學生，又是他們在《點石齋畫報》社的同僚，後還協助吳友如創辦自己的《飛影閣畫報》，並隨後接任吳友如的主筆位置，將《飛影閣畫報》改為《飛影閣士記畫報》及後來的《飛影閣士記畫冊》。周慕橋掌握有嫻熟的石印畫創作技藝，這一點從吳友如對其重用就足以證明。從他的畫報作品中可以看到他較擅長於人物造型，而對情節和故事的講述則略微遜色於其師友。作為石印畫家，周慕橋還在多個領域有積極表現，清末民初上海舊校場和蘇州桃花塢木版年畫中，有些時裝婦女題材的作品，係出自其手筆。但周慕橋真正做出成績的地方則是月份牌畫，這也發揮了其刻畫人物方面的長處。周慕橋的月份牌畫在風格上還屬於石印風俗畫的延續，以線條刻畫為主，略加渲染，內容也多古裝題材，包括歷史故事、戲曲人物等。所繪製的元寶領古裝美女，傳統含蓄，體現了清末流行的柔弱病態的女性形象。只是在後來當鄭曼陀的擦筆水彩風行之時，也在風格上受到影響，趨向「甜」、「糯」。

另一位重要人物自然就是鄭曼陀，曾師從王姓民間畫師學畫人像。後到杭州設有畫室的二我軒照相館作畫，專門承接人像寫真。他把從老師那裡學來的傳統人物技法與從書本中學來的水彩技法結合起來，慢慢摸索出新畫法——擦筆水彩法。1914 年，他採用此法創作了第一幅月份牌畫《晚妝圖》，大獲成功，從此替代周慕橋成為主要的月份牌畫家。而其創造出的「甜、糯、嗲、嫩」的風格也成為月份牌畫的典型風格，風靡一時。

另外還有兩位月份牌畫家也需要一提：一位是周柏生，他曾創辦「柏生繪畫學院」，培養了一批月份牌畫家。而另一位畫家徐詠青，曾經與鄭曼陀合

作「月份牌」畫，可以推想在技法和風格上兩人有所交集，徐自 1913 年起在上海商務印書館主持圖畫部，爲商務印書館培養了一批優秀的畫師，而商務印書館則是民初印刷出版界的巨頭，在商業畫，包括月份牌廣告畫的創作和生產上占主要份額。

徐永青最出色的一位學生當屬杭穉英，他與前文提到的對中國早期石印技術的引進和相關印刷人員的培養做出過重要貢獻的土山灣印書館有密切關係。杭穉英的西洋繪畫技能最早就是在土山灣畫館習得的，也可以推斷其在學畫期間對新型的印刷技術也有所接觸。杭穉英於 1923 年創立了「穉英畫室」，並邀何逸梅、金雪塵、李慕白等參加，而何逸梅於 1925 年赴港爲香港永發公司設計創作商品廣告「月份牌」畫，將上海的月份牌繪畫技法和風格帶到了香港。其他的優秀月份牌畫家還包括金梅生、謝之光、戈湘嵐等。

這樣一個創作群體就像當初的石印新聞畫家群體一樣，由思想活躍、背景各異、勤奮努力的民間畫師組成，他們雖然可能在傳統繪畫功底以及修養格調方面不及文人畫家，但其草根性的本質和對新型環境和商業市場的積極反應和有效適應，卻使得其作品把握住了時代的脈搏，找到了市場的定位，從而別有一番活力和生機，也因此，這些作品更能博得普通民眾的歡迎，並在商業上獲得成功。

### 3、內容

#### （1）月份牌內容特點

如果就內容來分的話，月份牌廣告畫的內容可以分兩個層次：一個是從廣告畫的本質和功能來說，就是其所宣傳的商品。按照這樣的概念月份牌的內容幾乎可以囊括清末民初商品市場上出現的各種產品廣告，特別是香煙廣告，因爲煙草公司實力雄厚，是最早也是最多利用月份牌宣傳產品的商家。此外，香水、布匹、化妝品、酒、肥皂等等日用商品也多利用月份牌做宣傳。這些產品的商標或具體產品形象被印製在月份牌上不起眼的角落，雖然顯得低調，但卻決定了月份牌的商業性本質。

月份牌表現內容的另一個組成部分就是佔據畫面主體的主畫內容，這部分內容決定了月份牌的獨特面貌。月份牌的這部分題材十分豐富多樣，包括歷史掌故，戲曲人物，民間傳說，時裝仕女，摩登生活等。

月份牌廣告畫是種初級的商業廣告畫，其時，圖像內容和宣傳內容並沒有太多交集，兩者只是鬆散地處在同一個畫面上。這一點也與月份牌的產生

有關，我們已經提到，月份牌最初是外商將產品宣傳依附在中國民眾喜聞樂見的年畫和掛曆上而產生的一種特殊的廣告畫形式。利用中國人張掛圖片和年畫日曆的習俗將商品信息滲透進普通人家中。所以，月份牌上的圖像更多的是一種宣傳商品的載體，而不是宣傳商品的手段。因而，在選擇或設計圖像的時候，商家考慮的更多的是如何迎合大眾的口味。比如，最早的月份牌畫稿仍用中國傳統工筆畫法作於絹上，內容和形式也都相當傳統，如現存最早的《中西月份牌二十四孝圖》（圖134），表現的就是宣揚孝道的題材，另外有《林黛玉魁奪菊花詩》（1903）、《瀟湘館悲題五美吟》等，都屬於傳統題材，這類作品與所宣傳的商品並無任何內在聯繫。後來鄭曼陀、杭穉英等月份牌畫家結合中西畫法，配合彩色石印複製，得到更細膩的塑形效果，使得風格更「洋派」，相應的內容也更「時尚」。時裝美女和摩登生活成為了主要內容，而這樣的內容也開始有了時代感，有時候也有意將畫面內容與宣傳的女性商品相關聯，如陰丹士林布、先施化妝品、花露水等等，畫中女子或身著陰丹士林布的旗袍，或手託化妝粉盒，或優雅地夾著女式香煙（圖135）……但這種畫面與產品直接關聯的作品仍然是少數，更有大量廣告仍然是與圖像脫節的。如閒適的中產階級居家圖景或母女相擁的溫馨畫面卻是為煙草做的廣告，慵懶性感的少婦卻是與驅蟲藥同處一張畫面（圖136），如畫美景與盈盈少女構成的美妙圖畫卻是宣傳的烹飪調料……這一現象一方面說明了月份牌作為中國近代資本社會形成初期的商業廣告畫的不成熟，另一方面，也提示了作為獨立的圖像，中國人對月份牌的認可和接受仍然是從純粹的圖像欣賞角度出發的，月份牌在形式和概念上是與中國傳統裝飾畫密不可分的。

### （2）月份牌內容的影響

雖然作為廣告畫，月份牌在內容的設計上並沒有與產品緊密結合，但由於中國人對圖像的喜愛，以及當時的石印技術對手繪圖像的完美還原，使得月份牌深受普通民眾的歡迎，正是月份牌的流行使得廣告宣傳達到了預期效果。商家在看到成效後更是積極投入資金，培養畫師，增加印刷，使得月份牌圖像在資本運作下，進一步擴大了流行，並在競爭中獲得發展，提高了質量。此時的月份牌廣告畫開始以其圖像的普及和持續的影響作用於人們的生活和觀念，就像不久前隨著報紙雜誌而流行起來的石印新聞畫所做到的那樣。

上文提到自擦筆水彩技法運用到月份牌創作後，一種甜、俗的風格被固定了下來，約從民國元年後，月份牌的題材趨於單一，絕大多數是時裝美女，

成爲了月份牌的標誌性內容流行上海灘。畫面中時裝美女佔據主體，相關廣告信息被擠在了四周或不起眼的角落，至於月曆本身甚至被取消。19 世紀二三十年代是月份牌發展盛期，其時畫面所表現的現代女子多健康、紅潤、飽滿，穿著入時、風姿綽約、神情自信，是當時社會提倡的新女性的典型形象。從人物的姿態、神情上也可以看到來自歐美廣告畫造型的影響。當時的許多影星、歌星也都成爲月份牌的模特，明星效應與商業運作相結合迎來了月份牌廣告畫的黃金時期。

　　月份牌就相當於當時的時尚雜誌，在最早的時尚雜誌《良友》畫報出現之前，月份牌已經大規模流行，並深受喜愛。寫實性的畫面就像現在的時尚攝影，從月份牌上人們可以看到最流行的服裝款式，最時髦的娛樂活動，最新潮的家具式樣，歐美當季流行的髮型、妝扮、甚至現代女性的眉眼儀態（圖 137，圖 138）……而在青年中廣泛流行的文學讀物也常出現在月份牌中，代表了最新潮的思想（圖 139，圖 140），這些畫面交織出一幅豐饒、明朗、積極的資本主義初期階段的物質世界幻境。由於其商業美術本質，月份牌畫是商業促銷活動的一種形式，多數畫面是媚俗的，宣揚的是物欲和享樂。但這又是商業城市的眞實寫照，是與當時的影視、文學作品所宣揚的現代女性，新式生活、開明態度相一致的，所以這樣的內容具有一定的現實意義。

　　月份牌廣告畫眞正的廣告內容只占一小部分，這部分內容本身也只是出現在畫面上不起眼的角落裏，除此之外包含大量的與都市生活相關的信息，也代表了一種時代精神，石印利用形象的再現能力向民眾直觀地展現了這個時代，並潛移默化地影響著人們的生活態度和處世觀念。

　　月份牌這種形式的商業廣告也傳到了上海周邊以及北方省市，由於社會性質和文化的差異，這類作品在題材上又有回歸傳統年畫的趨勢，多表現戲曲故事、胖娃娃、山水風景、民俗故事、歷史傳說等等。但在表現手法上與上海月份牌相似。

### 4、形式

　　作爲石印美術，商業廣告畫是對早年石印繪畫的繼承和發展，相比較石印新聞畫，商業美術尤其是月份牌在寫實道路上走得更遠，技法更豐富也更完善，原先在石印新聞畫中出現的寫實表現手法得到進一步提煉，同時融入了新的技巧，再加上色彩的運用，使得畫面在形式上更接近西洋寫實繪畫，

並更具塑造感和再現性，從而進一步脫離中國畫傳統。商業美術像新聞畫一樣，通過大量的複製和廣泛的流通，使得新型的圖像形式成為流行，在人們的視覺經驗上替換傳統圖式，促進新的審美習慣的形成，並以豐富的圖像語言發佈流行信息，承載現代都市商業文化。所以，石印商業美術是繼石印新聞畫後依託石印技術產生的近代中國圖像革新的第二個重要發展階段。

月份牌廣告畫通過以下幾方面進一步加強畫面的寫實性：

（1）塑造

通過加強明暗和透視效果來增強塑造感。

早期的石印新聞畫已經通過線條的密度以及塊面的黑白對比來表現明暗色層的過渡，從而形成黑、白、灰色層的轉換，使得畫面在縱向上具有深度感。但這種畫面仍然帶有濃鬱的中國畫韻味，原因之一就是線條的運用。而月份牌畫進一步取消線條，以塊面表現，明暗的過渡變得更微妙、更柔和，形象因而變得更立體、豐滿。有些作品中還特意表現投影效果，產生明確的光影效果，使得人物在變得可信的同時，空間場景也顯得更真實。（圖 141）

石印新聞畫已經通過透視來表現立體感和空間感，但這種立體和空間仍是相對的，是傳統空間表現方法與西洋透視技法的某種折衷。總是俯瞰的視角和不甚嚴謹的透視構成的圖像仍然帶有平面裝飾感。而月份牌對西方透視法的運用更徹底。由於表現內容不同，商業美術，尤其是月份牌畫往往是以塑造人物為主，之後基本定型為半身或全身的美人肖像。人物不多，一般都置身室內，畫家以人物為中心，創造一個安適、雅致的居家空間或光線柔和，詩情畫意的戶外美景。空間的透視通過室內擺設、地毯、地磚、門窗的線條等加以提示，前後景致的大小安排符合透視變化，即便沒有明顯空間設計的作品中，也通過虛實表現來暗示空間，明暗過渡豐富，陰影逐漸融入背景，產生更自然的「空氣透視」效果，在透視準確的前提下又為人物營造了一個真實的空間氛圍。（圖 142）

（2）色彩

商業美術的另一個顯著特點是色彩的運用，這是依託五彩石印技術而產生的新效果。色彩的暈染配合素描的塑造，使得畫面更真實；色彩的搭配令畫面更悅目，並增添生趣，色彩的美好更直白和天然，因而也更為普通市民喜愛。另一方面，商業美術，尤其是月份牌在畫面上追求的是類似攝影的逼真，而色彩的運用則使得其在這方面又強過當時的黑白攝影，這也為石印美

術在與攝影術競爭過程中獲得立足。

另一方面，色彩的運用加強了設計感。此前的黑白石印藝術已經出現有意識的平面設計，體現在字體形態、黑白構成、裝飾圖案、版面變化等方面。如今有了色彩的加盟，畫面出現了冷暖、素雅、豔麗等只有色彩才能呈現的效果，使得設計語言更豐富，畫面變得更醒目強烈富於變化。根據不同的商業潛臺詞，畫面有不同的造型設計，色彩也作相應的配合，使得蘊藏在符號造型中的信息能更好得被表現和傳達，並能在第一時間吸引消費者的注意，從而加強了商業美術的商業推銷功能。（圖 143）

（3）質感

月份牌在質感表現上也遠勝新聞石印畫時代。當然，這與二者的功能不同大有關係，但前者之所以能做到這一點，更需要依託新技術。擦筆水彩技法使得明暗過渡變得柔和、畫面變得厚重，光影的運用和準確的透視，使得事物顯得更眞實。加上色彩的暈染，令作品在眞實表現形態的同時也能眞實模擬質感。

月份牌上的少女除了嬌憨神情、玲瓏體態外，其細膩酥軟如凝脂的膚質也頗有誘惑力，這種白裏透紅、吹彈可破的肌膚過去只會出現在文學語言中，在中國傳統繪畫中也只是象徵性地表現，而在石印商業畫上卻得到視覺上的重現。（圖 144）

此外，人物的服飾、場景中的擺設等等除了準確的塑造外，更凸顯其質感。畫面往往顯得珠光寶氣，雕鑿匠氣，雖然難免俗豔，但卻是物質化的工商業社會景象的一種折射，也符合商業社會大眾傳媒的宣傳策略，意在營造物質富足、生活豐裕的印象。資本社會宣揚的閒適的中產階級生活不再是抽象的概念，而是通過畫面變得具體可感了，這些景象出現在人們目光所及的懸掛在家家戶戶牆面上的月份牌上，潛移默化地影響著人們對生活的追求和消費的習慣。

而在宣傳產品的商業畫中，質感的表現也努力爲觀眾傳遞對產品的眞實視覺經驗。比如陰丹士林布匹廣告，畫面中的女郎往往身著用陰丹士林布製作的服裝，在這裡，布料的質地、色澤成爲重點表現對象，配合優雅的畫面給觀眾留下深刻的印象，確保了觀眾對該產品品質的認同。（圖 145）

（4）肖像

攝影術在石印畫發展過程中產生著持續的影響。早先的石印影印技術就

是石版印刷與攝影的一種結合；而當攝影技術進一步成熟後，對石印新聞畫產生了衝擊，並最終替代石印畫成為主要的新聞圖像來源，與此同時，石印新聞畫開始轉向漫畫、插圖和裝飾；當肖像攝影逐漸流行起來時，拍攝肖像留念成為時髦，只是當時的肖像攝影仍然十分昂貴，沖印繁瑣，人們只是偶而為之。但是肖像攝影的仿真效果卻早已給人們留下深刻印象，使人們對寫實圖像的「能肖」功能有了新的要求，也就是要接近攝影效果。這也成了當時的大眾美術——商業石印畫的追求目標。

以月份牌為例，其典型模式是全身或半身的美女肖像，置身於裝飾考究的洋房中或身處如畫風景，人物擺出優雅儀態，面向畫外嫣然而笑，就像面對攝影鏡頭時那樣。這樣的作品更接近西方的人物肖像畫，但又像當時流行的肖像攝影一樣，只是追求外在的逼肖，而不像肖像油畫那樣試圖挖掘人物的性格、氣質或其他更內在深層的東西。並且，由於月份牌的通俗畫性質，在追求「肖」的同時更增加了一重純外在的「甜美」。所以，雖然同為寫實的石印藝術，新聞畫是對真實事件、社會現象的再現，而月份牌是對人物純外在形態的再現；前者帶有更為嚴肅的社會職責，意在傳遞新聞信息，並進而起到傳授新知、啟蒙思想的作用，而後者更具娛樂精神，附和著大眾審美，通過討好消費者以達到商業營銷目的。

這樣，作為都市大眾文化的代表，電影明星、舞臺紅人的肖像成為了月份牌的熱門素材。她們往往有著青春靚麗的外表，是消費品的最佳代言；她們又深受群眾喜愛，普通百姓都樂意擁有一張她們的美麗肖像，看著賞心悅目。所以，很多月份牌都是基於明星肖像攝影進行再創造的產物。彩色石印技術使得再創造成為可能，效果甚至超越單純的攝影，大量的印製使得這些肖像廣泛傳播，明星效應和廣告效應的疊加使得月份牌的商業策略大獲成功，美人肖像畫成為最受歡迎的月份牌。（圖 146）

（5）「洋派」

開埠口岸的商業文化帶有濃重的「洋味」，這不僅在於口岸商業的繁榮主要來自對外貿易以及外國駐華商人的經營，還由於近代商業文化本身就是歐洲工業革命後所建立起的近代工商業社會的文化表現。由槍炮打開的口岸城市在被強行實行對外貿易的同時，西方的商業文化也一併湧入，以文化殖民的方式直接在「十里洋場」生根發芽。所以早期的商業文化從營銷概念到表現方式都是直接來自西方的。作為商業文化的代表——商業美術，在面貌上

必然是「洋派」的。

　　石印商業美術的發源地在上海，是海派商業文化的一種表現，而海派文化本身就是洋味十足的。以月份牌廣告畫爲例，其本身是西洋廣告畫與傳統月份牌的結合，投資方多爲實力雄厚的外商，宣傳內容則爲各類洋貨。月份牌畫法就是西式的，這點無需多討論。其次，畫面中出現的人物多爲打扮入時的現代女性：著洋裝、抽洋煙、髮型和妝容也都是新潮洋派的……環境和道具也是西式的。此外，人物的神態動作以及在畫面中的做派也一反傳統，那些美麗女性擺出好萊塢電影明星的姿態，眼神大膽、自信、充滿誘惑，神情明朗、激情洋溢，與傳統女性造像大相徑庭。（圖 147，圖 148）而整個畫面營造的氛圍以及傳遞的潛在信息也是現代味兒十足的：有表現都市男女情愛的曖昧暗示；有表現康健陽光的西方審美觀和崇尚運動的西方生活理念的；有對燈紅酒綠的都市享樂主義生活的迷醉；也有對個性解放，彰顯自我的西方價值觀的崇尚。這就像月份牌本身呈現的鮮豔面貌一樣，在畫面中我們看到的是一種多元的、繽紛的、洋味十足的近代商業社會的圖景。這些廣告畫流傳到各地，這種對洋派的都市生活的描繪以及現代商業文化的暗示也將都市想像傳播到了各地，激發人們對都市生活的嚮往，並加速了商業文化的傳播以及與之相伴的來自西方的新文化、新思想、新理念在全國範圍內的擴散。

　　石印畫報是石印技術與新聞活動的結合，依託媒體運作手段和新聞傳播規律保障了新聞圖像的流行，並通過圖像影響市民觀看世界，瞭解世界的方式，引導了讀圖時代的到來。而以月份牌爲代表的石印商業美術則是石印技術與商業活動相結合的產物，依託資金運作、廣告營銷手段保障了圖像的流行。這類圖像雖然屬於商業活動的一個環節，但正是因爲其商業性，使得圖像脫離了文學和新聞，而更關注造型語言本身的規律，從此印刷圖像變得更純粹也更獨立，內容更自由，形式更大膽，無論是形式還是內容都蘊含著革新因素，並且以這種新型圖像面貌關照人們的視覺，影響人們的觀念。所以，石印商業美術進一步開拓了石印新聞圖像所開創的讀圖時代，豐富了圖像的語言，是晚清民初石印圖像的第二波流行和發展。

## （四）石印畫報到商業美術的演變

　　至此，我們已經較爲詳盡地分析了晚清民初各個階段石印圖像的面貌和

演變，總結下來主要可以分為兩個時期：

一是石印畫報時期。這也是印刷圖像由傳統向現代過渡的關鍵轉變期，石印圖像上呈現許多新舊結合的過渡色彩，在舊有的圖像體系中出現新因素，這些新因素也使得圖像的功能進一步擴大，尤其是圖像的敘事功能，成為傳播新聞和知識的重要媒介，也為圖像將來潛在功效和應用做了鋪墊。圖像的變化與新舊交替的時代背景和石印技術的傳入和應用有關，同時，新的圖像也改變了人們的讀圖習慣和觀察世界的方式，圖像信息也以特有的方式傳播新聞新知，為晚清民眾認識世界開啟了一扇窗戶，呈現一道獨特風景。

另一個重要時期是商業廣告畫時代，主要代表是石印月份牌。它是在石印新聞畫受到新聞攝影的衝擊，石印新聞畫本身開始向多元化發展，尋覓新出路之時產生的。商業廣告畫使得印刷圖像由敘事再次回歸裝飾，但是，此時的裝飾圖像經由時事新聞畫的過渡已經形成一套西洋體系。畫面追求立體、逼真、豔麗、強烈的效果，既是新興商業城市摩登生活的直接反映，也以圖像中包含的時尚信息和現代氣息影響著市民的觀念和生活態度，並通過大量的流通加強傳播，以流行圖像特有的方式參與到現代都市商業文化的建構。

我們可以附錄圖表 8 來簡單梳理一下我們對晚清民初石印圖像演變的分析。該圖表以同一題材的版畫——《寶釵撲蝶》為例，總結性分析比較了從雕版到石印到彩色石印各個不同時期印刷圖像所呈現的不同面貌特徵及其綜合成因。雕版印刷盛行期間，文學插圖多以木雕版印刷，圖像帶有文學性，用以配合文本，輔助文字說明。由於雕版印刷有嚴格的工藝流程，講究不同工種的分工協作，以及代代相承的程式化的創作，表現出來的圖像特點為：象徵性、概括性、線描性和裝飾性。當石印術逐漸替代雕版印刷時，出現了以圖像為主的新的流行性石印刊物——畫報。畫報因其新聞性質，其表現內容往往更貼近生活，而所運用的石版印刷相較雕版印刷在技術手段上也更靈活、豐富、細膩和個人化，這樣，石印圖像上呈現出更自然的西洋透視法和明暗塑造感，畫面更寫實，帶有描述性。又由於這一時期在技術和觀念上共同存在的過渡性質，此時的石印畫往往將中式線描與西式塑造相結合，呈現中國畫韻味，但又有別於傳統圖像。而隨著石印技術的進一步發展，五彩石印得到廣泛運用，新聞攝影又日趨成熟，於是石印圖像開始分流。攝影畫報逐漸替代石印畫報，石印畫則不再限於忠實再現新聞時事，而是與其他印刷工藝相配合，以不同形式綜合運用於出版領域。或追求該特定技術所支持的

特殊風格和獨立藝術價值，於是出現了大量石印諷刺畫、裝飾畫等；或轉戰商業領域，月份牌廣告畫則成爲最具代表性的彩色商業石印畫。月份牌的製作結合了五彩石印和擦筆水彩技法，使得彩色印刷最大限度地還原原畫面貌，呈現逼眞的攝影效果，此時的畫面僅在表現內容和人物形象上還帶有中式痕跡，總體上已經完全是再現性的西洋繪畫風貌了，成爲新時代的流行美術。

石印術在中國出版印刷界風行了短短三十餘年，其時恰逢晚清民初新舊文化交替的重大變革期，在中華民族抵禦外來侵略救亡圖存的同時，有識之士也在爲民族文化苦苦尋求出路，石印畫面貌的變化也反映了該時代的文化變革方向和速度。

當石印術初次傳入中國時，其新穎的技術和有別於雕版印刷的優勢便被國人善加利用，但西來的技術與由此技術產生的藝術樣式與本土源遠流長的雕版印刷技術和傳統圖像體系在本質上不同，依託不同技術產生的圖像存在面貌和理念上的顯著差異。但國人秉持開放的態度，坦誠地接納新技術，並努力將之與舊有體系相融合，尋找二者可能的結合方式。當時的石印畫顯得稚拙、中庸、謹慎，並不完美，處處顯出一種初期階段的實驗和探索痕跡。就像這張圖像（圖 149）中的女孩子，亦步亦趨，小心翼翼地學習如何掌握這種當時的新奇玩意兒「飛輪車」，畫面也顯現出這種小心翼翼和略顯彆扭的搭配。女孩的裝扮和神情還是小家碧玉型的傳統仕女摸樣；作爲晚期石印畫報，畫面在黑白處理和透視表現上已經頗成熟，但畫面題字，線條表達等，處處傳遞出一種傳統繪畫氣息；畫面的精神面貌也是含蓄和謹慎的，就像畫中女孩給人的印象，表現出一種內斂和節制。而幾年之後，我們看到同樣題材的石印廣告畫（圖 150），氣息已完全不同。畫中的一切元素都是那樣順理成章，渾然天成，略微仰視的視角，合理的透視，概括而肯定的構圖，豐富的色彩和微妙的明暗過渡，戶外明朗的陽光、新鮮的空氣、秀美的自然景象，等等，一切元素都恰到好處地襯托出主人公的朝氣蓬勃和獨立自信，女孩笑顏如花，陽光灑在昂揚的臉盤上，更顯其飽滿和美麗。她一身利索的短打，健康、挺拔，儼然一位時代新女性，顯而易見，她已經是一位騎行能手，自行車是被她熟練駕馭的現代工具。就像此時的石印技術，那種早年的生澀和猶豫早已消失，技術和形式都爲個性化的創作所使用，技術與形式已融會貫通，形成完美搭配。

### 三、教育領域——石印技術對晚清民初的國民教育做出重要貢獻

我們已經知道，當商業出版家最早開始嘗試石印技術時，是將其用於對經典古籍的印製，進而集中印製科舉參考書，以滿足龐大的市場需求。這樣，對於以科舉考試制度爲象徵的中國傳統教育體系運轉的最後二十年，石版印刷扮演了重要角色。

而當科舉被廢除，清政府開始實行新的西式教育政策，在各級城鎮鄉村相繼開設了大、中、小西式學堂，這些學堂需要大量的新式課本與之匹配，此時，石印技術同樣參與其中，清末民初的許多小學課本就是用石印技術印製的。

但是，石印在教育領域的更廣泛和深遠的作用在於通過大量流通的各類石印刊物和石印圖像對城市居民的圖式形象教育，這是一種對生活方式、思想觀念的潛移默化影響。比如以《點石齋畫報》爲代表的時事畫報中對新聞、時事、洋務、新知的介紹，以及圖像中隨處可見的對於通商口岸城市各行各業和日常生活的事無鉅細的現實主義描繪。可以說這些畫報是反映當時時代的一面鏡子，人們通過鏡子審視自己的生活，也更瞭解了自己的時代，這些畫報也爲後人留下一部圖像歷史。而以「月份牌」廣告爲代表的商業圖片則以豐富多彩的形式與各類商品相結合，無處不在地充斥著人們的日常生活，其時尚新穎的圖像語言和暗含的商業推銷策略持續性的灌輸著商業社會特有的消費文化，強化了一種所謂「現代化」和「洋派」的生活方式。並且通過非傳統的，大膽的西式圖樣衝擊人們的視域，進而作用於觀念，培養了城市居民更爲兼收並蓄的開明思想。

以下我們將針對這三個方面進行具體分析。

### （一）在傳統文化教育方面的貢獻

晚清的石印出版物以石印畫報爲代表，後又出現石印商業畫，成爲石印技術在中國發展的又一項成就。但該技術最初之所以能夠在中國立足並廣泛應用是在於其單純的在影印複製方面相對於傳統印刷術的優勢，尤其是對傳統經典的複製。

最初的墨海書院以及土山灣印刷所用石印技術複製宗教書籍，隨後商人美查涉足石印，很快意識到要將市場的需求與技術相結合，以獲得最大收益。當時中國書籍市場的最大消費群體就是讀書人，特別是要參加科舉考試的書生。而他們的需求是科舉時期的「教科書」和「教輔材料」，就是士子必讀的正編典籍、八股時文等。美查抓住了這個商機，用成本低廉的石印技術印製

的科舉書籍售價也大爲降低，結合影印又可以縮小印刷，便於出行攜帶，因
而廣受歡迎，獲得了巨大的市場成功。於是，各出版商群起傚仿，石印科舉
書籍風行一時，複製這類傳統工具書也成爲早期石印技術的一個重要應用領
域。同時，也正是因爲石印書的易於獲取，相應加快了文化的普及，尤其是
對應於傳統教育系統的知識和概念。除了科舉書籍以外，大量的古籍經典也
得以影印，那些深藏內府，束之高閣的大部作品以及孤本、古畫、名帖得以
面世，普通市民也能夠分享到文化經典。太平天國運動之後，爲恢復被破壞
的經典藏書，彌補文化損失，複印古籍更是受到官方支持，石印書局配合官
書局搶救印刷大量被毀古籍，保持了傳統文化的延續性。所以，可以說石印
術在應和科舉教育、普及傳統文化方面做出重要貢獻。

　　科舉的廢除對晚清的石印業來講可說是一大打擊，但除去科舉書籍以
外，石印影印技術仍持續使用在古籍字畫的複製上。即便後來石印被改良鉛
印術取代，大量的印刷市場份額被其他印刷術擠佔，古籍和字畫的複製仍然
是以石印以及由石印發展而來的五彩石印和珂羅版技術爲主。尤其是民國年
間，大書局、國家藏書單位，如商務印書館、博古齋、上海古書流通處、南
京中央圖書館、故宮博物院等大力影印珍本古籍。〔註 59〕一些文化界名流也
將自己收藏的珍貴文物，影印成冊。不僅挽救了一批瀕於淪亡的傳統文化遺
產，而且解決了學者尋求古書的困難。所以說在古籍保護和推廣方面，石印
的作用功不可沒，石印技術在對於經典善本的保護和民間推廣方面自始至終
起著積極作用。（圖 151）

## （二）在新式教育方面的貢獻

　　甲午戰爭後至清朝末年，變法維新運動蓬勃展開，介紹西方政治思想、
科學技術的書籍成爲當時石印出版的熱點，一時之間，市面上湧現大量石印
西學經典。影響較大的有光緒二十一年上海醉六堂印行的《西學大成》、同年
上海鴻文書局印行的《西學富強叢書》、光緒二十三年上海慎記書莊的《西政
叢書》、光緒二十七年上海寶善齋的《富強叢書》等等。〔註 60〕作爲普及型讀

---

〔註 59〕 李培文著：《石印與石印本》，《圖書館論壇》，1998 年第 2 期，P79：成就最大
　　　　的當首推商務印書館。商務自民國三年起到解放初期編輯影印的古籍叢書約三十餘種，其
　　　　中民國八年至二十五年陸續出版的《四部叢刊》及其續編、三編，收入宋元明善本 477 種，
　　　　11896 卷，共 3100 冊。稱得上是古今影刻、影印圖書之巨著。其他如《百衲本二十四史》、
　　　　《續古逸叢書》等也均爲學術界所稱道。
〔註 60〕 徐維則撰，《東西學書錄》，清光緒二十五年石印本。

物，這類書籍多印製粗糙。但卻十分具有現實意義，爲清末民初這個中國社會的重要轉型期，爲即將到來的新民主主義革命在群眾中普及新知、啓蒙心智和貯備革命文化力量上做出重要貢獻。

另一方面，洋務運動，維新變法，清末新政，廢除科舉等一系列歷史變革也推動了晚清的教育改革。洋務派興建新式學堂，拓展教育內容，將西方器物文化納入教育大系；甲午之後，積極推行新式教育以振興民族的要求更爲迫切，促進了學制的改革，形成小學、中學、大學的三級學校制度，從而根本上改變了官學、書院、私塾形式的傳統教育制度。

京師同文堂是洋務派創建的第一所新式學堂，其教學內容除了外語以外，還包括算學、化學、萬國公法、醫學、生理、天文、格致等課程，這些西學內容從來沒有在官辦學堂系統開設過。在封建教育制度下，無論是基於八股取士制度還是主張經世致用，其基本的教學內容仍然圍繞在對《經》、《史》、《子》、《集》這些經典的解讀。而新式教育則需要全新的教材並訴諸全新的教學模式。配合新式學堂的建立，也要發行與之相應的教材和讀本。對於天文、地理、格致、算學等西方近代自然科學知識的傳授需要圖文並茂的詳解，文字說明必須配合嚴謹準確的詳細圖解。當時石印尚不普及，此類刊物的印刷多爲鉛印加銅版。其時由傳教士丁韙良（William Alexander Parsons Martin）創辦於北京的《中西聞見錄》〔註61〕及其續刊《格致彙編》都有大量篇幅介紹西方近代科技，文字中夾雜大量的高品質的圖像，使得文字所介紹的科技內容更直觀，可謂配合洋務派教育方針的刊物。

但洋務派教育改革策略具有狹隘性，其規模也是有限的，如京師同文堂的招生對象主要集中在八旗子弟，科舉士人，以及少數雜項人等，並不是現代意義上的普及性教育。與之相配套的教學資料的印製也使得新式教育在當時尚不能普及。《中西聞見錄》之類的刊物的出版仍屬於個體行爲，多爲外國傳教士利用其身份和採集資料的便利在中國發行的。又由於當時印刷條件和印刷方法的限制，書中圖片多爲來自境外同類書籍的昂貴的銅版圖像，也導致售價不菲，也影響了發行規模。

新式教育眞正開始普及要等到光緒末年，其時教學新政的推行配合以新

---

〔註61〕於 1872 年 8 月在北京創刊，由京都施醫院主持，美國傳教士丁韙良（William Alexander Parsons Martin）、英國教士艾約瑟（Joseph Edkins）和包爾騰（John Burdon）等人主編。後來艾約瑟和包爾騰離開北京，主要的編輯工作便由丁韙良負責。見：李娟著：《丁韙良與〈中西聞見錄〉》，《中華讀書報》，2006-05-24。

技術印製的價格低廉的新式教材的推廣，才使得現代教育步入發展的正軌。中國近代學制及掌管教育的學部的建立在康有為的《請開學校摺》中已具備較合理的設想，並在百日維新運動中部分地實施了。〔註 62〕此後，雖然維新運動在戊戌政變中被鎮壓，但改革是大勢所趨，對新式學制和學堂的建立以及教育內容的改革在清末新政期間得以持續。1902 年 8 月 15 日，張百熙主持擬訂了《欽定學堂章程》由清政府頒佈，是中國教育史上第一個由政府公佈的法定學制系統。比如其中對小學堂的教育內容規定包括：修身、讀經講經、中國文字、算術、歷史、地理、格致和體操，另視具體情況酌加圖畫、手工等課目。教學方法「以講解為最要」，防止死記硬背的注入式教學。1905 年科舉廢除，學部成立，不久又通令全國設半日學堂，專收貧寒子弟，不收學費，不拘年歲，並規定各類小學堂均歸勸學所主管。〔註 63〕

　　新式教育的實施是基於國家政策的強制貫徹和統一執行的。配合新政，從學堂建立、學制規定到教學內容的設計都是全新的，一系列符合新教學內容的新式教科書的統一印製也是當務之急。教科書是教育新政開支的一個重要組成，而在清末國家財政緊張的情況下，必須找到一個行之有效的解決辦法。新式教科書的內容新、數量大、多數課目需要圖文並茂的教材，對於低齡學生的初等教育又需要考慮到教材的生動性，以通過循循誘導培養興趣，在保證這樣的品質的同時又要考慮到財政預算。這樣，只有採用石印術來印製新教材最為合適。所以晚清新政時期出現了大量石印教科書，尤其是小學課本。由於這些課本是由各省興學機構依據中央政府的學堂章程設計內容並指派專門人員和印刷機構編輯製作的，所以規格和內容大同小異。（圖 152）文字為大號鉛印，圖像有銅版、石印，圖文編排生動有變化，圖像形式多樣，有簡要說明性的，不特別強調造型的，類似傳統圖式的線描稿，又有嚴謹塑

〔註 62〕金林祥主編：《中國教育制度通史》（第六卷），山東教育出版社，2004-3，P200：康有為……在 1898 年六、七月間上《請開學校摺》，向光緒帝建議「遠法德國，近採日本，以定學制」，以西方資產階級學校制度為榜樣，「遍令省府縣鄉興學」。具體言之：小學　遍設於鄉，「舉國之民」自 7 歲入學，學制 8 年。「其不入學者，罰其父母」……中學　立於縣，14 歲入學，分初、高等兩科，各 2 年，除繼續學習普通科學文化知識外，加授外國語和實用科學。初等科畢業後，可升入專門學，專門學則設置「農、商、礦、林、機器、工程、駕駛，凡人間一事一藝者，皆有學」。中學、專門學畢業後可升入大學。大學　設經學、哲學、律學、醫學 4 科。省府可立專門高等學校，首都則設立一所規模較大的京師大學。……康有為在奏請興學的同時，就提出了建立學部的要求。他說：「若其設師範、分科學、撰課本、定章程，其事至繁，非專立學部，妙選人才，不能致效也。」希望通過設立學部，來管理日益增多的新式學堂。

〔註 63〕金林祥主編：《中國教育制度通史》（第六卷），山東教育出版社，2004-3。

造的西式寫實畫面，根據教學內容的需要，靈活選取。而更值得注意的是書本中間或有一整張用當時最新五彩石印技術印製的彩色圖片（圖 153），使得課本在內容上更豐富和有吸引力，符合新政對此階段教學的要求。石印圖像配合其他現代印刷技術，使得新的教學課本貫徹了新政的精神，多種現代學科的知識內容溶解在了活潑的版面和豐富的圖文中，令學習變得直觀有趣，新的文化知識從小學階段開始影響中國下一代心智的發展。

### （三）石印畫報和商業美術的教育作用

除了在體制內的新舊教育中，石印刊物對傳統教學和新式教學都有所貢獻以外，石印在教育方面的更重要的意義在於其在晚清民初新舊社會交替之際在民眾教育方面所扮演的角色。這種教育是通過石印大眾出版物的社會影響實現的。這些出版物在內容和表現形式上潛移默化地影響著人們的思想和行為，石印畫報和商業美術在這其中的表現尤為突出。

### 1、畫報的教育作用

早期石印畫報的流行有效地起到了傳播西學和新知的作用。畫報是新聞紙的一種形式，作為文字新聞的補充，多數畫報的主要內容為以外交、戰事報導為主的國內外新聞或是西學新知，也包括一些里巷雜談、奇聞異事等以增添趣味性。各類畫報側重面或有不同，但都強調一個新聞性，並盡可能基於事實基礎。對於門戶初開的晚清國民來說，這些報導新、奇事件的石印畫報是一扇瞭解域外風情、西學新知的窗口，也是瞭解所處時代，洞悉時局的渠道。圖像的解釋使得文字新聞變得直觀易懂，而對於當時不識字的廣大民眾，比如多數婦女，畫報為其提供了接受教育獲取信息的平等機會。

石印畫報的低廉成本使其能夠被大量印製，廣泛散佈，並頻繁更新，從而加快了新聞和知識的流通，並保證了所載內容的新鮮和時效性。石印圖像的高品質使其深受民眾歡迎；並且，描述性的圖像擁有較強的敘事功能，能夠把新聞事件的來龍去脈交代清楚，把新知西學的要義闡釋明瞭，輔以簡要的白話文字說明，其內容更易於為普通民眾所理解，此外，連環畫等純圖像形式的石印出版物也逐步普及，同樣起到了文字所不具備的圖像教育功能。

更有畫報直接以啟蒙興教為宗旨，則在內容上有意識地選取現代科學和文化知識以及西方的社會政治制度。比如，北京的《啟蒙畫報》（1902），以兒童為對象，內容包括古今倫理、輿地掌故、科學技術和政治時事等。而更著名的是《童子世界》（1903 年，為蔡元培、章太炎創辦的愛國學社所辦的一

份綜合性少兒刊物）〔註64〕。它的辦報宗旨是向兒童傳授知識，播種革命思想。每期內容有歷史、萬國地志、博物化學等方面的知識，並常以專題形式宣傳民主革命和抨擊當時社會制度。

　　1900年以後，白話報紙開始興起。爲開通民智，在底層民眾中獲得響應，各報紙增刊白話專欄或報館專設白話報紙，往往以石版印刷，並通常配以圖像（此時的圖像已不再是單純的現實再現，而是出現了多種新的形式，包括更具意識形態色彩的漫畫、政治宣傳畫等），可以說是畫報形式在新的歷史時期的新發展。這些報紙不再像早年的各大字報那樣主要針對知識階層，此類白話報的主要讀者是教育不足的中下階層民眾，興辦目的在於「開愚」、「啓智」。通過白話文和漫畫圖像將啓蒙思想以通俗易懂又生動有趣的方式傳播給文理粗通之人以及婦孺兒童。辛亥革命前期，各革命社團更是有意識地興辦白話報紙和畫報，向更廣大的勞動階層宣傳時事政治和改革主張，爭取民眾的支持。如革命黨的機關報《民立報》就在其雜錄部每天刊載白話小說，同時又增設《民立畫報》。到了這個階段，石印畫報所肩負的對民智的開啓任務不再僅僅停留在對西方科技知識的科普性介紹了，而是由啓蒙思想升級到救亡運動，集中到對革命思想的宣傳。通過經選擇的社會圖片和諷刺漫畫來揭露現有制度的腐敗和社會的不公，並有針對地介紹西方的哲學和政治，宣傳民主與法制，自由與平等進步思想，促進民眾思想覺醒，爲即將到來的民主主義革命的民眾認識做鋪墊。

　　在18、19世紀的中國，粗通文字者，男性約百分之三十到四十五，女性則約百分之二到十。〔註65〕所以，無論是如《點石齋畫報》一般精美圖像結合文言注解，還是後期如《民立畫報》那樣諷刺漫畫結合通俗白話，畫報圖像在晚清民初時的中國社會中傳播信息，啓蒙教育所起到的重要作用是毋庸置疑和無可替代的，使得在以報刊雜誌形式開晚清現代風氣的大背景下，更廣大的下層民眾也得以受益於現代技術與媒體所帶來的啓智與教化作用，新文化運動也因之得以波及整個社會。

---

〔註64〕前期以油光紙石印，後來採用鉛印。初爲日刊，每期3頁；第21期起改成雙日刊，每期6頁；第31期起又改成旬刊，每期50頁。1903年6月，出版第33期後，由於發生《蘇報》案，愛國學社遭查封，因而被迫停刊。見：上海市地方志辦公室 http://www.shtong.gov.cn，首頁——專業志→上海青年志→第六篇　青年文化→第二章　新聞出版與廣播影視→第一節　新聞出版。

〔註65〕李孝悌著：《清末的下層社會啓蒙運動：1901～1911》，河北教育出版社，2001-11，P24。

### 2、商業美術的教育作用

我們從兩個角度來分析商業美術的教育作用：商品圖片（包括出現在廣告中的商品形象，商標和商品包裝），以及宣傳廣告（如月份牌廣告畫）。

#### （1）商品圖片

石印商業海報、包裝、宣傳品等的核心內容是對商品的呈現和宣傳，琳琅滿目的商品圖像會出現在這些宣傳紙上。這些日用商品正是城市經濟的組成部分，對它們的辨認和使用正是現代都市生活的重要內容。商品經濟和都市生活的抽象概念正是通過這些具體的商品加以表達和傳播的。並且，更多情況下，這些概念不是通過對具體商品的消費過程獲得，而是通過商品圖像對視覺的持續刺激來強化的。由於廣告中的很多產品並不是下層百姓以及鄉鎮居民所能消費的，所以大眾對都市生活的概念和印象往往就由這些平面圖像所勾勒出來，而廣告招貼對圖像的潤色和美化又能進一步激發人們的想像，五顏六色、豐富多樣的現代商品圖片拼湊出所謂都市想像。通過這些商品圖像，通過人們或準確、或偏差的都市想像，各階層民眾在心目中建立起了五色雜呈的都市概念。另外，隨著這些城市消費品的出現，商品圖像所作用的對象，即市民階層也同時成為了商品消費者，並逐步建立起消費觀念以及與之相應的消費習慣，於是，以消費文化為代表的現代商業文化逐漸出現，成為都市文化的重要組成部分。

#### （2）宣傳廣告

商業文化除了以廣告中的具體商品形態加以物化表現外，還以更含蓄的圖像語言形式融化在以月份牌廣告為代表的商業廣告畫中，表現為對消費行為和消費理念的詮釋。商品消費是都市生活的重要組成，從某種程度上說商品為市民階層帶來了身份的辨識，是市民教養的物化體現，商業文化與都市文化彼此相互滲透，互為表現。與現代商業文化相伴的「時尚」、「現代」、「先鋒」等概念也逐漸為都市人所認識，並追崇。所以，廣告畫所表現的內容和表現的形式既是一種對消費行為的引導，又是對城市文化的一種直觀反映。

##### i 人物形象

早期月份牌中人物形象還帶有晚清仕女畫特點，低眉順目，神情冷漠，體態羸弱，動作拘謹，個性模糊，有種怯生生的病態感。這可能正是當時女性形象的一種寫照，也是晚清女性社會地位的一種側面反映，是附屬的和群體化的。這樣的形象符合當時社會的共識，而對於當時的女性自身來講個性

化的自我意識也並不強烈。（見圖 139）

　　隨著商家對女性消費群體的關注，也隨著月份牌繪製技術和形式在逐步發展，人物造型也漸趨變化。女性形象開始變得豐滿圓潤，臉部飽滿紅潤，妝容豔麗；眼神大膽，眉目傳情；在裁剪合體的時裝下，體態顯得凹凸有致；其姿態也盡顯女性性感嫵媚，甚至頗為撩人。有些造型和姿態直接模仿自海外電影明星廣告，神情更是洋味兒十足，充滿世紀初新女性的那種自信和活力。加上彩色石印愈加濃豔的色彩運用，使畫芯中人物更顯光彩耀眼，這樣的美麗不再是含蓄的了，而是鮮活生動的。（見圖 138，圖 147）

　　另外，廣告畫中的新女性不僅在穿著打扮上大膽入時，勇於自我展現，還在細節上體現出一種思想的解放和張揚的個性，比如有不少畫中女子所閱讀的書籍有《天演論》、《航空術》等（見圖 139，圖 140），而不少女子從事的活動也顯示出一種奔放和豪情（見圖 137），說明這些人物不僅外在新潮，思想也前衛、大膽，並接受良好文化教育。另有女子優雅地品評洋酒、熟練地抽著洋煙，舉手投足彰顯著個性，並展現別樣的摩登魅力（見圖 135，圖 143）。這樣的人物精神面貌完全不同於前期月份派中的造型，與傳統畫作中的女性形象拉開差距。

　　廣告中的這些形象描繪的是晚清民初新興城市中出現的新女性形象，其摩登感和現代感除了表現在妝容和儀態上，更是體現在精神面貌上，一改以往的謙卑、怯懦，而變得自信、積極。這既是時代形象的反映，更是對新女性形象的一種肯定和贊許。商品複製和流通的過程則將這樣的形象推廣到全社會，甚至鄉鎮，從而引導了一股女性解放的潮流。

### ii 生活方式

　　廣告畫中還經常展示理想中的中產家庭景象：在布置著西式家具的明朗廳堂內，年輕漂亮、身著洋裝、舉止優雅的夫婦或姐妹妯娌閒適地倚靠在款式新潮的沙發或扶手椅上，三、兩個健康可愛的兒童嬉戲於左右……這是傳統全家福式的圖景在新時代的演繹，只是背景的配置和人物的活動改變了（圖154，圖 155）。同年畫中的全家福圖像一樣，這類作品展現的是一種溫馨安逸的家庭景象，將來自西方的中產階級家庭觀與中國傳統家庭觀相結合的形式也更易為中國民眾所接受。封建社會和資本主義商業社會都提倡建立穩定的、統一形態的家庭單位，家庭既是社會穩定的基礎，也是商品消費的基本單元。只是後者的家庭形態在規模上相對縮小，這種典型的小規模中產家庭

在物資上無法自給自足，只有依賴對商品的消費，是各類已轉換成商品的生活物資的主要供給對象，是商品經濟的構成基礎。

　　大量的商業廣告利用中國傳統社會對家庭觀念的重視，甚至利用民間版畫中的圖像樣式，有意識地將家庭概念推陳出新，培養起新型的家庭觀。而這種現代消費社會的所謂理想的家庭圖景則是由物質化的商品所包裝表達的。比如：作為畫面背景的窗簾、地毯、擺設、西式地磚、弔燈等，看著像家具市場的展示角；而畫面人物從頭到腳的裝扮，把玩的物品也像是商場櫥窗中的展示；甜蜜喜悅的神情也都千篇一律，就像商場中的各色促銷所擁有的同一張笑臉⋯⋯這些商品廣告畫正是依託「家」的觀念，傳遞消費的觀念，並且通過概念的置換，使得消費品成為了家的代表，對商品的消費成為一種生活方式，如何進行消費，消費何種產品成為了一種生活風尚。其對人們潛移默化的影響是：這些現代商品，現代的生活方式就是家庭的概念和組成。這些廣告圖像則成為人們行為舉止和生活方式的藍本。置身其中的都市市民也就漸漸認可了這一觀念，不知不覺間建立起了消費的觀念並養成全新的行為，順應社會形態的轉換，由原先耕織於鄉野的農民轉換成了穿行於工廠與商場的城市產業工人和商品消費者。

　　iii 時尚潮流

　　商品與時尚永遠捆綁在一起。富餘的商品，非實用的部分就成為了一種時尚和概念，傳遞的是一種生活態度。當人們的消費行為建立起來後，自然會產生對時尚的追求，而對時尚的追求往往導致非理性的消費，加快資金的流轉，因而廣告畫除了幫助培養商業社會的消費大軍以外，還推廣著時尚的概念，成為都市摩登的展示平臺。

　　女性從一開始就引領著商品消費，對時髦、風尚的追求也使得其對時尚格外敏感。所以，時尚領域歷來主打女性產品，或以女性為代言。表現在廣告畫中，便是出現形形色色的時髦女郎，穿戴使用著新潮玩意兒，擺弄著摩登姿態。這樣的時髦女郎大量出現在商業廣告畫中，成為城市婦女在穿著和儀態上的倣仿對象，也為鄉村地區的人們描畫出一幅都市時尚。

　　而摩登女郎獨立自主、大膽自信的氣質也微妙地影響著時代女性，促成民初婦女自我意識的覺醒。

　　iv 信息資訊

　　商品廣告的教育作用還體現在信息資訊的傳播上。作為信息媒體的組

成部分，商業廣告與文學、電影、戲劇、廣播等一樣，傳遞著多層面的信息。在老上海，電影雖然已經流行，但由於票價和場次的限制，仍不是普通百姓能經常性消費的；文學則永遠是小眾的享受，即便通俗文學也需要識字的能力，而在當時的中國，文盲的比例決定了以文字寫就的東西無法在群眾中普及。所以，以月份牌為代表的大街小巷隨處可見的商業美術的流行度遠較電影和文學廣泛，石印圖像再次擔當起傳播信息的重要作用，這次則是以豐富直觀、五色斑斕的形象世界來傳遞生活的信息和新潮的觀念。這些商業廣告可以說是充當了現在的電視媒體的作用。舉一個直接的例子，作為老一輩上海人，我的外祖父在我小時候經常提到喜劇明星卓別林這個人物，就像當時的許多好萊塢明星那樣卓別林在三十年代的上海幾乎是家喻戶曉的，但作為出現在電影裏的人物，並不是每個人都有機會看到，當時的上海並不是人人都有機會去影院觀看外國片的，我外祖父就沒看過，但人們之所以知道這個人物，就是因為這個形象就像當時風靡世界的其他好萊塢明星的形象，早已成為一種廣告代言充斥在當時的各種商品廣告中了。

石印利用其高效低廉的複製手段，以及有別於傳統凹凸版印刷技術的影印、縮放功能搶佔了教材、參考資料的生產份額，並與現代印刷業相結合，將之擴展為規模化生產，為廣大書生、士子創造了實惠。石印技術對古籍字畫的複製，以及低廉的零售價格，也使得傳統文化藝術的重要載體——書籍，尤其是限量的珍本、孤本，從特權階級普及到廣大群眾，大大拓展了文化教育的覆蓋面。在資金匱乏、設備有限的新式教育系統的早期建立過程中，石印技術又憑藉其低廉的成本以及複製影印和圖像表達方面的優勢成為教材建設的首選，特別適用於內容淺而雜，又需兼顧形式豐富有趣的初等教育課本，因而石印在城鄉新式教育的基礎文化普及中扮演重要角色。

石印技術利用其高品質的圖像複製技術將圖像納入到印刷出版系統，使印刷圖像以不同形態出現在不同出版媒介上，扮演不同角色，承擔不同任務。這些石印圖像與新聞系統和商業系統相結合，並利用後者作為大眾傳媒的特點在群眾中廣泛流通，以圖像特有的形象化的語言傳遞信息，並以圖像特有的教育方式潛移默化地影響人們的思維、觀念和行為習慣。對於晚清民初城市平民階層的信息文化普及以及都市文化的形成起到了積極的作用。（圖 156）

## 四、石版印刷的衰落

在前文中已經提到，石印在晚清民初的傳入、發展和流行都與該技術的複製功能有關。基於業界對成本和效率的一系列實用性考慮，石印替代了原先歷史悠久的雕版印刷，在新興的近代商業印刷領域獲得巨大成功，成為一個時期的主流印刷技術。

但也正是由於上述唯功能性和商業性的目的，使石印的「技術」特性在發展中始終起主導作用，相對獨立的「藝術」特性並沒有得到應有的關注和充分的發展。這一點，不同於西方19世紀末藝術家積極參與創作各類獨立的石印藝術作品的情形，也不同於中國30年代的新興木刻版畫運動。在上述兩種情況中，由於不同類別版畫的獨立藝術價值和特殊表現力受到關注，使得技術能夠擺脫功利性，而在藝術領域獲得更廣闊的發展空間和更綿長的生命力。而中國的石版畫卻始終依附於出版業和商業，這也決定了技術因素既能夠成就中國的石印，也能夠同樣迅速地將之淘汰。一旦更具優勢的新技術出現，石版印刷便被自然替代。

當石印剛傳入中國時，具有多方面顯著優勢：高效、廉價，對本土手工紙的適應，加上照相石印的縮放功能等，這些理所當然為商家所看重，很快被用來複製古籍和應試書籍，取得巨大利潤。繼而發展出圖像新聞形式的石印畫報，大受歡迎，再次獲得市場成功。從此石印業一派興隆，幾乎與鉛印平分印刷市場的天下，一個用於文字，一個主要用於圖像。這樣，即便在科舉考試廢除後，面對考試用書市場銳減的衝擊，石印在圖像新聞領域仍然佔據重要的市場份額，並且還進一步在圖像生產上拓寬市場。這方面，上文中都已論述。

所以，造成石印衰落的真正原因在於其他印刷技術的改良和新技術的應用，以及後來由於石印術本身的局限性所造成的其對新時代、新需求的種種不適應。

幾乎與石印進入中國的時間相重合，膠印、珂羅版等技術也在晚清先後進入中國，鉛印甚至更早。但當時的這些印刷術在技術上尚不盡如人意，而且運行成本高，對機器和紙張等有特殊要求。所以無法與石印競爭，尤其是在印刷圖像方面。但情況很快就發生了變化，在石印業風光之時，其他技術也在加速革新，不久，改良的技術紛紛湧現，都對石印造成威脅。

首先是照相銅版：將攝影術與銅版結合，比照相石印大大邁進一步。「1881

年美國人艾夫斯（F. E. Ives），1882 年德國人米生白克（Meisenbach）利用小孔成像原理，發明照相時加網紋，獲得由細小圓點構成的圖像。……就產生了『照相銅版』。後來用分色原理，又成『三色銅版』。」〔註66〕其優勢是：網紋細膩，圖像層次豐富。缺點是：幅面小。

　　另外，珂羅版：由德國人阿爾貝托（Joseph Albert）發明於 1869 年〔註67〕。將圖畫的照相負片反扣覆在塗有感光材料（重鉻酸鉀）的厚玻璃上，感光後直接可以印刷。優勢是：複製圖像極為細膩，接近照片效果，所以多用來精印字畫。缺點是：珂羅版的這種感光膠在玻璃上的附著力不強，一個版只能印 100 多張；而且版面做不大。〔註68〕

　　而膠印的出現更是徹底改變了印刷業的格局。膠印是在石印基礎上發展起來的改良平版印刷。其想法最早產生於用平版方式印製食品罐頭上的圖案，由於橡膠有彈性，在這種曲面上印刷，比石版和鉛版都要效果好。1904 年美國人魯泊爾（Ira W. Rubel）又將這個方法用於紙張印刷〔註69〕。基本手法是：用「薄的亞鉛版做印版 A，裝在著墨滾筒上；再增加一個橡膠滾筒 B，作為轉寫；載紙滾筒 C 接受 B 的轉寫，完成印刷。」〔註70〕膠印的優勢是：質量好且快，印版便於保存；而且層次豐富，質地細膩，對照片的還原優於照相石版和照相銅版，而且印刷幅面不受限。這樣，很快，文字和圖像都開始使用膠印了。而現代印刷普遍使用的 PS 版正是在此基礎上發展起來的，採用預先在版基上塗布感光層的鎂鋁合金板作為印版，基本原理和膠印一樣。

　　除了印刷技術的改良，材質和產品形態的變化也反作用於技術。以紙張為例，石印技術和中國手工紙一直配合良好，而且由於單面印刷，裝幀形式

〔註66〕石宗源、柳斌傑總顧問，汪家熔著：《中國出版通史》7 清代卷（下），中國書籍出版社，2008-12，P123～124。

〔註67〕張秀民著，韓琦增訂：《中國印刷史》，浙江古籍出版社，2006-10-1，P444。

〔註68〕石宗源、柳斌傑總顧問，汪家熔著：《中國出版通史》7 清代卷（下），中國書籍出版社，2008-12，P123。
　　　　據：《版畫技法（下）》，蘇新平主編，北京大學出版社，2008-8，P294：每塊「珂羅版」只能印刷 1000 至 2000 張印品。

〔註69〕石宗源、柳斌傑總顧問，汪家熔著：《中國出版通史》7 清代卷（下），中國書籍出版社，2008-12，P113。

〔註70〕石宗源、柳斌傑總顧問，汪家熔著：《中國出版通史》7 清代卷（下），中國書籍出版社，2008-12，P113。

也採用傳統線裝。這一方面可以說是早期出版商對中國傳統印刷版式的尊重，同時也是出於對成本和市場認可度的考慮。但是隨著印刷業的日益發展，印刷技術的改良，印刷速度的加快，以及社會對印刷品的需求的增加，原先用於石印的連史紙已經不能適應迅猛發展的現代印刷工業的需求，而此時進口機製紙的價格也一再下降，開始代替連史紙成為印刷首選。機製紙雖然也有缺陷，但可以兩面印刷，配合這樣的印刷，洋裝版式開始流行。而此時，留日學生在譯著、印刷、出版方面的積極推介和活動也加快了洋裝書在中國的流行。〔註 71〕新的紙張性質，新的版式裝幀都需要更快更好的新印刷技術與之匹配。這樣，流行了三十來年的連史紙配合石印，加中式線裝的石印出版模式告一段落。

在這新技術的重重挑戰下，在印刷業飛速發展的時代車輪下，石印本身的缺陷日益暴露：石板笨重，搬運不便，在印刷機上的運動速度慢而且只能平鋪往返運動；同樣由於石板的笨重，石印從根本上制約了印刷的尺幅（巨大的石頭無法操作）；印刷壓力控制不好，圖片質量不穩定；印版附於石板，難以保存；等等。

與此相比，這些改良印刷術和新技術的綜合出現，則能完全彌補這些問題。印刷的速度變得更快且質量穩定；圖像更清晰，層次更多，色彩更精美；印刷能夠應用在不同的材料和不同形狀的商品上；各種手法易於配合，產生綜合視覺效果。

這樣，曾經風光的石印技術再無法適應新的時代，不能融入新的印刷生產結構中了。石印畫報被攝影畫報替代，並且採用膠印印刷；石印商業廣告也普遍採用膠印；石印古籍複製則被珂羅版替代。終於，晚清民初的石印時代宣告結束。

---

〔註 71〕〔日〕實藤惠秀著，譚汝謙、林啓彥譯：《中國人留學日本史》，三聯書店出版，1983-8，P252。

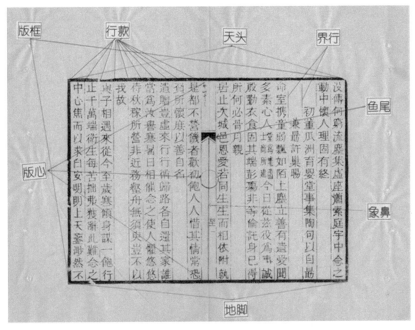

圖 88　版式

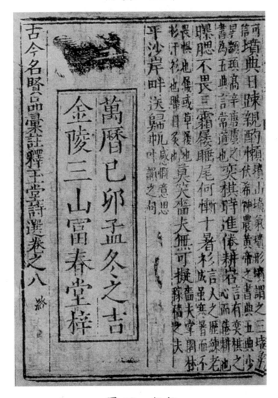

圖 89　版記

圖 90 《新刻全像三寶太監西洋記通俗演義》二十卷一百回，1573
年～1619 年（明萬曆年間）金陵三山道人刊本

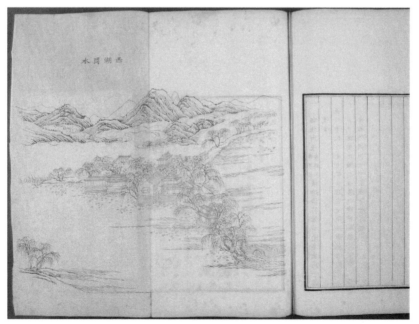

圖 91 《鴻雪因緣圖記》1847 年（道光二十七年）刻本 完顏麟慶撰

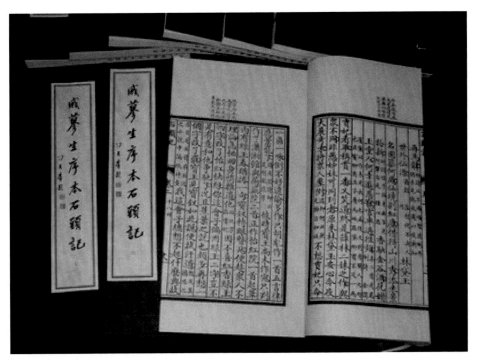

圖 92 線裝書

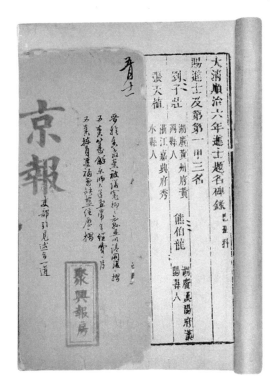

圖 93 《京報》清順治至光緒刻本

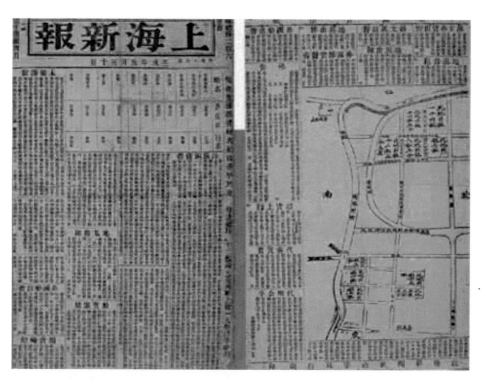

圖 94 《上海新報》1861 年 11 月創刊

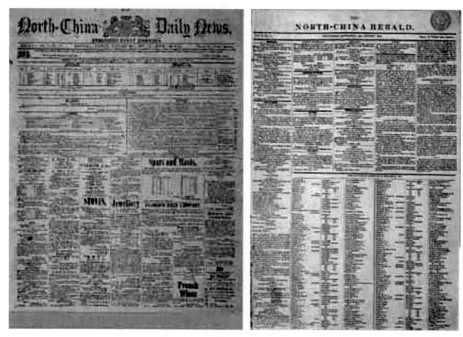

圖 95 《字林西報》（North China Daily News），前身爲《北華捷報》（North China Herald），1850 年 8 月 30 日創刊

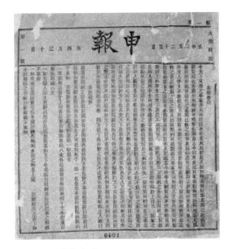

圖 96 《申報》　　　　　　　　　圖 97 《吶報》

圖 98 《中外日報》1898 年 5
月 5 日創刊

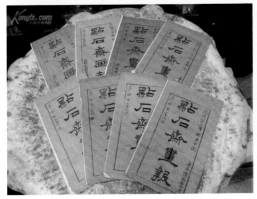
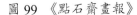

圖 99 《點石齋畫報》

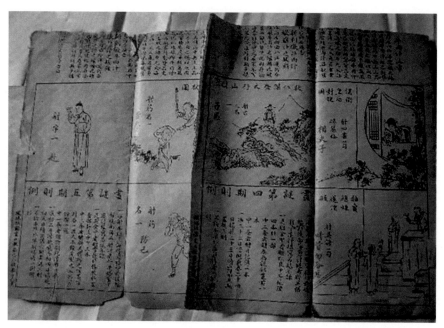

圖 100 《圖畫日報》（宣統元年）1909 年創刊，上海環球社

圖 101 《點石齋畫報》「曾襲侯像」

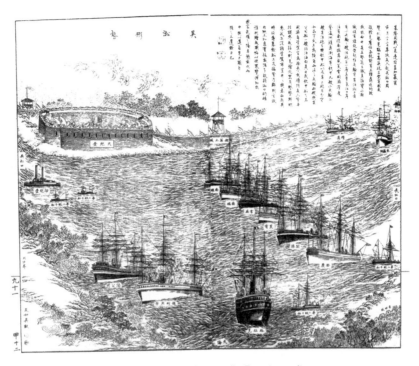

圖 102 《點石齋畫報》「吳淞形式」

圖 103 《點石齋畫報》「見財起意」

圖 104　《點石齋畫報》「氣球破敵」

圖 105　1935 年的上海外灘，公共汽車上被各式各樣的廣告「侵佔」
　　　　20 世紀三四十年代，上海的廣告、傳媒行業已經發展到很高
　　　　水平，這成為當時上海貿易繁華的又一個佐證。

圖 106　茶葉廣告

圖 107　陰丹士林廣告

圖 108　肥皂廣告

圖 109 〔美〕扇面廣告

圖 110 《海上繁花夢》上海采風報館附送《采風報》1898 年 7 月 10 日創刊

圖 111　《四美圖》約 1200 年（金承安間）平陽府姬家刻本

圖112　《紅樓夢圖詠》「迎春」（左），「寶釵」（右），木刻版畫，改琦

圖113　《金陵十二釵》「迎春」（左），「寶釵」（右），石印，吳友如

圖 114　廣生行有限公司月份牌廣告，香港，1932 年

《弄花圖》香港，1920～1930 年代
圖 115（左）手稿，圖 116（右）廣生行有限公司月份牌廣告

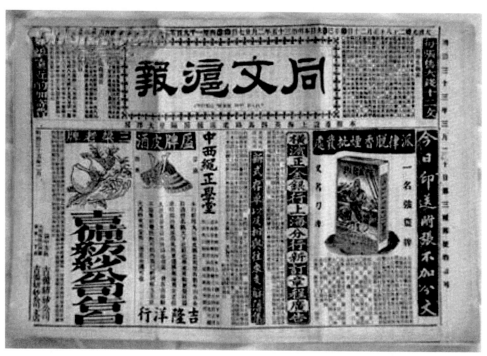

圖 117 《同文滬報》1900 年（光緒二十六年）出版，原《字林滬報》1882 年（光
緒八年）創刊

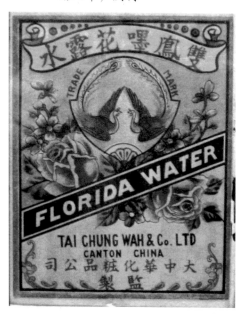

圖 118 花露水廣告

圖 119 樟腦廣告

圖 120　石印海報，吐魯茲─勞特
　　　　累克〔Henri de Toulouse-
　　　　Lautrec，1864～1901〕
　　　　（法）

圖 121　石印插圖，比亞茲萊〔Aubrey Beardsley，1872-1898〕（英）

圖122　陰丹士林廣告畫面帶有一種現代平面廣告
　　　　設計的形式感和裝飾感

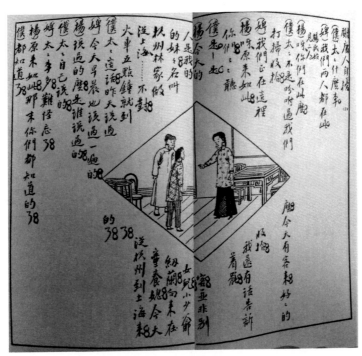

圖 123　《新聞畫報》

圖 124　《遊戲報》1897 年創刊

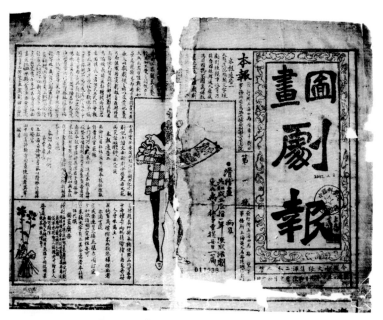

圖 125 《圖畫劇報》1912 年創刊

圖 126
《燕都時事畫報》
1909 年創刊

圖 127　糖果廣告圖

圖 128　電筒廣告

圖 129　火柴廣告

圖 130　火柴廣告　　　　　圖 131　牙粉廣告

圖 132 扉頁設計

圖 133 食品廣告

圖 134 《中西月份牌二十四孝圖》1889
年（光緒十五年）印製

圖 135 哈德門香煙廣告，1920～30 年
代，杭穉英繪

圖 136　猴牌滅蚊線香廣告，1930 年代，杭稺英繪

圖 137　凱旋牌電池電筒廣告

圖 138　四季香皂廣告

圖 139　《在海輪上》1910 年，鄭曼陀繪，畫中女子所讀爲《天演論》

圖 140　中國華東煙草有限公司廣告，
　　　　1930 年代杭穉英繪，畫中女子所
　　　　讀爲《航空術》

圖　141　勒吐精代乳粉廣告，1930 年
代，杭穉英繪

圖　142　哈德門香煙廣告，
1920 年代，倪耕野繪

圖 143　可口可樂廣告，1940 年代

圖 144　上海中法大藥房廣告
1930 年代，杭穉英繪

圖 145　陰丹士林廣告，1930 年
　　　　代，杭穉英繪

圖 146　以阮玲玉爲形象的煙草廣告

圖 147 1940 年代，張碧梧繪

圖 148 牙膏廣告

圖 149 《新新百美圖》民國初年，
沈泊塵繪、張丹斧題詩

圖 150 月份牌，1940 年代，杭穉英繪

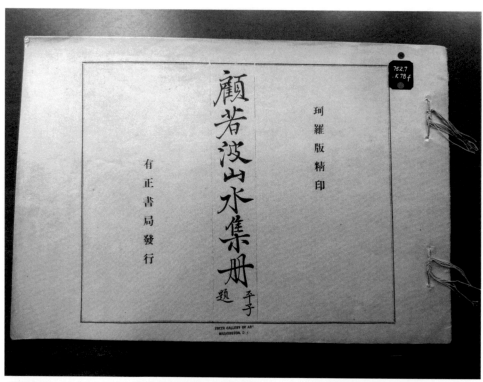

圖 151　《顧若波山水集冊》有正書局，1927 年（民國十六年），珂羅版

圖 152 《初等小學國文教科書》，1904
年（光緒三十年）由商務印
書館首印

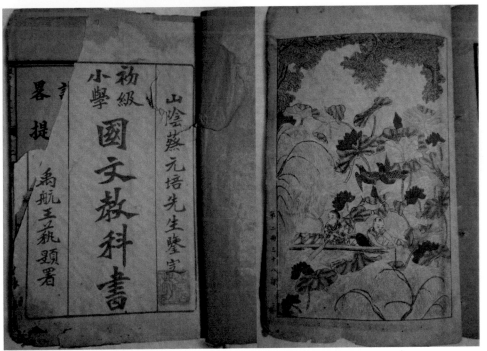

圖 153 《初等小學國文教科書》中的五彩石印插圖

圖154　宏興藥房廣告，1940年代，杭　　圖155　奉天太陽煙草公司廣告，1930
　　　　穉英繪　　　　　　　　　　　　　　　　年代，杭穉英繪

圖156　1947年6月1日，上海的街邊報刊亭

# 結　論

　　上述論文從視覺藝術發展規律出發，對石版印刷藝術在晚清民初這一中國近代社會巨變、工商業建構、城市興起、設計文化啓蒙的特殊階段所產生的文化影響和社會意義做了系統分析。

　　19 世紀的中國，有引進新技術的迫切的社會需求和強有力的政策支持。新事物，新觀念亟需相應現代化傳播途徑和手段。石版印刷作爲改良印刷術以其優越的實用性被迅速採納，並引發了中國印刷技術的革新和印刷業格局的重大變化。由此加速了傳統雕版印刷業的衰亡，並同時促進了中國近代印刷工業的建立。新型的印書局和印刷刊物陸續產生，並通過國內外資本的注入進入良性競爭，迅速發展了起來，形成了晚清民初開埠城市新聞報刊業和印刷出版業的繁榮局面。

　　石印在圖像領域的突出表現以及與雕版印刷截然不同的工藝技術，更是引起了圖像領域的巨大變革，使得印刷圖像由中國傳統線描性過渡到西式塑造性。並由此解放了圖像的表現力，引發了一系列圖像和觀看領域的連鎖反映。圖像表現內容，圖像表達方式，印刷產品的呈現形式，印刷排版模式，圖像傳播模式，讀者觀看習慣和接受態度，圖像的社會作用等諸多方面產生了相應的重大變化。圖像積極參與到文字的領域，在晚清民初擔當起了訊息傳播和文化教育的重要職責。

　　隨著石印術在中國的傳播和發展以及本土化過程，石印在晚清民初的新聞領域、商業領域和教育領域都發揮著積極的作用。各種形式的印刷物和多樣化的內容成爲中國近代化過程中各種觀念的載體和傳播渠道，對審美趣味，社會風尚和文化思潮的觸發和更迭產生深刻影響。

在石印工業的支持下，新聞業蓬勃發展，新聞紙呈現多種面貌以針對不同民眾階層，城市居民逐漸形成了新聞概念和對時事的關注習慣。在晚清民初的幾次社會思潮更迭和民主主義運動中，文字類和圖像類的石印出版物以其特殊的形制和靈活的發行方式對於民眾現代意識啓蒙和新文化普及發揮了重要作用。

在城市化進程中，鄉土趣味和傳統風俗概念逐漸讓位於印刷產品中介紹的新事物和流行文化。石印技術的進一步發展，石印圖像在敘事和描述方面的優越性，以及石印圖像早年就已建立起來的民眾基礎，使得石印技術在商業活動中被廣泛運用。石印商業美術成爲傳播商業信息的主要途徑，成爲連接產品和消費者之間的重要環節。石印商業美術以圖像優勢將顯露與隱藏的信息潛移默化地灌輸給消費群，影響市民的消費習慣，並培養起對「時尚」和「風潮」等都市商業文化的認識。

無論是科舉最後幾年的士子工具書，還是教育新政時期小學課本，石印都表現出了其在教育領域一貫的積極參與姿態。而石印畫報時代的新聞畫對晚清民眾的啓蒙和開愚更是做出了重大貢獻，以圖像敘事的方式爲當時占人口多數的，教育不足的中國民眾提供了接觸西學、新知的機會，幫助建立起了新文化運動的群眾基礎。石印商業畫則在傳播商業信息的同時也傳遞著各類現代文化信息和觀念，並且建立起了都市文化和理念，培養了中國第一代現代工商業城市居民。

因此，晚清民初的石版印刷藝術在工藝技術和呈現形態上，從不同角度直接參與了中國近代化進程，是研究中國近現代文化不可繞過的重要課題。

# 參考文獻

1. 〔美〕周紹明（Joseph P. McDermott）著，何朝暉譯：《書籍的社會史》，北京大學出版社，2009-11。

2. 楊齊福著：《科舉制度的革廢與近代中國文化之演進》，鄭師渠、史革新、劉勇主編：《文化視野下的近代中國》，中國傳媒大學出版社，2009-5-1。

3. 白文剛著：《清末學堂教育中的意識形態控制》，鄭師渠，史革新，劉勇主編：《文化視野下的近代中國》，中國傳媒大學出版社，2009-5-1。

4. 〔美〕費正清、劉廣京編：《劍橋中國晚清史》（上卷），中國社會科學出版社，1985-2。

5. 羅志田著：《西潮與近代中國思想演變再思》，《變動時代的文化履跡》，復旦大學出版社，2010-8。

6. 〔美〕柯文著，雷頤、羅檢秋譯：《在傳統與現代性之間——王韜與晚清改革》，江蘇人民出版社，1994 年版。

7. 王伯敏著：《中國版畫通史》，河北美術出版社，2002-6。

8. 《申報》，1884 年 6 月 7 日，1879 年 11 月 10 日，1883 年 1 月 25 日。

9. 齊璜口述，張次溪筆錄：《白石老人自傳》，人民美術出版社，1962-10。

10. 張秀民著，韓琦增訂：《中國印刷史》，浙江古籍出版社，2006-10-1。

11. 張靜廬輯注：《中國近代出版史料二編》，世紀出版集團、上海書店出版社，2003-12。

12. 李培文著：《石印與石印本》，李昭淳主編：《圖書館論壇》，主管單位：廣東省文化廳，主辦單位：廣東省立中山圖書館，1998 年第 2 期。

13. 張樹棟、龐多益、鄭如斯等編著：《中華印刷通史》，印刷工業出版社，1999-9。

14. 黃協塤著：《淞南夢影錄》，《滬遊雜記 淞南夢影錄 滬遊夢影》，上海古

籍出版社，1989-5。

15. 王揚宗著：《傅蘭雅與近代中國的科學啟蒙》，科學出版社，2000-9-1。

16. 韓琦，王揚宗著：《石印術的傳入與興衰》，《中國印刷史料選輯 裝訂源流與補遺》，上海新四軍歷史研究會印刷印鈔分會編，中國書籍出版社，1993-9。

17. 《石印新法》，《格致彙編》，1892 年。

18. 姚公鶴著：《上海閒話》，上海古籍出版社，1989。

19. 張靜廬輯注：《中國近代出版史料初編》，世紀出版集團、上海書店出版社，2003-12。

20. 韓琦著：《晚清西方印刷術在中國的早期傳播——以石印術的傳入為例》，韓琦、〔意〕米蓋拉編：《中國和歐洲·印刷書與書籍史》，商務印書館，2008-12。

21. 陳力丹著：《世界新聞傳播史》，上海交通大學出版社，2007-3。

22. 蘇新平主編：《版畫技法（下）》，北京大學出版社，2008-8。

23. 董惠寧著：《〈飛影閣畫報〉研究》，《南京藝術學院學報》（美術與設計版），2011-01。

24. 宋浩傑編：《土山灣記憶》，學林出版社，2010-8。

25. 阿英原著，王稼句整理：《中國連環圖畫史話》，山東畫報出版社，2009-8-1。

26. 徐沛、周丹著：《早期中國畫報的表徵及其意義》，《文藝研究》，2007 年06 期。

27. 陳平原著：《左圖右史與西學東漸——晚清畫報研究》，三聯書店（香港）有限公司，2008-10。

28. 魯迅著：《上海文藝之一瞥》，《二心集》，人民文學出版社，2006-12。

29. 《上海通志》編纂委員會：《上海通志》9，第四十一卷，上海人民出版社，2005-04。

30. 王韜著：《淞隱漫錄》，人民文學出版社，1983-8。

31. 海德堡大學（Heidelberg University）網站資料，http://www.sino.uni-heidelberg.de/xiaobao/index.php?p=bibl。

32. 朱傳譽著：《報人 報史 報學》，臺灣商務印書館股份有限公司，1985。

33. 郭舒然、吳潮著：《〈小孩月報〉史料考辨及特色探析》，《浙江學刊》，2010 年第 4 期。

34. 陳玉申著：《晚清報業史》，山東畫報出版社，2003-1。

35. 周振鶴著：《申報館書目》，《晚清營業書目》，上海書店出版社，2005。

36. 阿英著：《中國畫報發展之經過》，《晚清文藝報刊述略》，古典文學出版社，1958。

37. 鄧紹根著：《近代「啓蒙第一報」——〈小孩月報〉》，《出版廣場》，2001年第6期。

38. 胡從經著：《晚清兒童文學鉤沉》，少年兒童出版社，1982。

39. 吳果中著：《中國近代畫報的歷史考略——以上海爲中心》，《新聞與傳播研究》，中國社會科學院新聞與傳播研究所，2007年02期。

40. 方漢奇著：《中國新聞事業通史》（第一卷），中國人民大學出版社，1992-9。

41. 吳福輝著：《漫議老畫報》，《小説家》，1999年第2期。

42. 徐志放著：《我國彩色圖像平印製版的歷程》，《印刷雜誌》，2006年第4期。

43. 楊永德著：《中國古代書籍裝幀》，人民美術出版社，1982-1。

44. 〔法〕皮埃爾・阿爾貝（P. Albert）、〔法〕費爾南・泰魯（F. Terrou）著：《世界新聞簡史》，中國新聞出版社，1985-5。

45. 〔日〕實藤惠秀著，譚汝謙、林啓彥譯：《中國人留學日本史》，三聯書店，1983-8。

46. 王炎龍著：《西學東漸：中國近代報業發展的歷史闡釋》，《廣西師範大學學報》（哲學社會科學版），2003年第4期。

47. 《寧波文史資料第十四輯・寧波新聞出版談往錄》，寧波市政協文史資料委員會。

48. 上海圖書館網站 http://www.library.sh.cn/特色館藏。

49. 上海通社編：《舊上海史料彙編》（上冊），北京圖書館出版社，1998-10。

50. 趙鼎生著：《西方報紙編輯學》，中國人民大學出版社，2002-9。

51. 全岳春著：《上海陳年往事：〈新民晚報・上海珍檔〉選粹》，上海辭書出版社，2007。

52. 阿英著：《漫談初期報刊的年畫和日曆》，《阿英全集》（八），安徽教育出版社，2003-7。

53. 阿英著：《晚清畫報志》，《阿英全集》（八），安徽教育出版社，2003-7。

54. 阿英著：《漫談〈紅樓夢〉的插圖和畫冊——紀念曹雪芹逝世二百週年》，《阿英全集》（八），安徽教育出版社，2003-7。

55. 「花樣的年華——關蕙農家族捐贈文物展」——導言，香港文化博物館 http://www.heritagemuseum.gov.hk/chi/attractions/attractions.aspx。

56. 王受之著：《世界平面設計史》，中國青年出版社，2002-9。

57. 顧公碩著：《吳友如與桃花塢年畫的「關係」——從新材料糾正舊報導》，《題跋古今》，海豚出版社，2012-8。

58. 〔美〕李歐梵著，毛尖譯：《上海摩登——一種新都市文化在中國1930～1945》，北京大學出版社，2001-12。

59. 潘建國著：《晚清上海五彩石印考》，《上海師範大學學報》（社會科學版），2001 年 1 月第 30 卷第 1 期。

60. 徐維則撰：《東西學書錄》，熊月之編：《晚清新學書目提要》，上海書店出版社，2007-12。

61. 金林祥主編：《中國教育制度通史（第六卷）》，山東教育出版社，2004-3。

62. 李孝悌著：《清末的下層社會啓蒙運動：1901～1911》，河北教育出版社，2001-11。

63. 方漢奇著：《中國近代報刊史》，山西人民出版社，1981。

64. 〔美〕Christopher A. Reed 著：《Gutenberg in Shanghai-Chinese Print Capitalism，1876～1937》，UBC Press，c2004。

65. 〔美〕Joshua A. Fogel 著：《The role of Japan in modern Chinese art》，University of California Press，c2012。

# 附 錄

圖表 1 晚清民初石版印刷術的沿革〔註1〕

| 年代 | 背景 | 事件 | 採用印刷術和工具材料 | 印刷物 | 代表刊物 | 閱讀人群 |
|---|---|---|---|---|---|---|
| 19世紀上半葉 | 中國處在「禁教」狀態，中國政府禁止在中國印刷宗教小冊子，傳教士不能在中國公開傳教，只能以南洋為基地向澳門、廣州等地區逐步滲透。 | 傳教士先後建立馬六甲印刷所、新加坡印刷所、巴達維亞印刷所，成為1842年以前傳教士在南洋建立的三大印刷基地〔註2〕 | 雕版、石印、活字，後經成本核算，開始以石印為主，石板和油墨等原材料均需進口 | 教會讀物，西方書籍譯本，中文書刊 | 《東西史記合記》(又稱《東西史記和合》，為最早的中文石印書籍)〔註3〕 | 教眾 |

〔註1〕 本表部分資料來源：《中華讀書報》，2004年7月21日。
　　　韓琦著：《晚清西方印刷術在中國的早期傳播——以石印術的傳入為例》，韓琦、〔意〕米蓋拉編：《中國和歐洲·印刷書與書籍史》，商務印書館，2008-12-1。
　　　宋浩傑編：《土山灣記憶》，學林出版社，2010-8-1。

〔註2〕 蘇格蘭新教傳教士米憐〔Milliam Milne，1785～1822〕〔屬倫敦傳道會〕1817年～1822年於馬六甲經營和監管教會出版事務。
　　　英國傳教士麥都斯曾於1830年～1831年間在巴達維亞(今印度尼西亞雅加達)用石印術印刷中文書籍，見：《晚清西方印刷術在中國的早期傳播——以石印術的傳入為例》，韓琦著，《中國和歐洲·印刷書與書籍史》，韓琦、〔意〕米蓋拉編，商務印書館，2008-12-1，P116。

〔註3〕 1828年／1829年，由麥都斯印製，見：《版畫技法（下）》，蘇新平主編，北京大學出版社，2008-8，P295。
　　　據維基網又稱《東西史略和合》作於1829，巴達維亞。
　　　但據《上海通史》第六卷《晚清文化》，熊月之主編，上海人民出版社，P91：
麥都斯首先在巴達維亞印刷所將石印技術用於中文書籍印刷，第一本是1828年出版的《中

| 1832 年起 | 鴉片戰爭前夕 | 外國人陸續在中國開辦石印所〔註4〕，中國第一個石印工：屈亞昂〔註5〕 | 石印 | 中文佈道書等 | 《各國消息》（現存最早的石印書刊）〔註6〕 | 教眾 |
|---|---|---|---|---|---|---|
| 1843 年底～1846 年 | 鴉片戰爭結束，《南京條約》簽訂，上海開埠 | 麥都斯〔W. H. Medhurst〕和雒魏林來到上海，建立了墨海書館〔註7〕（上海開埠次年）<br>麥都斯將石印介紹入上海，在墨海書館採用石印技術〔註8〕（1846年） | 鉛印 石印 木刻 | 教會讀物，西方書籍譯本，中文書刊 | 《耶穌降世傳》，《馬太傳福音注》（爲上海石版印刷之先驅） | 教眾 |

文課本》。第二本石印中文書是《東西史記和合》，1829 年在巴達維亞出版。以後，巴達維亞出版的許多中文書刊，都是石印版……。

〔註4〕由倫敦會傳教士麥都斯先後在中國澳門和廣州開設（1833 年 5 月～1834 年 5 月，廣州發展到有二個石印所，並出版了一些小型出版物），見：《晚清西方印刷術在中國的早期傳播——以石印術的傳入爲例》，韓琦著，《中國和歐洲‧印刷書與書籍史》，韓琦、〔意〕米蓋拉編，商務印書館，2008-12-1，P116。徐匯堂比利時婁良材修士〔Leopaoldus Deleuze，1818～1865〕1846 年來華。

〔註5〕英國派來中國的第一個基督教新教傳教士馬禮遜在回顧他 25 年來的工作時，曾提到中國最早的石印工屈亞昂，他説：「我用印書的方法，已經把真理傳得廣而且遠，亞昂已學會了石印術。」，馬禮遜對他 25 年工作之回顧，發生在 1832 年。

〔註6〕清道光十八年（1838 年）九月和十月兩期，由英國傳教士麥都斯在廣州主編、出版的中文月刊，只出數期，用連史紙石印。現存僅二冊，藏英國倫敦。見：《印刷概論》，萬曉霞、鄒毓俊編著，化學工業出版社，2001 年 8 月 1 日，《中華印刷通史》，張樹棟、龐多益、鄭如斯等編著，印刷工業出版社，1999-9。

〔註7〕韓琦著：《晚清西方印刷術在中國的早期傳播——以石印術的傳入爲例》，韓琦、〔意〕米蓋拉編：《中國和歐洲‧印刷書與書籍史》，商務印書館，2008-12-1，P117，另見：《中華讀書報》，2004 年 7 月 21 日。

〔註8〕韓琦著：《晚清西方印刷術在中國的早期傳播——以石印術的傳入爲例》，韓琦、〔意〕米蓋拉編：《中國和歐洲‧印刷書與書籍史》，商務印書館，2008-12-1，P117。

| | | | | | | |
|---|---|---|---|---|---|---|
| 1846年～19世紀70年代初期 | 1.上海逐漸形成東亞經濟文化中心<br>2.與石印相關技術持續發明：<br>1838年，法國人達蓋爾〔Louis Jacques Mand Daguerre，1789～1851〕發明了「銀版攝影法」<br>1855年，法國人稽錄脫〔M. Gillot〕發明照相鋅版<br>1859年，奧斯旁〔John W. Osborne〕發明照相石版〔註9〕<br>1869年，德國人阿爾貝托〔J. Albert〕發明珂羅版〔註10〕<br>1972年，美國人愛迪生發明油印〔註11〕 | 石印術在上海傳播（缺少相關記載，情況不明了） | 多種手法 | | | 教眾<br>民眾 |
| 1874年（同治十三年） | | 土山灣印書館〔註12〕建立<br>1876年開始採 | 石印等<br>木質石印架（土山灣 | 石印小抄<br>石印書籍 | 江南傳教事務，新聞等中西宗教，文學 | 教眾 |

〔註9〕　張樹棟、龐多益、鄭如斯等編著：《中華印刷通史》，印刷工業出版社，1999-9，近代篇　第十三章　第二節　一、石版印刷術的傳入和發展：照相石印分單色照相石印和彩色照相石印兩種。其中：單色照相石印傳入較早，中國早期的石印書籍多用此法。彩色照相石印，又稱「影印」，1931年由美國人漢林格〔L. E. Henlinger〕傳入中國。因其爲照相分色，故原理與三色照相網目版相似。彩色照相分色用於石版印刷，其製版工藝與技術較爲複雜，需每色一石版，每一石即印刷一次，五色、十色者，需製五塊、十塊版，分五次、十次套印之。各種彩色圖畫均可印刷。在石版印刷工藝中，是最先進的。

〔註10〕張秀民著：《中國印刷史》，上海人民出版社，1989-9，P581：光緒初年徐家匯土山灣印刷所印製聖母像等，即用此法。後來有正書局聘日人來滬，傳授此術。文明書局趙鴻雪亦試驗成功。光緒三十三年商務印書館始有珂羅版，其彩色珂羅版尤爲精美。

〔註11〕張秀民著，韓琦增訂：《中國印刷史》，浙江古籍出版社，2006-10-1。

〔註12〕據：《版畫技法（下）》，蘇新平主編，北京大學出版社，2008-8，P296：……點石齋書局聘請的印刷技師基本都是土山灣印書館的技術人員……《土山灣與職業教育》，馮志浩著，《土山灣記憶》，學林出版社，2010-8，P103，……等兩年初步訓練後，管理修士根據各學生的天賦才能和興趣愛好，分派至各工場，學習專門技藝。……手工工場共分五大部，即木器部、圖畫部、印刷部、發行部和銅器部……當孤兒們學成之後，他們走上社會自行選擇職業，職業教育終告完成……所以，土山灣的印刷職業教育爲當時上海的其他石印書坊輸送了大量技術工人，可謂貢獻巨大。

| | 用石印〔註 13〕 | 印書館）〔註 14〕〔註 15〕 | | 等書籍 | |
|---|---|---|---|---|---|
| 《格致彙編》（英國人傅蘭雅〔John Fryer，1839～1928〕等創辦）及很多報刊專門介紹和刊登廣告介紹照相石印優點〔註 16〕，自此，各書館陸續採用石印，許多書採用照相石印，能夠縮印傳統書籍。書籍插圖都可用石印、銅版等新方法替代，傳統木版畫漸失去優勢。石印書以其便於攜帶、價格低廉、圖畫精美，而吸引了許多讀者。〔註 17〕珂羅版印刷傳入中國〔註 18〕 | 1878 年：點石齋書局設立，成為上海最早的石印書局之一〔註 19〕〔註 20〕 | 石印影印輪轉石印機（點石齋石印書局）〔註 21〕後改良 | 科舉書籍，經史子集，傳統書籍 | 《聖諭詳解》〔註 22〕，《康熙字典》〔註 23〕《佩文韻府》《駢字類編》《五經備旨》《皇清經解》 | 民眾 |
| | | | 畫報 | 《點石齋畫報》〔註 24〕 | |
| | | | 畫冊 | 《歷代名媛圖說》，《耕織圖》 | |
| | | | 小說戲曲等 | | |

〔註 13〕 上海徐家匯土山灣印刷所的石印、鉛印部開始採用石版印刷書籍，由法國人翁相公和華人邱子昂主其事。專門印刷天主教宣教印刷品。

〔註 14〕 將石版置於架上，覆紙加壓印刷。形如舊式凹版印刷機，靠人力扳轉，勞動強度大。

〔註 15〕 此批石印機最初由婁良材所辦，後從徐匯堂搬入土山灣。

〔註 16〕 傅蘭雅〔John Fryer，1839～1928〕著：《石印新法》，《格致彙編》，1892。

〔註 17〕 韓琦著：《晚清西方印刷術在中國的早期傳播——以石印術的傳入為例》，韓琦、〔意〕米蓋拉編：《中國和歐洲·印刷書與書籍史》，商務印書館，2008-12-1，P120。

〔註 18〕 時間大約在光緒初年，當時上海徐家匯土山灣印刷所首次用珂羅版印刷了「聖母像」等教會圖畫。同時，英商別發洋行也曾採用珂羅版印刷。1876 年，上海有正書局採用此項技術印製印刷品。

〔註 19〕 據：韓琦《晚清西方印刷術在中國的早期傳播——以石印術的傳入為例》一文，對於上海最早的石印書局建立時間的確定有出入：《中國和歐洲·印刷書與書籍史》P116：……1876 年上海徐家匯土山灣印書館使用石印；光緒初，上海點石齋書局採用石印……，P118：……同治十三年（1874）設立點石齋書局，成為上海最早之石印書局……，不過有一點可以肯定，點石齋和土山灣基本在差不多的時間在上海開始大規模採用石印技術。

　　張靜盧輯注：《中國近代出版史料二編》，上海群聯出版社，1954-5，P356：該館設立石印印刷部在一八七四年清同治十三年。

〔註 20〕 葉漢明、蔣英豪、黃永松編：《點石齋畫報通檢》，商務印書館，P viii：美查自

| 19世紀下半葉 | 技術複雜，成本高佔據小部分市場逐步發展 | 鉛字印刷和排版同時傳入上海〔註25〕 | 鉛印 | | | |
| 19世紀80年代起 | 點石齋獲厚利，中國出版商爭相仿傚點石齋、同文、蜚英館鼎足而立，爲主要石印書局 | 國人自辦石印書局 1881年：同文書局創立〔註26〕 1887年：蜚英館創立〔註27〕 | 石印影印 | 科舉書籍石印古籍 | 《康熙字典》，《子史精華》，《御批通鑒輯覽》，《佩文齋書畫譜》，各省課藝五十五種，《古今圖書集成》〔註28〕，《二十四史》〔註29〕 | 民眾好古者 專家學者 |
| | | | | 石印報紙 | 《述報》〔註30〕 | |
| | | | | 石印畫報 | 《飛影閣畫報》 | |

1871年開始涉足出版業，對印刷技術自然不會陌生，但究竟何時及以何種途徑接觸石版印刷，則目前仍缺乏足夠的史料可供論述。但1876年上海土山灣印刷所的成立，相信已令美查留下印象；而1877年傅蘭雅（John Fryer，1839～1928）翻譯，刊載於上海《格致彙編》（石板印圖法）一文，相信令具有敏銳商人觸角的美查，察覺到這種新技術的市場潛力。1878年，美查購買了手動輪轉石印機，在申報館系統內成立了分公司「點石齋石印書局」……並且聘請原上海徐家匯土山灣印刷所的邱子昂爲石印技師。

〔註21〕輪轉石印機仍用人力手工搖動，因勞動強度大，需每機8人，分作兩班，輪流搖機。一人續紙，二人接紙，效率很低，每小時只能印數百張。

〔註22〕可能是最早的古籍石印本，見：《石印與石印本》，李培文著，《圖書館論壇》，1998年第2期，P78。

〔註23〕姚公鶴著：《上海閒話》，上海古籍出版社，1989：聞點石齋石印第一獲利之書爲《康熙字典》，第一批印四萬部，不數月而售罄；第二批印六萬部，適逢科舉子北上會試，道出滬上，每名率購五六部，以作自用及贈友之需，故又不數月即罄。

〔註24〕光緒十年（公元1884年）創刊，光緒二十二年（公元1896年）停刊，共發表了四千餘幅作品。見：《上海通志》，上海人民出版社，2005-4，第四十一卷 報業、通訊、出版、廣播、電視 第一章 報業、通訊 第一節 中文報紙，P5744。

〔註25〕《早期土山灣印書館沿革》，王仁芳著，《土山灣記憶》，學林出版社，2010-8，P120。

〔註26〕廣東人徐裕子／鴻復投資，石印機十二部，職工五百名，規模遠超點石齋和拜石山房。

〔註27〕著名藏書家李盛鐸〔1860～1937〕創辦，機器購置自國外。

〔註28〕光緒16（1890）始印，歷時三年，原爲縮印，後百部照殿本原式（清雍正年銅活字印本，每部5020冊，共百部）。

〔註29〕複印殿本。

〔註30〕創辦於1884-，海墨樓石印書局，爲我國最早的一份石印日報，還是我國第一批國人自辦報刊中第一家使用圖片進行新聞報導的報紙。

| 1889年～光緒末年 | 石印在很大程度上代替了傳統的雕版印刷，成爲當時頗爲風行的印刷方法，印刷品種類繁多 | 上海石印書局〔註31〕由四五家發展到不下八十家 | 石印影印 | 影印古籍〔註32〕 | 《二十四史》，《資治通鑒》，《全唐詩》等 | 民眾好古者專家學者 |
|---|---|---|---|---|---|---|
| | | | | 科舉書籍 | 《四書備旨》，《大題文府》，《小題文府》等 | |
| | | | | 書畫 | 《芥子園畫譜》（1887年，鴻文書局）〔註33〕 | |
| | | | | 畫報 | | |
| | | | | 小報 | | |
| | | | | 戲曲小說 | | |

〔註31〕 當時著名的石印書局包括：鴻寶齋、竹簡齋、史學齋、埃實齋、五洲同文書局、積山書局、鴻文書局、會文堂、文瑞樓、掃葉山房等等，見韓琦相關文章熊月之主編：《上海通史》第六卷，《晚清文化》，上海人民出版社，P94：據研究，晚清上海的石印書局，確切可考的有56家（見表2-3 晚清上海石印機構名稱）。

〔註32〕 黃永年著《古籍整理概論》，上海書店出版社，2001-1，P38～40：……當時石印古籍大體有這樣幾種辦法：（1）把原書攝影後按原大石印。這樣做紙張耗費多，成本高，因此只有同文書局承印的武英殿銅活字本《古今圖書集成》這麼辦，而且開本裝潢都完全仿照殿本原式，因爲政府出得起錢，印得講究點沒有關係。（2）把原書攝影縮小後石印。同文書局以及後來五洲同文書局影印的武英殿本《二十四史》就都這麼做。同文書局印得較精美，可惜其中《舊五代史》用的並不是眞殿本，而是據別的本子仿照殿本的字體款式重新寫過付印的，眞殿本《舊五代史》版心上方題「乾隆四十九年校刊」，同文書局據別本重寫時不知道，和其他各史一樣都寫成了「乾隆四年校刊」。五洲同文書局石印《二十四史》才一律用眞殿本，但印書的油墨不好，有浸潤到筆劃之外的毛病。（3）按行剪開原書，重新黏貼，把原書一頁半、或兩頁、三頁甚至更多頁合併成一大頁，攝影縮小後石印。這樣可把原來幾十本、成百本的大書縮印成幾本、幾十本，不僅售價低廉，而且翻檢使用以至庋藏攜帶都大爲方便。同文書局多數的石印書，如徐潤《年譜》中提到的《資治通鑒》、《通鑒綱目》等一大批，就都採用了這種並頁縮印的辦法。其中《康熙字典》把武英殿本四十冊縮印成六冊，《全唐詩》把殿本一百二十冊縮印成三十二冊，都極受讀者歡迎。當然，字縮得比較小，必須技術高明，才能清晰可讀。同文書局在這點上還做得比較好。竹簡齋石印的大本《二十四史》等也用此辦法，由於技術差，印本就欠清晰，加之剪貼並頁時又不認眞細心，有錯行、脫漏等弊病，故不能取信於人。（4）不剪開原書，而把原書四頁分上下欄並成一大頁，或原書九頁分三欄並成一大頁，再攝影縮小後石印。積山書局石印《康熙字典》，史學齋石印《二十四史》等就用這種辦法。這比剪貼並頁的辦法要少些差錯，閱讀起來也不像剪貼的那種長行直下費眼力。（5）雇人將原書重新用楷書抄寫後攝影石印。當時石印的章回體舊小說以及供科舉考試夾帶用的《四書備旨》、《大題文府》、《小題文府》之類就多用這種辦法。夾帶進考場裏用的要開本小而内容多，因此往往在抄寫後攝影縮成蠅頭小字再付印。後起的石印書局掃葉山房最喜歡用這種辦法。手邊有一冊民國七年戊午正月重訂的《掃葉山房發行石印精本書籍目錄》，共列書四百一十九種，據原本影印的不到四分之一，四分之三以上都是重寫後印，所幸字尚未縮得太小，只是俗陋得叫人閱讀起來感到不舒服……。

〔註33〕 http://hi.baidu.com/sunmetashihua/blog/item/7fd502290fa19b39b9998ff9.html

| | | | 西學書籍 | 《西學達成》（1895年，醉文堂），《西學富強叢書》（1895年，鴻文），《西政叢書》（1897年，慎記書莊），《富強叢書》（1901年，寶善齋）〔註34〕 | |
| | | | 教科書 | | |
| 五彩印刷術最早傳自英國<br>五彩石印開始出現 | 部分書局開始採用五彩石印〔註35〕 | 五彩石印 | | | 民眾 |
| | 外國人在中國開辦鴻文堂五彩書局，經理是鄔金亭。<br>最早用石印方法印刷彩色圖畫 | | 彩色錢票 | | |
| | 1888年：上海富文閣<br>藻文書局，宏文書局，彩文書局，崇文書局等開始採用五彩石印。<br>「色彩無淺深之分，單調粗 | | 月份牌等 | | |

---

〔註34〕此類書多爲作者編訂，交由書局代印，印刷和裝幀較爲粗糙。

〔註35〕潘建國著：《晚清上海五彩石印考》，《上海師範大學學報》（社會科學版），2001年1月第30卷第1期，P67：五彩石印術傳入我國的確切時間，今難詳考，綜合前人所述，主要有三種説法：1・王念航〈彩印業創建史話〉文云：「後有鴻文五彩書局，爲西洋人所創設，華經理爲鄔金亭，有石印機一部專印彩色錢票等。又有中西五彩書局，備石印機二部，係購自同文書局，西洋製造，較舊制已有進步，創辦者爲魏允文、魏天生，時在1882年，專印錢票及月份牌等」；2・賀聖鼐〈三十五年來中國之印刷術〉文謂：「當時上海無彩色石印，市上發行之彩色石印月份牌，悉由英商雲錦公司以原畫稿送至英國彩色石印局代爲印刷。迨富文閣、藻文書局及宏文書局等出，上海乃有五彩石印」；3・范慕韓主編〈中國印刷近代史初稿〉第七章第二節「平版印刷工藝」則稱：「1904年，上海文明書局聘請日本技師，始辦彩色印刷」。

| | | | | | | |
|---|---|---|---|---|---|---|
| | | 濁，所謂平色版而已」〔註36〕 | | | | |
| | | 1904 年：俞復、廉泉等創辦的文明書局開設彩色石印部，雇傭日本技師。彩色能分明暗深淺 中國圖書公司採用五彩石印 | | 彩色課本,圖畫和地圖 彩色石印地圖，教學掛圖,彩色插圖 | | |
| | | 1904 年〔註37〕:商務印書館聘請日本彩色石印技師 | | 五彩地圖,錢票,月份牌,商品牌子,仿印山水,花卉,人物等古畫 | 《大清帝國全圖》,《坤輿東西半球圖》 | |
| | | 1888 年～1905年（約）:上海地區陸續開辦多家以承印五彩石印爲主的石印書局〔註38〕 | | 貨色牌子,仿單,圖記,錢票,月份牌,字畫,法帖,地圖 | | |
| | 石印書局繼續在全國各地擴張 | 19世紀末20世紀初：北京、天津、廣州、杭州、武昌、蘇州、寧波等地開設石印局 | | | | 民眾 |
| 20世紀初 | 1905 廢除科舉制度 鉛印業和洋裝書發展，替代了原石印書 | 石印業衰落 民國初年，上海的石印書局還有三十幾 | 改良鉛印,石印,影印 輪轉鉛版 | 實用的國學書籍 影印珍本古籍〔註39〕 | 《百子全書》,《漢魏六朝百三名家集》《五朝小 | 民眾好古者 |

〔註36〕賀聖鼐著：《三十五年來中國之印刷術》,《中國近代出版史料》初編，中華書局，1957，P257。

〔註37〕潘建國著：《上海五彩石印考》,《上海師範大學學報》（社會科學版），2001年1月第30卷第1期，P72：注⑥。

〔註38〕潘建國著：《上海五彩石印考》,《上海師範大學學報》（社會科學版），2001年1月第30卷第1期，P 69～71。

〔註39〕印書單位包括：商務，博古齋，上海古書流通處，南京中央圖書館，故宮博物院等。也有文化名流，收藏家的私人行爲。

| | | | | | |
|---|---|---|---|---|---|
| 〔註40〕<br>金屬平版和間接平版印刷的傳入和發展<br>石印主要用於印刷古籍、書畫<br>翻印古籍熱潮 | 家，其他書局只用石印法和珂羅版印刷古籍和書畫<br><br>1909年：商務印書館聘美國技師施塔福攝製照相鋅版<br>1920年：上海商務印書館開始用直接照像石印法（後彩色照相石印），比彩色石印快而精細<br>1915：商務印書館引進膠印機，聘請美國技師 George Weber 指導技術，1921年又引進雙色膠印機〔註46〕 | 印刷機〔註41〕。<br>多色鉛版印刷機〔註42〕<br>海立司平版印刷機〔註43〕<br>多色輪轉印刷機等 | 金石文字錢幣地契名人手稿等 | 說大關》〔註44〕<br>《四部叢刊》及其續編，三編（民國八年至二十五年，商務）〔註45〕，《百衲本二十四史》，《續古逸叢書》<br>《鳴沙石室叢殘》，《貞松堂藏西陲秘籍叢殘》 | 專家學者 |

〔註40〕 1905年以後，國內所出新學著譯大都採用洋裝。民國後，國內所出普通新書一般都是洋裝。

〔註41〕 以金屬薄版代替石版進行直接印刷，每小時可達1500張，1908年爲商務印書館曾採用。

〔註42〕 民國之後，由上海英美煙公司印刷廠購進。

〔註43〕 爲間接印刷，1915年商務印書館引進。

〔註44〕 上述都爲掃葉山房所出，其印行石印書籍達四百多種，大部分爲實用的國學書籍，見：《石印與石印本》，李培文著，《圖書館論壇》，1998年第2期，P79。

〔註45〕 收入宋元明善本477種，11896卷，共3100冊。稱得上是古今影印圖書之巨著，見：《印刷概論》，萬曉霞、鄔毓俊編著，化學工業出版社，2001年8月1日。

〔註46〕 萬曉霞、鄔毓俊編著：《印刷概論》，化學工業出版社，2001-8-1。

## 圖表 2 土山灣印書館 〔註 47〕

| 年代 | 事件 | 主要印刷物 | 工具材料 | 人員 |
|---|---|---|---|---|
| 1865 年(同治四年) | 江南育嬰堂（青浦橫塘孤兒院，1855 年由天主教薛孔昭司鐸創辦{屬於法國天主教會}）由青浦蔡家灣搬入土山灣 | | | |
| 1874 年(同治十三年) | 法國嚴思愲神父〔Stanislaus Bernier，1839～1903，1866 年來華〕監管土山灣鉛版和印書事務 | 《週年占禮經》（鉛印） | 鉛鑄漢字（法國蘇念澄神父於 1871 年{同治十年}拍得） | 監管：法國嚴思愲神父 協助：法國翁壽祺修士〔Casimirus Hersant，1859 年來華〕（原供職徐匯堂，精於修理鐘錶，兼曉醫理，自學排鉛字還兼管石印） 排字：陳克昌，錢斐利（徐匯公學學生，曾被派往「虹口益紙館印書房」學習排鉛字） 布置鉛字架子：徐氏寧波人（曾於美華書館{寧波}做過工） 其他徐匯公學肄業生及修道院學生 |
| | | 石印小抄 | 石印和石印架子（婁良材所辦，來自徐匯堂） | 由於土山灣供職的各位神父所寫 |
| 1876 年(光緒二年) | 翁壽祺修士接手印書館（在任近二十年），至法國添辦所缺備，印務設備（包括石印）漸臻完善。 | 中西宗教，文學等書籍 | 石印 | 主管：翁壽祺修士 協助：邱子昂 其他徐匯公學肄業生及修道院學生（後其他印書館如點石齋聘請的技師也基本來自這個群體） |
| 光緒初年 | 最早使用珂羅版 | 聖母像 | | |

〔註 47〕 資料來源：宋浩傑編：《土山灣記憶》，學林出版社，2010-8-1。

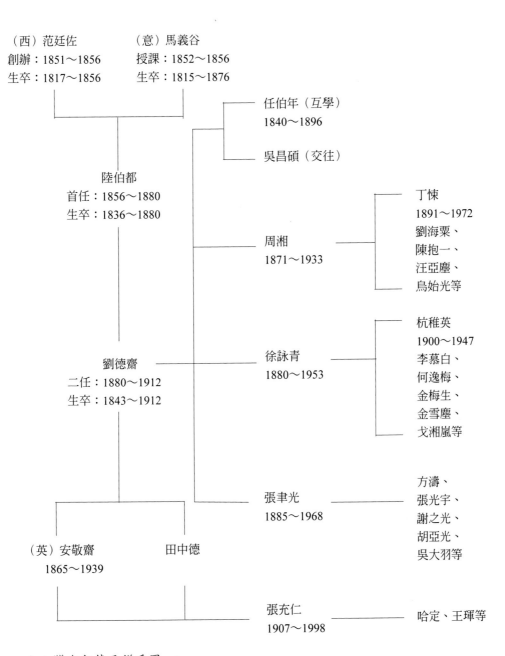

土山灣畫部傳承譜系圖〔註48〕

〔註48〕資料來源：土山灣博物館。

## 圖表 3 晚清代表性石版印刷出版物

| 類別 | 主要流行時間 | 代表作品 | 出版者和出版時間 | 規格 | 可比較過去同類作品 |
|---|---|---|---|---|---|
| 早期石印刊物 | 1830年(前後)～1880年（前後） | 《東西史記合記》（最早的中文石印書籍） | 新加坡（1828年／1829年） | | |
| | | 《各國消息》（現存最早的石印書刊） | 廣州（1838年） | 連史紙石印，中文月刊 現存兩冊，藏於倫敦 | |
| | | 《耶穌降世傳》 | 上海墨海書館（1846年） | 191頁，石印本最初17頁由郭實臘〔Karl Friedrich August Gützlaff〕撰寫，後由麥都斯編撰 | 《耶穌降世傳》新加坡，1836 |
| | | 《馬太傳福音注》 | 上海墨海書館（1846年） | | |
| 典籍，類書科舉用書 | 1880年(前後)～1908年（光緒末年） | 《聖諭詳解》（最早的石印古籍） | 點石齋書局 | | |
| | | 《佩文韻府》 | 點石齋書局 | | |
| | | 《二十四史》 | 同文書局（1884年） | 石印 | 《欽定二十四史》（乾隆四年至四十九年武英殿刻印） |
| | | 《康熙字典》 | 點石齋書局 同文書局 | 縮印 | 康熙五十五年武英殿刻本 |
| | | 《古今圖書集成》 | 同文書局（1890年始印） | 原爲縮印，後百部照殿本原式 | |
| | | 《資治通鑒》，《全唐詩》 | | | |
| | 1880年(前後)～1905年（科舉廢除） | 《四書備旨》 | 鴻文閣（1890年） | 縮印 | 《四書備旨》清代玉溪木刻本 |
| | | 《大題文府》 | 同文書局（1887年） | | |
| | 20世紀初 | 《四部叢刊》 | 商務印書館（1919年～1936年） | 影印 | |
| | | 《百子全書》 | 掃葉山房 | | |
| | | 《漢魏六朝百三名家集》 | 掃葉山房 | | |

| | | 《五朝小說大觀》 | 掃葉山房 | | |
|---|---|---|---|---|---|
| 畫譜，字帖，尺牘，法帖等 | 1880 年(前後)～20 世紀初 | 《歷代名媛圖說》〔註49〕 | 點石齋（1879 年） | | |
| | | 《耕織圖》 | 點石齋 | | |
| | | 《爾雅圖》 | 同文書局 | | |
| | | 《芥子園畫譜》 | 鴻文書局(1887 年) | | 原雕版書，圖 |
| | | 《王羲之.草訣百韻歌》 | 掃葉山房石印本 | | |
| | | 《佩文齋書畫譜》 | 同文書局（1883 年） | 石印，線裝 尺寸：長 19×寬 12×高 15.5（cm） 冊數：16 冊 | 康熙四十七年（1708）內府刻本〔註50〕 |
| | | 《茜窗小品》 | 醉煙堂（1914 年） | 函冊：1 函 4 冊，裝幀：線裝，13×15.1cm | |
| 小說 | | 《紅樓夢》 《西遊記》 《水滸》 《聊齋》 | | 影印古本新版（可考察版式） | 《程乙本紅樓夢》、《紅樓夢散套》、《王希廉評點 繡像紅樓夢 120 回》 |
| 西學書籍 | 1889 年～光緒末年 | 《西學達成》 | 醉文堂（1895 年） | | |
| | | 《西學富強叢書》 | 鴻文書局(1895 年) | | |
| | | 《西政叢書》 | 愼記書莊（1897 年） | | |
| | | 《富強叢書》 | 寶善齋（1901 年） | | |
| 報紙 | 1897 年～光緒末年 | 《述報》(我國最早的一份石 | 海墨樓石印書局（1884 年） | | 傳統：1 邸報〔註51〕 |

〔註49〕漢代劉向所撰，明代汪氏增輯錄，明代仇英繪圖，上海點石齋書局 1879 年出版。

〔註50〕http://baike.baidu.com/view/78037.htm.……版框 16.8cm×11.7cm。半頁 11 行，行 22 字，白口，單魚尾，左右雙欄。書前有康熙四十四年（1705 年）二月御製序，其後爲凡例和總目，正文前列有所纂輯之書籍的目錄和書畫譜總目，並開列康熙四十四年（1705 年）、四十六年（1707 年）奉旨纂輯此書的官員職名。64 冊 8 函。

〔註51〕方漢奇著：《中國近代報刊史》，山西人民出版社，1981，P1～3：……封建王朝的政府機關報。……又稱「邸鈔」、「閣鈔」、「朝報」、「雜報」、「條報」、「除目」、「狀」、「狀報」、「報狀」、「京報」。……內容爲：皇帝的詔書、命令和皇帝的起居言行；封建王朝的法令、公報；皇室的動態；關於封建政府官員的升黜、任免、賞罰、褒獎、貶斥等方面的消息；各級官僚的張奏疏表（中央和各級地方政府機關給皇帝的工作報告，各地珠軍將領的戰報，封建言官隊朝廷措施的規諫，對失職官吏的彈劾等）和皇帝的批語，沒有一般新聞和言論。……邸報只在封建統治機構內部發行，它的讀者以分封各地的皇族和各級政府官吏爲主，封建士大夫、知識分子和地方上的豪紳巨賈往往也可以設法看到它的抄件，一般的庶民百姓看不到邸報的……唐以來的各封建王朝都嚴禁邸報以外的任何報紙出版，宋朝的小報就是曾經遭到查禁的一種非法報紙」「元、明、清等朝野出

| | | | | |
|---|---|---|---|---|
| （戊戌期間） | 印日報） | | | 2 揭帖〔註52〕<br>3 時事宣傳畫〔註53〕 |
| | 《集成報》 | 上海商務印書館代印（1897年～1902年） | 冊報，每冊30頁，連史紙石印（油光紙鉛印），爲文摘性刊物 | 外來：《察世俗每月統記傳》〔註54〕 |
| | 《時務報》 | 1896年～1898年 | 冊報，每冊32頁，連史紙石 | 《特選撮要每月紀傳》〔註55〕<br>《格致彙編》 |

現過類似小報的出版物，當時稱爲「小本」、「小鈔」或「報條」，同樣遭到了當時政府的查禁……。

〔註52〕 方漢奇著：《中國近代報刊史》，山西人民出版社，1981，P8：……近代勞動人民在反對帝國主義及其走狗的革命鬥爭中，進行廣泛的宣傳活動。他們的主要工具是揭帖和小冊子，其性質和報紙十分相近，在一定程度上也起了類似報紙的作用……鴉片戰爭爆發不久，廣東地區的勞動人民就廣泛地張貼和散發揭帖，對西方殖民主義者的侵略活動和清朝封建政府的媚外言行進行嚴厲聲討，並且動員人民起來和侵略者進行堅決鬥爭。……鴉片戰爭時期的揭帖大部分是謄寫的，也有一些是印刷的……。

〔註53〕 方漢奇著：《中國近代報刊史》，山西人民出版社，1981，P8～9：……和揭帖相配合的另一種武器是時事宣傳畫。……早在鴉片戰爭時期，我國的勞動人民就已經知道運用繪印和散發大量單張時事新聞畫和諷刺畫的辦法來進行反帝鬥爭，公開刊售和『刻印叫賣』的《打敗鬼子圖》、《芝相行樂圖》和宣傳戒煙的單張連環畫，就是其中的佼佼者……。

〔註54〕 方漢奇著：《中國近代報刊史》，山西人民出版社，1981，P11～12：1815年8月5日，馬禮遜在英國倫敦布道會派來的另一個傳教士米怜的協助下，在馬六甲出版了一份刊《察士俗每月統記傳》，這是外國侵略者創辦的第一個中文的近代化報刊。……這個刊物用木板雕印，月刊，每期五頁，約兩千餘字……，免費在南洋華僑中散發，其中的一部份還由專人帶往廣州，和其他宗教書籍一道，分送給參加縣試、府試和鄉試的士大夫知識份子。1821年停刊，先後出版了八十多期。方議奇著：《爲什麼把〈察世俗每月統記傳〉說成是我國近代報刊的開始》，《新聞與寫作》，1990年第1期，P39：最先把《察世俗每月統記傳》說成是我國近代報刊的開始的，是著名的新聞史學者戈公振。見於他的名著《中國報學史》……其次，是胡道靜。他在1946年出版的《新聞史上的新時代》一書中，也把《察世俗每月統記傳》稱爲「中國第一種現代報紙」……。

〔註55〕 中國近代報刊名錄（3）作者：佚名，轉貼自：五洲傳媒網……簡稱《特選撮要》。英文名：Monthly Magazine 1823年7月（道光癸末年六月）創刊，英國「倫敦佈道會」的傳教士在巴達維亞（Batavia，現名雅加達）出版的月刊。封面在左下方有「尚德者纂」字樣；右上方有：「子曰：亦各言其志也已矣。」英籍傳教士麥都思（Walter.H.Mechurst）主編。竹紙木刻印刷，每冊八頁。1826年（首光六年）停刊，共出四卷。該刊聲稱是繼承米怜《察世俗每月統記傳》的事業，序文中說：「書名雖改，而理仍舊矣。」主要欄目有：宗教、時事、歷史、地理及雜俎等。刊有中國及東南亞地圖，且有爪哇等地區的介紹。在介紹該地區的風土人情時，用的是語體文……。

| | | | 印，旬刊 | 〔註56〕 |
|---|---|---|---|---|
| | | 《農學報》 | 1897 年～1906 年 | 冊報，連史紙石印，初爲半月刊，後旬刊 | 中式報紙：《申報》 |
| | | 《工商學報》 | | | |
| | | 《實學報》 | 1897 年～1898 年 | 冊報，石印線裝，旬刊 | |
| | | 《新學報》 | 新學會所辦學報（1897 年～1898 年） | 冊報，連史紙石印，半月刊 | |
| | | 《萃報》 | 1897 年 | 冊報，每冊 30 頁，連史紙石印 | |
| | | 《經世報》 | | | |
| | | 《蒙學報》 | | | |
| 畫報 | 1884 年～20 世紀初 | 《點石齋畫報》（ Illustrated Lithographer） | 點石齋書局（1884 年～1896 年〔註57〕） | | 國外同時期的畫報 |
| | | 《詞林畫畫報》 | 上海滬報館經售 1888 年 | 每週一冊，每冊「圖說十三頁」，紙本石印 | |
| | | 《飛影閣畫報》（後改爲《飛影閣畫冊》）〔註58〕 | 吳友如，周慕橋 1890 年～1893 年 | | |
| | | 《飛雲館畫報》 | 1895 年 | | |
| | | 《求是齋畫報》 | 1900 年 | | |
| | | 《輿論時事報圖畫》 | 1902 年～1910 年 | | |

〔註56〕 摘自：中國近代報刊名錄（3）作者：佚名，轉貼自：五洲傳媒網……1876 年 2 月（光緒二年正月）創刊，在上海出版。初爲月刊，第五年（1890 年）起改爲季刊。由英國人傅蘭雅（John Fryer）編輯，格致書室發售。其前爲 1872 年夏北京出版的《中西聞見錄》。該刊曾一再重印，重印時往往補入一部分內容，如光緒二年正月出版的第一年第一卷，在光緒十九年重印時補入《猴鳥記數說》一稿。該刊對數、理、化、生物、醫學都有介紹，偶而還有科學家傳記。在介紹機械時，常常附有插圖，使之更加明＃。該刊出至第四年第十二卷（1882 年 1 月）後停刊。1890 年（光緒十六年春季）以第五年第一卷算繼續出版。改爲季刊。現存 1876～1882 年的第 1～7 卷。（上海圖書館藏有原件）。

〔註57〕 《上海通志》，上海人民出版社，2005-4，第四十一卷 報業、通訊、出版、廣播、電視 第一章 報業、通訊 第一節 中文報紙，P5744。

〔註58〕 1890 年 10 月吳友如自創《飛影閣畫報》，亦多以時事新聞和風情習俗爲內容。至 1893 年初出版 100 期，讓給畫友周權（慕橋）接辦，又另創《飛影閣畫冊》半月刊，專畫歷史人物故事、翎毛花卉等，不再具有以報導新聞爲主的「畫報」性質。

| | | 《時事畫報》〔註59〕 | 廣州創刊（1905年9月） | | |
|---|---|---|---|---|---|
| | | 《申報圖畫》 | 1909年 | | |
| | | 《民呼日報圖畫》 | 1909年～1910年 | | |
| | | 《天民畫報》 | | | |
| | | 《時事報圖畫旬報》 | 1909年 | | |
| | | 《圖畫日報》〔註60〕 | 1909年～1910年 | | |
| | | 《舊京醒世畫報》〔註61〕 | 北京（1909年創刊，日刊） | | |
| | | 《神州畫報》 | 1910年 | | |
| | | 《醒俗淺說報》 | 民國 | | |
| 通俗文學，譴責小說插圖 | 19世紀90年代～20世紀20年代 | 《繡像小說》〔註62〕 | 上海商務印書館1903年～1906年 | | |
| | | 《小說林》〔註63〕 | 1907年～1908年 | | |
| | | 《月月小說》 | | | |

〔註59〕1905年9月，在廣州創刊，是廣東最早出版的石印畫報。每十天出版一期。由高卓廷主辦，潘達微、高劍父、何劍士，陳垣等編撰，以「仿東西洋各畫報規則辦法，考物及記事，俱用圖畫，以開通群智，振發精神」爲宗旨。內容以圖畫紀事爲主，論事次之。大膽揭露帝國主義對中國的侵略，抨擊時政，頌揚革命。1907年被迫停刊，次年曾一度復刊，不久再度停刊。1911年7月改名爲《平民畫報》，由鄧警亞主編。廣東光復後，恢復原《時事畫報》名繼續出版。嶺南派著名畫師伍德彝、鄭游等20餘人曾參與繪畫。

〔註60〕是近代唯一一種日報形式的畫報，見《上海通志》，上海人民出版社，2005-4，第四十一卷 報業、通訊、出版、廣播、電視 第一章 報業、通訊第一節 中文報紙，P5855。

〔註61〕創刊於清宣統元年（1909年），是當時名噪京城的畫報日刊，僅出版過六十期即告停刊。由京劇臉譜及插圖繪畫大家李菊儕先生和清末宣筆製作名家胡竹溪先生主筆，畫面生動，場面宏大，極具中國傳統繪畫的工細與傳神。形成了與當時南方《吳有如畫寶》所代表「西洋派」畫法鮮明對照的北方「傳統派」畫法。

〔註62〕是我國最早的小說雜誌之一、晚清四大文藝期刊之一。主編爲李伯元，半月刊。共出版了72期。

〔註63〕1907年2月在上海創刊，黃摩西任主編。主要刊登翻譯作品，與《繡像小說》、《月月小說》、《新小說》並稱爲清末四大文藝刊物。1908年10月停刊。

| | | 《新新小說》《小說月報》《小說畫報》 | | | |
|---|---|---|---|---|---|
| 雜文（石印插圖） | | 《淞隱漫錄》〔註64〕《漫遊隨錄圖記》〔註65〕 | 點石齋書局 | | 《花甲閒談》張維屏（字南山）（著），葉夢草〔字春塘〕（插圖），富文齋，道光十九年（1839）《鴻雪因緣圖記》麟慶（著），汪英福（字春泉）等（繪），揚州刻本，道光二十七至二十九年（約1849） |
| 教科書 | | 《小學課本》 | | | |
| 石印畫 | 1884年 | 《申江勝景圖》 | 點石齋（1884年） | | 「姑蘇版」蘇州、杭州風景《蓬萊勝景圖卷》《御製圓明園四十景詩》（乾隆十年（1645年）武英殿刻朱墨套印本） |
| | 清末民初 | 石印年畫 | 富文閣藻文書局宏文書局等 | | 桃花塢年畫，舊校場年畫 |
| 商業美術 | 月份牌 | 《中西月份牌二十四孝圖》〔註66〕 | 申報館印（1889年） | | 木版年畫 |
| | | 《滬景開彩圖中西月份牌》〔註67〕 | 上海鴻福來票行（1896年） | | |
| | | 《瀟湘館》 | 周慕橋（1903年） | | |

〔註64〕《淞隱漫錄》十二卷，原附上海《點石齋畫報》於1884印行，後有匯印本1887年，1897年，即改稱《後聊齋誌異》。

〔註65〕王韜著，插圖：田英（第一幅），張志瀛（餘幅）光緒十六年（1890）。

〔註66〕現收藏於上海圖書館。據上海圖書館記錄，此月份牌應爲光緒15年1889年所制，爲現存所見最早的月份牌。

〔註67〕第一張正式標明「月份牌」字樣的月份牌，由上海鴻福來票行隨彩票發送。

| | | 《在海輪上》 | 鄭曼陀（1910 年） | | |
|---|---|---|---|---|---|
| | | 《遊園》 | 周慕橋（1913 年） | | |
| | 1920 ／ 30 年代～ 1949 年(20 世紀 20、30 年代爲黃金期) | | | | |
| | 商標 | 商標火花 | | | |
| | 光緒中 | 《八仙上壽》 | 英商利華公司公司（1894 年） | | |
| | | 《西園雅集》 | 太古車糖行（1894 年） | | |
| | | 《蕭史弄玉》 | 亞細亞石油公司（1894 年） | | |
| 票據 | | | | | |
| 地圖 | | 《江西全省輿圖》 | 光緒二十二年（1896 年） | | |

### 圖表 4　畫家群體

#### 1. 相互關係

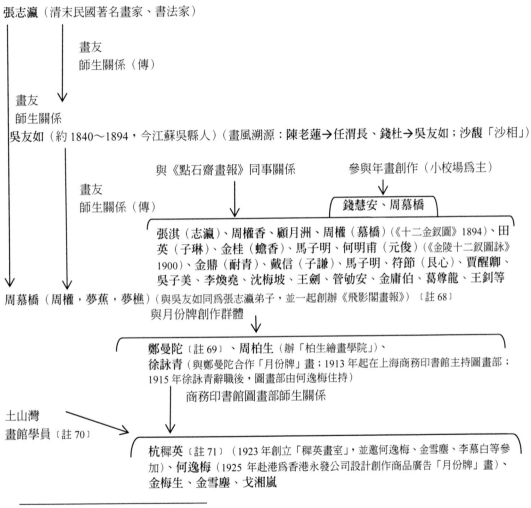

張志瀛（清末民國著名畫家、書法家）

畫友
師生關係（傳）

畫友
師生關係

吳友如（約 1840～1894，今江蘇吳縣人）（畫風溯源：**陳老蓮→任渭長、錢杜→吳友如；沙馥「沙相」**）

與《點石齋畫報》同事關係　　　　參與年畫創作（小校場爲主）

畫友
師生關係（傳）

**錢慧安、周慕橋**

**張淇**（志瀛）、**周權香**、**顧月洲**、**周權**（慕橋）（《十二金釵圖》1894）、**田英**（子琳）、**金桂**（蟾香）、**馬子明**、**何明甫**（元俊）（《金陵十二釵圖詠》1900）、**金鼎**（耐青）、**戴信**（子謙）、**馬子明**、**符節**（艮心）、**賈醒卿**、**吳子美**、**李煥堯**、**沈梅坡**、**王劍**、**管劬安**、**金庸伯**、**葛尊龍**、**王釗**等

周慕橋（周權，夢蕉，夢樵）（與吳友如同爲張志瀛弟子，並一起創辦《飛影閣畫報》）〔註 68〕

與月份牌創作群體

**鄭曼陀**〔註 69〕、**周柏生**（辦「柏生繪畫學院」）、
**徐詠青**（與鄭曼陀合作「月份牌」畫；1913 年起在上海商務印書館主持圖畫部；1915 年徐詠青辭職後，圖畫部由何逸梅住持）

商務印書館圖畫部師生關係

土山灣
畫館學員〔註 70〕

**杭稺英**〔註 71〕（1923 年創立「稺英畫室」，並邀何逸梅、金雪塵、李慕白等參加）、**何逸梅**（1925 年赴港爲香港永發公司設計創作商品廣告「月份牌」畫）、**金梅生**、**金雪塵**、**戈湘嵐**

〔註 68〕吳友如主持《飛影閣畫報》，九十一期開始更名《飛影閣士記畫報》，並由周慕橋主筆，吳友如則另出《飛影閣畫冊》。《飛影閣士記畫報》續出 43 期後改爲《飛影閣士記畫冊》。見：《南京藝術學院學報》（美術與設計版），2011/01，《〈飛影閣畫報〉研究》，董惠寧著，P110～111。

〔註 69〕首先摸索出擦筆水彩畫法。1914 年，他採用此法創作了第一幅月份牌畫《晚妝圖》。並替代周慕橋成爲主要的月份牌畫家。

〔註 70〕見：圖表 2 土山灣畫部傳承譜系圖。

〔註 71〕1913 年隨父來到上海，於徐家匯土山灣畫館習畫，1916 年考入上海商務印書館圖畫部當練習生，師從畫家徐詠青及德籍美術設計師，1919 年練習期滿轉入商務印書館服務部，從事書籍裝幀設計和廣告畫繪製。

其他畫家：王墀（《增刻紅樓夢圖詠》1882）、陸士薫（小芳）、張樹培（松雲）、朱鴻（《舞墨樓古今畫報》）、朱筱（《飛雲館畫報》、《飛雲館畫集》）、張聿光（《新世界畫冊》、鄭蕙農）

## 2、主要畫家簡介

| 姓名 | 生卒年 | 代表石版畫作 | 說明 |
|------|--------|--------------|------|
| 張志瀛 | | 《漫遊隨錄圖記》王韜《點石齋畫報》 | 清末民國著名畫家、書法家。 |
| 吳友如 | 1840 年（約）～1894 年 | 《點石齋畫報》《飛影閣畫報》 | |
| 周慕橋 | 1868 年～1922 年 | 《點石齋畫報》《飛影閣士記畫報》《關雲長讀春秋》 | 早期畫時事新聞畫。清末民初上海舊校場和蘇州桃花塢木版年畫中，有些時裝婦女題材的作品，係出自其手筆。初期月份牌畫稿，仍用中國傳統工筆畫法，作於絹上，畫風保持更多的是傳統工筆技法，繪製的 |
| | | | 元寶領古裝美女，傳統含蓄，體現了民國時期女性形象。隨時勢審美需要，後亦改作擦筆水彩美女月份牌畫。爲上海早期月份牌畫家之一。 |
| 鄭曼陀 | 1888 年～1961 年 | 《楊妃出浴圖》《在海輪上》 | 曾師從王姓民間畫師學畫人像。後到杭州設有畫室的二我軒照相館作畫，專門承接人像寫真。他把從老師那裡學來的傳統人物技法與從書本中學來的水彩技法結合起來，慢慢形成了一種新畫法——擦筆水彩法。 |
| 杭穉英 | 1900 年 5 月 30 日～1947 年 9 月 18 日 | 月份牌：商標：《美麗牌香煙》、《雙妹花露水》、《雅霜》、《蝶霜》 | 13 歲隨父進商務印書館，後自立畫室，出版月份牌，設計商品商標包裝，爲我國最早的商業美術家之一；早期學鄭曼陀畫風，後揣摩炭精肖像畫、畫法漸變，色彩趨向強烈、豔麗，形成了一種新型的上海美女形象：時髦豔麗，修長豐腴，略帶洋味，畫作之美，影響之大，史所罕見。 |
| 金梅生 | 1902 年 3 月～1989 年 11 月 | | 將月份牌畫演變成沒有廣告和月曆的純欣賞性的悅目畫片。 |
| 關蕙農 | 1880 年～1956 年 | | 廣東南海西樵人，自幼學習中西畫法。於 1905 年赴港，曾在文裕堂書坊工作。以西洋水彩畫法寫中國仕女，開始廣爲人知。1911 年受聘爲《南華早報》美術部主任，兼負責該報石版印刷部，1915 年創立亞洲石印局。 |
| 何逸梅 | 1894 年～1972 年 | | 1925 年赴港爲香港永發公司設計創作商品廣告「月份牌」畫。 |

## 圖表 5 石印畫報

| 名稱 | 尺寸 | 圖例 | 年代 | 地區 | 所屬報刊 |
|---|---|---|---|---|---|
| 《點石齋畫報》 | 16 開，25×15cm |   | 1884 年～1896 年 | 上海 | 《申報》 |
| 《飛影閣畫報》 | 16 開，24.5×27.6cm（應為民國重印） |  | 1890 年～1893 年 | 上海 | |
| 《求是齋畫報》 | 16 開 |  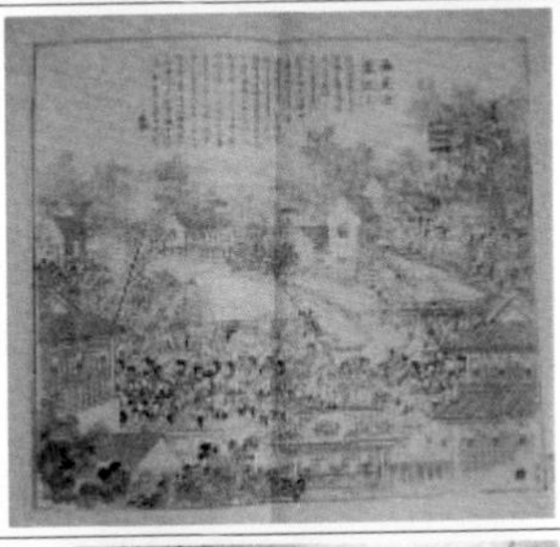 | 1900 年 | 上海 | |
| 《飛影閣畫冊》 | 16 開 |   <br>光緒十九年（1893）《飛影閣畫冊》 | 1890 年～1893 年 | 上海 | |

| 《神州畫報》 | 展開：24.5×30cm | <br>清宣統二年（1910）印本 | | 上海 | 《神州日報》 |
|---|---|---|---|---|---|
| 《輿論時事報圖畫》 | 16開，24.5×16.8cm | <br>宣統二年（1910）神州日報社附送《圖畫新聞輿論時事報》合訂本一組兩冊 | | 上海 | 《輿論時事報》 |
| 《申報圖畫》 | 大16開28×15cm | <br>宣統元年（1909）出版《申報圖畫》 | | 上海 | 《申報》 |
| 《民呼日報圖畫》 | 展開：33×27cm | | | 上海 | 《民呼日報》 |

| 《圖畫新聞》 | 27.5×15cm | | | 上海 |
|---|---|---|---|---|
| 《醒世畫報》 | 26.8×19.6cm | 宣統元年（1909）的《醒世畫報》 | | 北京 |
| 《開通畫報》 | 25.4×15cm | 清宣統二年（1910）北京石印本 | | 北京 |
| 《淺說日報》 | 16開 | | | 北京 |

| 《醒華日報》 | 22×13.5cm | | | 天津 | |
| 《時事畫報》 | 15×25cm（展開：30×25cm） | 光緒34年（1908）《時事畫報》 | | 廣州 | |
| 《圖畫日報》 | 25.8×10.3cm | 宣統元年（1909）每日一期，油光紙印，圖畫極爲細膩。每份十餘頁 | | 上海 | 上海環球社編輯 |

## 圖表 6 晚清主要報紙

| 報刊 | 小報〔註72〕 | 發行時間 | 尺寸版式，印刷手段 | 定價〔註73〕 | 發行方式 | 發行者 | 副刊，主要內容 |
|---|---|---|---|---|---|---|---|
| 北華捷報 | | 1850 年 | | | 週刊，1864 年起更名並改爲日刊 | | |
| 上海新報 | | 1861 年（近代上海首份中文報紙） | | | | 英商字林洋行（North- China Herald Office）印行 | |
| 申報 | | 1872 年 | 60cm×120cm，8版（每版接近30cm×30cm 的正方形） | 4 頁，1分 4 釐 | | | 《點石齋畫報》〔註74〕 |
| 叻報 | | 1881 年 | 8開紙11張(28.5cm×42cm，26cm×37cm，每版接近正方形) | | | 新加坡 | |
| 字林滬報 | | 1882 年～1899 年 | 篇幅較當時出版的《申報》略大，兩頁中的中縫較寬，便於折疊裝訂，報名橫排國產的毛邊紙單面印刷 | | | 《字林西報》總主筆巴爾福兼任總主筆 | 副刊《玉琯鐫新》，《花團錦簇樓詩稿》〔註75〕 |
| 聖教新報 | | 1895 年 | 4 開張（左右兩版四欄），油光紙單面印，單張 | | 每逢星期四出版 | 上海基督教新教，美華書館 | |
| | 遊戲報 | 1897 年 | 20.32cm×25.4cm 4 版 | 1 頁，1分 | | 李伯元創辦並主編 | 報導華界娛樂圈消息，刊載消閒文章。 |

〔註72〕《上海通志》9，上海人民出版社，2005-4，P5849：光緒末年，各大日報改變版面，對開新聞紙雙面印刷，消閒性報紙仍多爲四開小版面報，始有大報小報之分。

〔註73〕《上海通志》9，上海人民出版社，2005-4，P5879：1909 年上海主要報紙售價情況表。

〔註74〕其獲得渠道是單張收集，裝訂成冊後類似於繡像插圖集，因而《點石齋畫報》所採取該版式也是爲了便於今後裝訂成冊。

〔註75〕每期一頁，隨報贈送。該詩稿編排成線裝書版式，便於讀者裝訂成冊收藏。其設計思路類似《點石齋畫報》。

| | | | | | | 創：「一論八消息，標題四對仗」編輯樣式<br>光緒二十五年，最先採用報紙黏貼快照<br>支持戊戌變法，強調富國強民，反對列強侵華，倡導調侃嘲笑社會現實的詼諧醒世文體 |
|---|---|---|---|---|---|---|
| 消閒報 | 1897年 | 初爲一小張，繼改爲長條型4版，復增至橫4開2張，終改爲對開半張2版 | | | 歷任主筆爲吳研人、高太癡、周病鴛 | 爲《字林滬報》附刊<br>支持維新變法，強調富國強民 |
| 采風報 | 1898年 | 初用彩色紙單面印刷，爲狹長型1張2版；後用白報紙印刷，並以英商采風報館名義改訂章程，放大報型，或4版或8版不等，29cm×55cm | 1頁，1分 | | 吳趼人主持<br>孫玉聲（海上漱石生）創辦。歷任主筆和編輯爲孫玉聲、吳趼人、湯鄰石等。前後主持人有劉志沂、汪處廬（閒間居士）、郁達夫。 | |
| 繁華報 | 1901年 | 初爲長條型1張4版（27cm×27cm，版面呈方型）。半年後擴至6版 | 1頁，1分 | | 李伯元創辦並主編 | |
| 寓言報 | 1901年 | 28cm×28cm，6版 | | | 吳趼人主持 | |
| 笑林報 | 1901年 | 初爲27cm×60cm，後改爲30cm×27cm | 1頁，1分2釐 | | | |
| 強學報 | 1896年 | 冊報<br>鉛字排印，竹紙印刷 | | 派送贈閱 | 強學會 | |

| 指南報 | 1896 年～1897 年 | 仿《申報》版面呈方形。報頭置正版上方中央，楷體；報頭兩端刊有報館告白、價目表與中西年曆對照日期 | | 日刊 | 創辦人張芷韻，主編李寶嘉（伯元） | |
|---|---|---|---|---|---|---|
| 蘇報 | 1896 年～1903 年 | 仿《申報》版式 | | 日刊 | | |
| 時務報 | 1896 年～1898 年 | 冊報，每冊 32 頁（一說 20 餘頁，約三四萬字）連史紙石印 | | 旬刊 | 上海，晚清維新運動中影響較大的國人自辦報刊。總理汪康年，早期主編爲梁啓超。強學會《強學報》餘款開辦 | |
| 集成報 | 1897 年～1902 年 | 冊報，每冊 30 頁連史紙石印 | | 旬刊旬刊 | 上海商務印書館代印 陳念萱在上海創辦，分諭旨、章奏、論說、時事、新聞、各國雜電等項，除諭旨、奏摺外，均錄自各種報刊，實爲文摘性刊物。是我國最早的文摘性刊物 | |
| 富強報 | 1897 年 | 冊報 | | 5 日刊 | 程錚園主編，鼓吹變法維新的論說。上海《蘇報》館出版編排次序一般是首載論說，然後是「上諭恭錄」，接著是該報自譯的中外新聞，最後爲奏疏，文牘等。 | |
| 農學報 | 1897 年～1906 年 | 冊報 線裝連史紙石印 | | 初半月刊，後旬刊 | 機關報紙 所刊內容，並不限於農業知識，而是藉此結集團體，推動農業經濟變革 務農學會的創辦和《農學報》的發刊，都曾得到《時務報》的支持和協助 | |

| | | | | | | |
|---|---|---|---|---|---|---|
| 新學報 | 1897年～1898年 | 冊報，每冊約24頁 連史紙石印 | | 半月刊 | 新學會所辦學報 著重傳播自然科學知識，內容分算學、政學、醫學、博物4科。提倡新政。它傳播自然科學知識的宗旨，也在於「苟非興學、民不能立；苟乏人才，國無自立」 | |
| 實學報 | 1897年～1898年 | 冊報 石印線裝 | | 旬刊 | 總理爲王仁俊（輪臣），總撰述爲章炳麟。 所載的「實學」即新知識，都譯自英、法、日等國外文報刊 | |
| 萃報 | 1897年 | 冊報，每冊30頁 連史紙石印 | | 週刊 | 文摘報 發刊前梁啓超即在《時務報》上發表《萃報敘》，予以推薦。該報摘錄報紙的面不及《集成報》廣，但因分省分國編排，可以迅速知道某省（或某國）發生何事，是該報的一大特色。 | |
| 求是報 | 1897年～？ | 冊報，每冊30頁 竹紙線裝 | | | | |
| 經世報 | 1897年～？ | 相當於16開大小，線裝成冊，每期三四十頁不等 連史紙鉛印 | | | 杭州近代第一份綜合性新聞報紙，由興浙會創辦 以記述國內外大事與介紹新學術、新知識爲主要內容，並譯載英、法、日等外國報刊上的文章 章炳麟、陳虬、宋恕爲主要撰稿人。 | |
| 蒙學報 | 1897年～？ | 石印本 | | 旬刊 | 上海蒙學報館出版。報分兩類；一爲母儀訓育之法， | |

| | | | | | 一爲師教通便之法。母儀訓育分養育、勸誦、儀範、演習四目；師教通便分演習、字課、數理、方名、智學、史學、時事七目。以啓蒙爲主，也譯述西文通俗兒童作品 |
|---|---|---|---|---|---|
| 格致新聞 | | | | | |
| | 工商學報 | 1898 年 | 冊報，每冊 20 餘頁 連史紙石印 | 月出四冊 | 宣稱以振興工商業爲宗旨，詳細介紹中國商政及各種工藝商務情形，及對「各國商務律例」的譯編等 |

## 圖表 7 石印書刊尺寸

| 書名 | 尺寸 | 裝訂方式 | 年代 | 出版者 |
|---|---|---|---|---|
| 《加批西遊記》 | 13cm×21cm | 線裝 | 民國戊午 | 上海錦章書局 |
| 《劉春霖書過秦論》 | 19.5cm×12.9cm，32 開 | 線裝 | 民國 | |
| 《重訂驗方新編》 | 19.8cm×13.3cm | 線裝 | 民國七年 | 上海鴻寶齋書局 |
| 《點石齋畫報》 | 15cm×25.5cm（16 開） | 線裝 | 清 | 點石齋書局 |
| 清代育文書局石印書 | 26cm×15cm | 線裝 | 清 | 育文書局 |
| 《考正字彙》 | 13cm×18.4cm（32 開） | 線裝 | | 章福記石印書局 |
| 《增像全圖三國演義》 | 32 開 | 線裝，白紙石印 | 民國 | 錦章書局 |
| 《民國監本書經》 | 32 開 | 線裝 | 民國 | |
| 《石印宣講拾遺》 | 20cm×13cm（32 開） | 線裝，活字本 | | |
| 《民國監本四書》 | 32 開 | 線裝，石印本 | 民國 | |
| 《石印繪圖玉曆鈔傳》 | 32 開 | 線裝，石印本 | 民國 | |
| 清光緒白紙《康熙字典》 | 32 開 | 線裝，石印本 | 光緒 | 點石齋印行，申報館申昌書畫室發兌 |
| 《第一才子書》（三國演義） | 32 開 | 線裝，石印本 | | |

## 圖表 8　圖像的演變

以紅樓夢版畫為例，對比同期其他印刷圖像，考察引起圖像演變的因素

| 典型圖像一 |  |
| --- | --- |
| | 1879 年（光緒五年）刊本，《紅樓夢圖詠》——「寶釵」，改琦，雕版 |

| 與之相關圖像的分析 |  |  |
| --- | --- | --- |
| | 劉刻本《水滸全傳》——「火燒翠雲樓」，雕版<br>分析：俯視，全景，時空變化 | 《綈袍記》，雕版<br>分析：環境帶有舞臺感，人物與環境關係鬆散，畫面象徵性 |

| | |
|---|---|
| 結論 | 雕版文學插圖爲主要雕版印刷圖像形式<br>功能：文配圖，文學性<br>工藝：木雕版印刷，工藝流程對畫面有所限制<br>畫面特點爲：象徵性，概括性，強調「趣味」和節奏，傳統線性表現，具有平面裝飾感，帶有文人畫氣息 |
| 典型圖像二 | <br>1890 年代，《金陵十二釵》——「寶釵」，吳友如，石印 |
| 與之相關圖像的分析 | <br>19 世紀 80 年代，《點石齋畫報》——「盜馬被獲」，石印<br>分析：低俯視，片段情節，西法透視與傳統構圖的折衷<br><br><br>19 世紀 80 年代，《飛影閣畫報》，石印<br>分析：空間布局合理，環境與人物相結合，畫面描述性，線描結合明暗，畫面分黑白灰層次，細節豐富 |
| 結論 | 畫報爲主要石版印刷圖像形式<br>功能：描述當下新聞時事<br>工藝：石版印刷，製作具有靈活性、個性化，支持精細描繪<br>畫面特點：畫面帶有具體可指性和可信性，敘述性，西式透視和明暗技法與傳統線描相結合 |

典型圖像三

1930 年代，中國華東煙草公司月份牌——「寶釵」，杭穉英，五彩石印

與之相關圖像的分析

19 世紀 80 年代，《點石齋畫報》——「脫人於危」，石印

分析：西洋圖式和明暗技法的模仿

1909 年～1910 年，《圖畫日報》——杭州花港，石印

分析：西式明暗技法的嫻熟掌握

民國初年，月份牌《在海輪上》鄭曼陀，五彩石印

分析：擦筆水彩技法結合五彩石印，使畫面色彩和明暗過渡更柔和

民國初年，《三國演義》扇面，五彩石印

分析：彩色石印技法的運用，中西法結合——體現在對投影的處理上，相對生硬

民國，月份牌，五彩石印

分析：攝影術的流行使得石印廣告畫開始模擬攝影效果，並且參考照片進行創作，以求逼真效果

民國，商業廣告，五彩石印

分析：對西洋廣告、電影海報中女性造型的借鑒

1909 年，《民呼日報圖畫》，石印

分析：由於攝影新聞圖片的運用，石印創作開始分流：黑白石印開始由時事報導轉向個性化創作，漫畫、諷刺畫、連環畫開始出現。敘事性、寫實性石印畫開始轉向商業美術領域，並向攝影效果靠攏

**結論**

石印圖像開始分流：

1. 新聞攝影替代石印時事畫，攝影畫報替代石印畫報
2. 石印畫開始追求特殊風格和獨立藝術價值，並應用於諷刺畫、廣告畫、裝飾畫和連環畫等多領域
3. 月份牌廣告畫成為最具代表性的彩色石印畫

工藝：石印與其他印刷工藝相配合，綜合運用於出版領域

五彩石印結合擦筆水彩技法，使得彩色印刷最大限度地還原原畫面貌，呈現逼真的攝影效果

畫面特點：黑白石印畫風格多樣，採用誇張、變形等手法，使得視覺效果強烈，表意明確尖銳

五彩石印畫逼真、俗豔，流行於商業領域，成為新時代的流行美術

# 致　謝

　　本書是以我在蘇州大學的博士論文爲基礎加工整理而成的，這篇論文的寫作伴隨著人生重要的六年，時間的積累和研究的深入幻化成白紙黑字，凝結成這樣的一本冊子，成爲博士學習階段的最終彙報。博士論文的寫作艱辛而漫長，如果沒有一衆師長、同學、親朋、好友的支持和幫助是難以堅持和完成的。在此，我謹向各位表達我的感謝：

　　首先要感謝我的導師張朋川先生。感謝張老師引領我進入設計藝術學的殿堂，並無私地傳授知識和教授研究方法。其淵博的知識，靈活的視角，嚴謹的治學態度和充滿正氣的人格力量令我欽佩，更是對我產生潛移默化的有益影響，能夠成爲他的學生是我極大的幸運。感謝張老師對我這篇論文的悉心指導，以及在我每次遇到難關時的幫助和鼓勵，使得這篇論文最終得以完成。

　　也感謝張道一先生，李超德先生，曹林娣先生，沈愛鳳先生，以及已故的諸葛鎧先生等蘇州大學藝術學院的各位師長，他們的傳道授業豐富了我的知識，開拓了我的思路，從而幫助我形成自己的研究視角和建立獨立研究能力。

　　感謝蘇大 08 博士班的各位可愛的同學，有幸與大家成爲同窗，在幾年的寒窗生涯中大家一直相互鼓勵和幫助。

　　感謝加州大學聖迭戈分校的沈揆一先生，對我的文章提出有益的指導和啓發，並推薦重要的參考書籍和相關信息。在美國訪學期間爲我提供了豐富的研究資源和優越的研究環境。

　　感謝普林斯頓大學的 Dr. James Soren Edgren，與我分享其獨到的見解，提示我關於此課題的不同研究思路，並更正了我在一些思考方向上的偏差。

　　感謝我的工作單位上海交通大學，學校和學院一直鼓勵和支持我的個人發展，並在工作安排上爲我提供最大的便利，使我能夠專心於學業。

　　感謝我的各位好友，予以我鼓勵和支持，給予我溫暖和勇氣。

　　另外，特別感謝花木蘭文化事業有限公司的支持以及各位編輯的辛勤工作，使得本書得以出版面世。

　　最後，要感謝我的家人，他們的默默支持和無私奉獻伴隨著我的這六年，給予我巨大的精神支持。

　　還有許多人要感謝，我無法在這裡一一提及，但各位在我的這段學習生涯中的每一次扶持，每一句鼓勵我都會牢記心中，默默感激！